RE: formation thoughts

Re:framing our minds, **re:questing** actions and **re:shaping** the church life

獻給

斯蒂芬 · 韋爾斯
（Stephen Wells, 1922 ～ 2005）

上帝溫柔的同伴

上帝的同伴

GOD'S COMPANIONS

基督教倫理再想像

REIMAGINING CHRISTIAN ETHICS

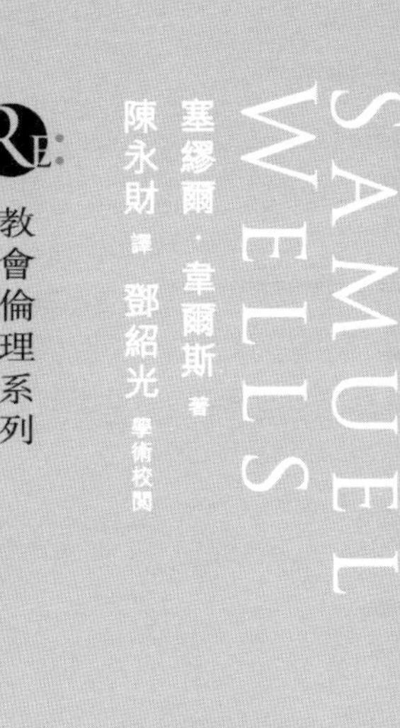

SAMUEL WELLS

塞繆爾．韋爾斯 著

陳永財 譯　鄧紹光 學術校閱

教會倫理系列

基道出版社

▼

Re: 教會倫理系列

上帝的同伴

基督教倫理再想像

God's Companions
Reimagining Christian Ethics

作者
塞繆爾．韋爾斯 Samuel Wells

翻譯
陳永財

學術校閱
鄧紹光

責任編輯
吳國雄

裝幀設計
奇文雲海．設計顧問

■

出版／發行
基道出版社
香港沙田火炭坳背灣街26號富騰工業中心1011室
LOGOS PUBLISHERS
Unit 1011, Fo Tan Ind. Centre, 26 Au Pui Wan St., Shatin, Hong Kong
電話：(852) 2687-0331 傳真：(852) 2687-0281
網址：http://www.logos.com.hk

承印
海洋印務有限公司

●

5/2011 初版
Cat. No. LP928
ISBN: 978-962-457-419-7

Translated from Samuel Wells
First edition published 2006
God's Companions: Reimagining Christian Ethics

Printed in Hong Kong

刷次	10	9	8	7	6	5	4	3	2	1
年份	2010	2019	2018	2017	2016	2015	2014	2013	2012	2011

中文版導讀

塞繆爾．韋爾斯（Samuel Wells）被公認為這個世代其中一位最具想像力的神學作者之一。他在二○○四年出版的《即興踐行：基督教倫理的戲劇》（*Improvisation: The Drama of Christian Ethics*），[1] 為他在北美的神學圈子贏取了聲譽，被認為是教會中最有希望的年青神學家之一。韋爾斯曾在英國聖公會多個牧區擔任牧區牧師長達十四年之久，期間他以研究侯活士（Stanley Hauerwas）而得哲學博士學位，論文於一九九八年出版為《把命運轉化為命途：士丹利．侯活士的神學倫理學》（*Transforming Fate into Destiny: The Theological Ethics of Stanley Hauerwas*）。[2] 二○○五年，韋爾斯開始出任杜克神道學院（Duke Divinity School）的基督教倫理學研究教授，以及杜克大學（Duke University）禮拜堂主任牧師，與侯活士共事。事實上，侯活士不只是韋爾斯學術研究的對象，他更深深影響了韋爾斯自己的神學倫理學的發展，可說是其神學的師傅。有人甚至認為《上帝的同伴——基督教倫理再想像》（*God's Companions: Reimagining Christian Ethics*）一書，[3] 幾乎每一頁都有著侯活士的烙印。[4]這樣的說法並非表示韋爾斯在重複侯活士的神學倫理學，而是想要指出，對某些主要的侯活士式論題，韋爾斯予以創造的處理，而更具想像空間。然而，這種學術上的同氣連枝，或是承先啟後，並不妨礙一個對侯活士思想毫無認識的讀者，進入韋爾斯《上帝的同伴》那引人入勝的文本世界。

那麼，《上帝的同伴》是一個怎樣的文本世界？這主要是一本創意地展示教會倫理（ecclesial ethics）、〔聖餐〕禮儀倫理（liturgical ethics）的著作，其寫作手法並非分析的論證，或是為教會倫理的要素作神學辯護，卻是透過創意的聖經解釋、深度的神學沉思，以及教會眾多真實故事的啟迪，織造成這一本很不一樣的作品。韋爾斯的手法屬於威廉斯（Rowan Williams）所講的慶典模態（celebratory mode），不在於指出神學諸種形構的界限，也不重以世界的語言傳遞神學的洞見，而著眼於盡可能以最仔細的方式展示某一神學視像（theological vision）的深度和豐富。[5]如果我們沒有這個先行的了解，那麼閱讀本書時自然會期望落差了。韋爾斯以其想像與創意的能力，列出（lists）並來回於聖經經卷、會眾故事、教會禮儀，以三股互有關連、彼此螺旋而扭成一起的線索，編織出一幅教會倫理生活的圖畫；這三股線索就是構成全書的三部分了。

由這三部分構成的一幅圖畫，非常豐富，入門者最佳莫如從導論的第一句開始進入：「上帝賜給祂子民一切他們需要的東西，以致可以崇拜祂、成為祂的朋友，並且與祂同吃」（God gives his people everything they need to worship him, to be his friend, and to eat with him）。[6]這是全書的主題、鑰匙，餘下的部分，包括導論及其他三部，都不過是這句句子的開展、闡釋，或者顯明。因此，我們必須掌握韋爾斯在導論部分時對這一句句子的關鍵詞語的解釋，才能幫忙我們進入他所織就的教會倫理的生活世界。

韋爾斯首先指出，「上帝」涉及倫理（生活的方式）與神學（對上帝的認識），這兩者緊密相連，不可分割，因為它們都是從上帝在耶穌基督身上所作的、湧流出來的東西。至於「賜給」則聚焦於上帝的行動，特別是賜給人類的恩賜/禮物（gifts），這恩賜/禮物是教會所具體展現出來的踐行的樣式，教會藉此而讓人更親近上帝並孕育他們的豐盛。對韋爾斯來說，這就是教會倫理了；而教會倫理是由地方會眾的踐行故事所表明的。至於「他們所需要的一切」，韋爾斯解釋：上帝的行動，在教會的踐行中具體展現，構成了祂子民在追隨祂的時候所需要的一切。由這一點來說，韋爾斯並不高舉匱乏倫理，以及貧乏的想像力；上帝會在教會的踐行中賜下無盡的豐盛。上帝在教會的踐行中工作，讓人追隨祂，這追隨包括崇拜上帝、成為上帝的朋友，以及與上帝同吃。這三個追隨上帝的向度，對應基督身體的三重意義/形式：耶穌、教會，以及聖餐〔禮〕（Eucharist）。基督身體的三重形式，就構成《上帝的同伴》的三個主要部分。因此，韋爾斯告訴我們：「這書的整個論證，是教會的踐行，最值得注意的是崇拜的諸種踐行，這些踐行把上帝那豐沛的恩賜/禮物具體化。」[7] 上帝的豐盛倫理，就在基督身體的三重形式中表現出來。

這三部分的結構有點像巴特（Karl Barth）的《教會教義學》（*Church Dogmatics*），環繞著所選定的主要論題，不斷來回反覆講述、呈現、例示、説明；[8] 以基督身體的三重形式，層層深入揭露上帝賜給祂子民極其豐富的恩賜/禮物。這三部分基本上可以從不同的角度去把握它們。首先，我們一定不可把三部分各自獨立來看。其次，這三部分是互相交織而構成或呈現出一種神學倫理：教會倫理——基督徒的生活樣式。恰當的閱讀的方法，是把基督的身體的三重形式：耶穌、教會和聖餐〔禮〕，互相連結起來，這也就是說，耶穌、教會和聖餐〔禮〕是不可分割的而為一個基督身體，在每一部分上帝都會賜給祂子民不同的禮物。耶穌、教會與聖餐〔禮〕的特徵，相應地，首要的是聖經、洗/浸禮和相交（communion）。[9] 信眾是在聖經的記憶底下被耶穌轉化、在洗/浸禮之中把自己跟世界分別出來而被教會模塑、在聖餐〔禮〕之中信眾聚集相交從而生命得到供養。[10] 基督身體的三重形式，對信眾羣體的倫理生命，起著轉化、模塑與供養的作用。這是上帝的賜給。這三重形式很明顯是類似巴特的三重話語：話語（Word）、成文話語（the written word）、宣講話語（the proclaimed word）。基督身體乃耶穌，是其餘兩重形式的根源所在。第二重基督身體乃教會，是一個跟世界跟以色列人有所分別的羣體的出現、形成；沒有基督身體乃耶穌，分別就不可能了。第三重基督身體乃聖餐〔禮〕，乃根源於耶穌的分享，這是持續進行的，是持續地在基督身體乃教會中間進行的。這是一種對韋爾斯《上帝的同伴》三部分的宏觀掌握。

對每一部分，我們還可以扣緊上帝賜給祂子民的恩賜/禮物這個主題來分析。第一部的恩賜/禮物是耶穌，第二部的恩賜/禮物是教會，第三部的恩賜/禮物是聖餐〔禮〕。[11] 第一部的恩賜/禮物又可以細分為以三種形式賜下：聖經、教會和聖靈。第二部的恩賜/禮物則以四種方式賜給上帝的子民：形塑、併合、實行和修復（編按：本書正文中譯作「恢復」、「復原」）。第三部的恩賜/禮物則是透過會晤、聆聽、回應、分享、出去而賜下，那就是上帝與人之間的友誼。在這裏，我們有需要指出，韋爾斯在第三部用上聖餐〔禮〕來講論基督的身體，他的意思並非單單指到狹義的聖餐禮儀，更是廣義的聖餐崇拜，就是耶穌與祂的子民緊緊同在一起的友誼，只是這聖餐崇拜是以一起擘餅具體地甚至高峯地表現出來。因此，他視教會會眾整個崇拜活動為聖餐〔禮〕，是上帝與祂的子民一同分享的生活。值得注意的是，韋爾斯視最後五章（即整個第三部）為全書的核心，展示那些把基督的福音具體化的踐行。如果第二部分是關乎教會信眾羣體自身之不一樣、有別於世界的諸種踐行，那麼，韋爾斯則認為整體教會的崇拜/聖餐〔禮〕的踐行，就在於轉化社會。[12] 從這角度來看，在第一重的基督身體的基礎上，可以有內外的另外兩重的基督身體，就是教會與聖餐〔禮〕。前者塑造自己，後者轉化社會。

然而，值得注意的是，這兩種踐行其實同時是在信眾之間而為可見的。教會有別於世界的諸種踐行，就在於信眾之間在耶穌基督裏種種互相歸屬的關係。形塑、併合、實行和修復是這樣的一種橫向踐行，從而把整個羣體塑造成跟世界不一樣。同樣，教會在崇拜/聖餐〔禮〕具體化耶穌基督的福音，也就是，在會晤、聆聽、回應、分享、出去的環節領受從上而來的友誼，同時彼此分有這些從上而來的友誼，互相造就和建立。教會在這樣的一種縱向（與上帝）和橫向（與人）的具體踐行中，向社會見證不一樣的倫理生活，顯示在這種生活底下的，是一羣怎樣的子民，而間接引發社會的轉化。

簡單來説，《上帝的同伴》討論的是耶穌倫理、教會倫理、聖餐倫理，這是相應整本書的三部分來説的。這裏所説的倫理，並非我們習以為常的抉擇倫理，例如計算後果的效益主義，又或是聽從先驗道德理性的召喚而作決定的動機倫理或義務倫理。這些抉擇倫理，是屬於倫理難題解決的範疇。然而，韋爾斯所展示的基督教倫理，乃是一種生活倫理，涉及的是如何生活或生活的方式。這首先是上帝與人一起生活的方式，而可見於耶穌身上，故有耶穌倫理。耶穌倫理所展示的豐盛生活，不單是過去的，也是現在的，並且是將來的，這分別指向記憶的恩賜/禮物、同在的恩賜/禮物、盼望的恩賜/禮物。透過這三重恩賜/禮物，上帝的子民因而可以在教會的倫理生活和聖餐崇拜的倫理生活之中，領受上帝賜給他們不單足夠更是太多的恩賜/禮物。

最後必須一提，韋爾斯《上帝的同伴》是延續他上一本著作《即興踐行》中的踐行觀念的。他以戲劇中的即興演出藝術來解釋踐行，從而提供另一角度理解基督教倫理的操練，以及教會身體的踐行。而他與侯活士合編的《布來克韋爾基督教倫理學伴讀》（*Blackwell Companion to Christian Ethics*），[13] 頭五章為《上帝的同伴》提供了其所欠缺的堅固與實質的方向。[14] 後者可說是前者第二章〈教會的恩賜／禮物及上帝賜給教會的恩賜／禮物〉（"The Gift of the Church and the Gifts God Gives It"）之擴寫版本。[15]《上帝的同伴》是一本非常獨特的著作，是倫理、是禮儀、是神學、是靈修。願我們都能在其中看見那想像不到又具無限創意的視像：上帝賜給我們教會羣體豐盛無盡的禮物。

鄧紹光
香港浸信會神學院基督教思想（神學與文化）教授
初稿：二〇一一年四月二十一日
修訂：二〇一一年五月九日

註釋：

1. Samuel Wells, *Improvisation: The Drama of Christian Ethics* (Grand Rapids, MI: Brazos and London: SPCK, 2004).
2. Samuel Wells, *Transforming Fate into Destiny: The Theological Ethics of Stanley Hauerwas* (Carlisle: Paternoser Press, 1998; reissued Eugene, OR: Cascade, 2004).
3. Samuel Wells, *God's Companions: Reimagining Christian Ethics* (Oxford: Blackwell, 2006).
4. Ryan J. Marr, review of *God's Companion, Theological Review* 89/1 (Wint 2007): 177.

5. Jason A. Fout, review of *God's Companions, Review in Religion & Theology* 14/4 (Sep 2007) : 609.
6. Wells, *God's Companions*, 1；筆者自譯。
7. Wells, *God's Companions*, 5；筆者自譯。
8. Jason Byassee, review of *God's Companions, Christian Century*, 124/4 (Feb 20, 2007) : 43.
9. Wells, *God's Companions*, 57.
10. Wells, *God's Companions*, 17.
11. Wells, *God's Companions*, 10.
12. John Thompson, review of *God's companion, Perspectives in Religious Studies* 34/4 (Wint 2007) : 450.
13. Samuel Wells and Stanley Hauerwas, ed., *The Blackwell Companion to Christian Ethics* (Oxford: Blackwell, 2006) .
14. Daniel Castelo, review of *God's Companions, Journal of the Society of Christian Ethics*, 22/2 (Fall-Wint 2007) : 317.
15. Castelo, review of *God's Companions,* 317.

原書序

我們很難說一本書究竟是從哪裏和甚麼時候開始的。我還記得自己興高采烈地將博士論文的第一至四章和第六章交給導師諾德絲（Ann Loades），我對那挑戰感到既膽怯又高興，我對她說：「至於第五章——正好是時候顯示所有這些關於倫理學理論的討論，究竟怎樣在地方會眾（local congregations）的生活中體現出來了！」諾德絲冷靜和明智地說：「你不需要寫第五章——這裏的資料已經足夠你拿一個博士學位了。」我既高興又洩氣，我知道她是對的。十年後，那失落了的第五章終於出現。

它從沒有消失。我在諾域治（Norwich）思考貧窮問題的那段期間，在夸希（Ben Quash）提議下閱讀米爾班德（John Milbank）的文章〈道德觀可以是基督教的嗎？〉（"Can Morality Be Christian?"; Milbank 1997, 219～232），第一次開始發覺，「貧乏」的（impoverished），不是我居住的住宅區，而是我對上帝的理解。我對倫理學的理解，除了植根於地方會眾以外，現在，更加上了「倫理學作為豐足」（ethics as plenitude）這一層意思。

我記得自己坐在杜克神道學院(Duke Divinity School)的圖書館裏。我剛興奮地與侯活士(Stanley Hauerwas)討論我們編輯《布萊克韋爾基督教倫理學伴讀》(*The Blackwell Companion to Christian Ethics*)的計劃，我發覺我需要一點獨處的時間。我勾畫了後來成為那本書的第二章的一篇文章，〈教會的恩賜/禮物及上帝給予教會的恩賜/禮物〉("The Gift of the Church and the Gifts God Gives It")。那篇文章，嘗試結合侯活士那權威的辯論和我自己的書——《即興踐行：基督教倫理的戲劇》(*Improvisation: The Drama of Christian Ethics*)——那遊玩的正統性(playful orthodoxy)。將那篇文章加上我另一篇文章〈共同的崇拜怎樣形塑地方品格〉("How Common Worship Forms Local Character"; Wells 2002)，便似乎有無限潛力可供發現和探索。我感到自己接觸到一道一直可延伸下去的裂縫。在地方會眾和豐足以外，我現在又加上聖餐禮(Eucharist)的重要性。

接著我與編輯哈金(Rebecca Harkin)一起坐下來，她挑戰我探測那道裂縫可以有多深。她只是提議我繼續挖掘下去，她會出版我發現的任何珍寶。那探索給我一種喜樂和喜悅的辛勞。我敢於盼望讀者閱讀這本書時會找到回報，就好像我撰寫它時找到回報一樣。在「地方會眾」、「豐足」和「聖餐禮」以外，我最終加上一份自信，相信本書包含著對基督教倫理學的整個取向：這個取向嘗試將實踐、牧養、聖經、教義、禮儀和道德神學這些不同方面統合起來，因此也引用了這學科的一些慣常假設。我寫成了一本書。

這本書在發現它的那個環境中浸淫。眾教區諸如沃爾森德(Wallsend)的聖路加(St Luke)、聖安德烈切里欣頓(St Andrew Cherry Hinton)和諸聖特韋舍(All Saints Teversham)、北厄勒姆(North Earlham)的聖伊利沙伯(St Elizabeth)，以及紐納姆(Newnham)的聖馬可(St Mark)，都模塑了我對基督教倫理的處境的理解。我嘗試在這裏提議的，是我在那些地方嘗試實踐的。那些教區的人都會出現在這本書中。我沒有提任何人的名字，因為我不想他們各人之個性特點，令人不把焦點放在上帝的恩典之上。我也感激劍橋大學里德利堂（Ridley Hall, Cambridge）的職員和學生，他們給我同伴關係（companionship）、溫暖和隱逸的環境，令撰寫這本書的經驗成了一種享受。我也從貝里曼（Jerome Berryman）和其他參與實踐「敬虔地玩耍」（Godly Play）的人的工作中，深深學懂聖餐禮在道德形塑（moral formation）中的角色。

我有無數機會與不同羣體和教會一起反思，而那些討論的成果出現在以下的文章中。這些文章，在這個領域中是較早的嘗試，而這本書將大量引述這些文章，其中包括：〈十七世紀的晚禱怎樣形塑二十一世紀的品格：一個召喚〉（"How Seventeenth-Century Evensong Forms Twenty-First-Century Character: An Evocation"），《聖公會研究期刊》（*Journal of Anglican Studies*）2/2（2004）：70～74；〈聖潔：水禮〉（"Holiness: Baptism"），《基督教世紀》（*Christian Century*）117/7（2000 年 3 月 1 日）：235；〈每週禱告：在上帝裏的活和死〉（"Prayer for the Week: Living and Dying in God"），《教會時報》（*Church Times*）7334（2003 年 9 月 26 日）：12；〈為恐懼命名〉（"Naming that Fear"），《基督教世紀》121/12（2004 年 6 月 15 日）：18；〈足夠有餘〉（"More than Enough"），《基督教世紀》121/12（2004 年 6 月 15 日）：19；〈他們都有同一位牧羊人〉（"They All Have the Same Shepherd"），《法板》（*The Tablet*）（2004 年 12 月 11 日）：18；〈懷著期望聚集：崇拜：第一幕〉（"Gathering in Expectation: Worship: Act One"），《基督教世紀》122/7（2005 年 4 月 5 日）：9～10；〈聆聽上帝：崇拜：第二幕〉（"Hearing God Out: Worship: Act Two"），《基督教世紀》122/9（2005 年 5 月 3 日）：9 ～ 10；〈回應的勇氣：崇拜：第三

幕〉（“Courage to Respond: Worship: Act Three”），《基督教世紀》122/11（2005年5月31日）：10～11；〈擘開和分享：崇拜：第四幕〉（“Broken and Shared: Worship: Act Four”），《基督教世紀》122/13（2005年6月14日）：8～9；〈差遣：崇拜：第五幕〉（“Sent Out: Worship: Act Five”），《基督教世紀》122/15（2005年6月28日）：9～10。

很多好同伴豐富了我的寫作，他們共同分享著這本書的異象，並以多種方式給予我鼓勵。我太太喬（Jo）不斷擴展我的想像力以及體現著豐富的福音。她經常是如此滿足，並不感到自己有甚麼缺乏（scarcity）。我們的孩子勞倫斯（Laurence）和斯蒂法妮（Stephanie）以喜樂使我們驚訝。我們飼養的狗康妮（Connie），每天都提醒我上帝那瘋狂的喜悦和祂多渴望找到忠心的人。英奇（John Inge）、本篤會的博爾頓（Chad Boulton OSB）、麥基尼（Andrew McKearney）、利奇菲爾德（Kate Litchfield）、加勒德（Nick Garrard）、莫拉夫佐娃（Jana Moravcova）、雷哈科娃（Martina Rehakova）、沃斯福爾德（Caroline Worsfold）、施泰因克（Robin Steinke）和布萊克（Neville Black），他們均勾畫出一趟從缺乏到豐富的旅程。我的閱讀伙伴瓊斯（Phil Jones）、霍維（Craig Hovey）、德羅比希（Marion Drobig）、基斯（John Kiess）和施魏格爾（Beth Barton Schweiger），共同分享著在羣體的踐行（practices）中體現倫理學這事業。侯活士、萬嫩韋奇（Bernd Wannenwetsch）、尼科爾斯（Bridget Nichols）和沃克（Graeme Walker），則給予我適時的建議和鼓勵。

但我最感激的是家父斯蒂芬·威爾斯（Stephen Wells），他的事奉一直啟發著我。他讀了〈教會的恩賜／禮物及上帝給予教會的恩賜／禮物〉這篇文章。他對這樣的文章能夠對基督教倫理學的本質提出那麼偉大的宣稱，感到頗為不解，他説道：「這裏沒有任何新意。」當然沒有——對他來說，地方教會（local church）作為上帝的恩典得以體現的主要場所，是理所當然的事。他在超過五十年的事奉中踐行了這信仰。他從沒有讀過這本書。這令我很難過。但他從來都不需要讀這本書；因為他一生都活出這本書建議的一切。只要教會有好像他這樣的見證人，教會便不需要像這樣的書了。

目錄

中文版導讀 v

原書序 xiii

導論 **1**

上帝 1

給予 3

祂的子民 4

他們所需的一切 7

敬拜祂 11

成為祂的朋友 12

與祂同吃 13

怎樣閱讀本書 15

第一部　耶穌作為基督的身體

第 1 章　昨日 **21**

耶穌作為上帝的極其豐盛 23

罪作為缺乏 29

透過馬可福音來閱讀創世記 32

	透過耶穌作上帝的同伴	33
第 2 章	**永遠**	**37**
	國度的來臨	39
	國度的生命	47
第 3 章	**今日**	**57**
	聖靈使聖經有生命	58
	聖靈將國度的盼望轉化為行動	61
	聖靈給予上帝子民他們所需的一切	63
	我們缺乏時，聖靈會給予豐富	68
第二部	**教會作為基督的身體**	
第 4 章	**形塑**	**75**
	佈道	76
	教義問答	83
第 5 章	**併合**	**91**
	脱去	91
	清洗	98
	穿上	105
第 6 章	**實行**	**111**
	倚靠上帝	112
	彼此倚靠	119
	倚靠外人	138
第 7 章	**恢復**	**147**
	説出真相	147

發現良善 154

體現美 162

第三部 聖餐禮作為基督的身體

第 8 章 會晤 167

聚集 167

問安 172

和好 184

靜默 194

第 9 章 聆聽 199

參加詩篇的頌讚 199

聆聽聖經 204

聆聽傳講的聖言 215

辨識上帝的聲音 219

第 10 章 回應 227

認信 227

代禱 233

分享平安 239

第 11 章 分享 249

獻上禮物 250

舉心 254

祝謝 257

記念 261

邀請 265

擘餅 269

分享食物 273

第 12 章 出去 279

洗腳禮 280

祝福 285

差遣 287

參考書目 291

導論
Introduction

上帝給予祂子民敬拜祂、成為祂的朋友，以及與祂同吃所需的一切（God gives his people everything they need to worship him, to be his friends, and to eat with him）。同伴（companion），則是可以與之一同分餅的人。上帝呼召祂的子民成為祂的同伴，與祂一起分餅——成為祂的朋友。基督徒稱與上帝一起用餅為敬拜。因此，跟隨耶穌基督的上帝，就表示敬拜祂，成為祂的朋友，與祂同吃：簡單來說，就是成為祂的同伴。這個導論的目的，是說明文首這句概括性的話的每一方面的重要性，並將我的論點連繫到對基督教倫理學的性質和目的的其他理解。

上帝

這個研究建基於一個「決定性的揀選」：上帝原來之揀選，甚麼都不是，除了成為那位在基督裏為我們的上帝（Barth 1963, 62）。因此，倫理學假設人和上帝之間是有關係的，這關係在耶穌裏體現，構成了人類的身分，並將人類從其餘的受造物區分出來。成為上帝的同伴，就是人類的本質和命途（destiny；或譯「定旨」）。

在過去三百年，在倫理學中談論上帝變得那麼困難，實在是有各種可以理解的原因的。教會的破碎，並沒有減弱那些與它互相競爭的對手們的熱誠：自從十六和十七世紀的宗教戰爭以來，總有一個一直存在的假設，即認為關於上帝的信念會引起「暴力」。哲學家康德（Immanuel Kant）構想出一套倫理學，這套倫理學如果不是完全除去神聖，就是將上帝化約到純粹理性的限度以內：即本體的神明（noumenal deity；或譯「物自體的神明」、「物自身的神明」）在現象世界（phenomenal world）不能夠再有任何具意義的角色（Kant 1960）。科技的發展建立了很多期望和恐懼，那是棲居在聖經敍事中的人不知道的，因此，人很容易假設上帝（至少是耶穌基督的上帝）對這些問題是沒有甚麼話說的。全球帝國的擴展和繼承，加速了宗教文化的多元化，以致在當代的民主精神中，如果有人認為「對上帝的某一個概念的聲音，應該比其他概念的聲音更大」，這在很多人看來都是荒謬的。西方教會的人數減少，加上假設了世俗的得勝，這或許減弱了教會自身的信心。而懷疑的詮釋學（hermeneutics of suspicion）變得那麼有影響力，以致很多人都假設：每個涉及上帝這詞的宣稱，不單是一種強制，也是一副體面的面具，而權力精英在這副面具背後，維持著他們有時隱晦、但總是無情的壓迫性結構。

由於所有這些原因和很多其他原因，大家往往假設，耶穌基督不再構成基督徒關於倫理學所想說的一切。人發明了一個新學科，填補了上帝在基督裏給予祂子民的東西與大家感到自己仍然需要的東西這兩者之間的空隙。這空隙的名稱是基督教倫理學。這本書想顯示：這種空隙是一個幻象。我寫這本書，是要將神學和倫理學的分離重新連繫起來，以強調神學和倫理學是一體的兩面。那一體就是上帝，祂在基督裏的旨意，是令所有人成為祂的同伴。這會是神學倫理學的中心。

給予

在使用「給予」(gives)這個詞時，我是說：這本書不單是關乎上帝，也關乎上帝的作為(God's action；或譯「行動」)。這是一個重大的宣稱，因為大家通常將倫理學理解為對人的行動的研究。我主張：支持人類生活的，是一種踐行的模式(a pattern of practices)——那就是與別人交往的好方法，那是在羣體中磨練出來，並經由傳統建立，由學徒工作方式習得，並在習慣中體現的。這些踐行基本上是上帝的恩賜/禮物(gifts)。這些踐行是讓「祂對同伴關係的旨意」在人類生活中表達出來的方式。它們不單令人更親近祂，也帶來人類的興盛(flourishing)。

我的論證並不是慣常的那一種——我在這裏指的是論證的形式，而不單是指內容。這本書使用的主要修辭策略，是「列舉」(list)。我只想給讀者大量例子。我不願意輕視其他人的論證：我寧願展示我自己的取向的全部含義，希望説服讀者繼續發展他們業已從事的踐行，並體現其他踐行。這不是紙上的辯論，而是號召教會更新。

我認為關於倫理學的寫作，大致有三種方式。第一種是描述(description)。它的目的主要是令主題變得更有意義。它希望以十分富啟發性、十分美麗的詞彙勾畫基督徒的生命，並以它本身的描繪那全然的敏鋭吸引大家委身。好像菜譜，它令人想親自下厨；好像旅遊指南，它令人想到訪那個國家；它好像福音，令人想跟隨基督：不是因為它告訴人要這樣做，而是因為大家渴望將它所描述的奇妙變成一種活出來的經驗。簡單來説，它令人神往。

第二種是比較(comparison)。這是批判風格的倫理學。它細心評價不同取向、不同論點、不同理論，藉以確定何者才是可信服的勝利者。它是以論辯的方式提出證據，指出某論點有缺點；追溯另一個論點的譜系，找出它出人意表和令人困擾的根源；並有意識地探討，如果第三個論點被推到極端的地步，會有甚麼含義；並將主題由一個脈絡轉到另一個脈絡，讓那些主題從十分不同的角度給反映出來。這是學術倫理學的實質：簡單來説，它就是一種「學科」(the discipline)。

第三種是勸説(persuasion)。這是富普及形態的倫理學。大家總是否認、但卻經常假設這種倫理學包含著毋庸置疑的假設，尋找草率的認可；包含著不可靠的偏見，尋求確定的證據；包含著強烈的信念，渴望簡練的口號。當然，護教學有更榮耀的傳統：希望可以藉非神學語言表達真理，並令真理在基督教以外得到接受。但在護教學背後總潛藏著一個危險：基督教的獨特性可能被轉換為一種當代抱負的陳腔濫調。

這本書是以第一種倫理學為取向的著作。但「出色的教義學，就是最好的護教學」這個著名的宣稱，引導我的整個取向。可是，與很多我十分欣賞的作者不同，我主要的任務是「描述」。因此，我引述作者時(無論是古老的傳統或當代的辯論)，很大程度上，都只限於援引其描述似乎是那麼吸引、以致令我神往的作者。我很大程度上將「比較」的工作，留給那些可以做得比我更好的人(例如，Hauerwas 2001)。

以下，我希望於論述上帝的福音當包括甚麼時，展示出上帝的恩賜/禮物。我盼望這些踐行——而不是理論的論點——會被視為基督教倫理學的實質。

祂的子民

我説「祂的子民」(his people)時，關乎上帝的「代名詞」〔編按：

指男性代名姓“his”〕，我採用了傳統的用法。這主要不是因為我相信這種語言的男性特徵，而是因為未能找到其他令人滿意的選擇（討論可參 Ford 2002, 181 ～ 184）。

對我的論證更為重要的是，當我說「上帝給予**祂的子民**」，這表示我對教會的地位作出一特別的宣稱。（關於猶太人仍然是上帝子民的討論，參 Yoder 2003。）同樣，我們可以對基督教倫理學的定位之想像，作出一個三重區分（參 Wells 2004, 33 ～ 41）。

最常見的定位可以稱為「普遍的」（universal）倫理學，或「給所有人的倫理學」。論證是這樣的：上帝是整個創造的上帝，祂對某些人的旨意，與祂對另一些人的旨意，是沒有分別的。因此，倫理學很大程度上是關於尋求共同原則或指引，並認為這些指引是能夠引導和模塑（shape）公共生活的。大家都深深察覺到，多元式的民主和有爭議的公共領域，令我們難以闡述信仰的宣稱——除了以籠統和抽象的字眼來加以闡述。因此，基督教在很大程度上，變成了康德要將它變成的樣子，即成了一種行為守則，不需要怎麼參照其來源或目的，特定的傳承或終極命途。

一個相反的取向可以稱為「顛覆的」（subversive）倫理學。它將普遍的版本置於上文提到的懷疑的詮釋學之下，並發覺那是有缺欠的。「普遍」差不多只是一種掩飾，掩飾當權者怎樣炮製配合他們利益的東西：重寫歷史和神話，以配合他們的目的。作為反對的聲音，顛覆性倫理學是「受壓迫者的倫理學」。它認同的人，是那些社會地位令他們幾乎無可避免地要處於權力精英之外的人，而且顛覆性倫理學也往往源自這些人。藉著闡明被壓抑著的聲音，顛覆性倫理學挑戰那些當權者，迫使他們顯示出：除了「暴力」這不明言的脅迫外，他們究竟還有沒有任何「權力」？

第三種理解是「教會的」（ecclesial）倫理學，這也可以稱為「為了教會的倫理學」（ethics for the Church）。它和顛覆性的取向一樣，批判普遍的倫理學取消了特殊性（particularity）；它也認同教會必須總是窮人的教會。但它質疑真正的快樂是否在於自主性（autonomy）和自我表達（self-expression），它尋求在教會的傳統和踐行、敍事和盼望中，有比「顛覆性」的倫理學所能夠闡述的更具顛覆性的福音。

我這個研究是教會倫理學的著作。它相信上帝的呼召是給所有人的，但它沒有因而視所有人為理所當然地完全相同的；它將所有人的相同性（sameness），置於他們與基督共享的人性之中，而不是置於他們彼此分享的一些重要的東西之上。它相信上帝的呼召令世界翻天覆地，但這顛覆的力量不在於數目或手段，而在於順應「宇宙之道」（the grain of the universe），也就是沿著十字架和復活的模樣（shape）走去，記著上帝的驚訝（God's surprise），並預期上帝那轉化的將來。

或許，最獨特的，是本書的研究將倫理學的核心直截了當地置於地方教會的踐行之中。在所有對踐行的描述中，以及宣稱這些踐行構成了上帝賜給教會的恩賜/禮物，以模塑它的生命之時，我會提出例子，以說明平凡的基督徒怎樣由這些了不起的恩賜/禮物模塑了他們的品格。這些故事不單是一種「喻例」，因為，很多時，除了以敍事的形式來推進論證外，這些論證是不能被看出來的。在似乎更合適時，我有時會引用地方教會以外的故事。但這些情況只是少有的例外。而且，每一個例外都有頗為明顯的原因。總括而言，堅持使用故事，是為了可以歡慶教會的凡塵生活。有時，我會改變人物或事件的細節，以保護主角的身分。但所有故事都源自真實事件。我不單在撰寫這本書期間是教區牧者——正努力踐行我在這裏所傳講的，我也相信這本書講述的那些故事中的人物，真的是上帝的同伴、基督教倫理學的核心和福音的體現，而倫理學可以有的最好形式，正是歡慶「上帝透過他們所實行出來的踐行，以及他們因著上帝此舉而令他們成為怎樣的子民」。

他們所需的一切

這本書所展示出來的倫理學，是關乎上帝在教會的踐行中怎樣給體現出來。但或許它最具爭議性的宣稱是：「上帝的作為」構成了祂子民跟隨祂所需的一切。他們**所需**的一切（everything they need），並不等同他們**想得到**的一切。在他們**跟隨**祂的過程中，他們所需的一切，並不表示長壽、健康，沒有痛苦、失望、挫折或孤獨，且能滿有成就、榮譽和滿足的生活，就是所需的一切。這些事情可以取代福音，這也可能是很多基督徒所渴望的，而對任何人的生活而言，這也可能是十分受歡迎的祝福——但我們不能誤將它們看成是對耶穌基督的上帝之跟隨。基督徒蒙召走上跟隨的道路，並得到他們跟隨祂所需的一切。跟隨耶穌是順應宇宙之道過活。基督教倫理學讚賞那些順應宇宙之道的事情，推廣那些令那生活變得豐富和成為可能的踐行；它明確或隱晦地批評那些與道相違的事情。跟隨耶穌，正表示學習要一心得到上帝在耶穌裏給我們的無限事物（limitless things）。

在整個論證中，我都有意識地在兩個相關的觀念之間往來：足夠（sufficiency）和豐富（abundance；或譯「豐盛」）。一方面，我論證說，上帝給予我們「足夠的」；另一方面，我認為上帝給予了「太多」（too much）。我之所以認為上帝給予我們足夠的，是要對基督教倫理學一貫的主流意見提出批評。這一主流意見假設我們擁有的並不足夠，因此，倫理學是「以草造磚」似的一種十分艱難的事業。不足夠，假設我們沒有足夠的資訊——我們對人類的身體、對氣候、對甚麼令戰爭發生、對怎樣使人脫貧、對甚麼引導著經濟，都知道得太少；沒有足夠的智慧——即沒有足夠的論壇給我們交換意見、從過去學習、使不同學科的人聚首一堂，也沒有足夠的智性解決持續的困難；沒有足夠的資源——即世界人口正在增加，接受教育的機會、清潔的食水、食物、健康護理和影響政治的途徑，都不足夠。沒有足夠的啟示——即聖經是陰鬱的文件(lugubrious)，而且往往晦暗不明(ambiguous)，受制於它的時代，不能夠以足夠的清晰度來處理今天的問題。我認為這整個「不足夠」的假設，基本上是建基於「上帝的不足夠」這一假設之上。不知怎的，在創造、以色列、耶穌和教會，以及在終末的應許中，上帝仍然做得不足夠，給予的也不足夠，祂本身也不足夠，以致基督教倫理學所想像到的目的是（而且總會是）痛苦地可望而不可即。

與這不足夠的假設相反，我認為上帝所給予的，是足夠的——即祂的子民所需的一切，是足夠的。祂給予他們「過去」所需的一切，這便是「遺產」；祂給予他們「將來」可以想像到的一切，這便是「命途」；祂給予他們聖靈，令過去和將來，能呈現（present）於教會的生活中。祂給予他們很多踐行：這是模塑基督徒的方法，使他們能在基督裏體現他們自身，使他們接受上帝、彼此和世界要給予他們的，而在事情出錯時得以和好（reconciled；或譯「復和」）和恢復（restored；或譯「復原」），並以分享食物作為他們的明確的政治、經濟和社會行動。祂給予的，供應並不短絀。這些東西包括愛、喜樂、和平。這些恩賜/禮物透過教會的踐行體現出來。這些踐行包括見證、教義問答、水禮、禱告、友誼、殷勤、勸誡、悔罪、認罪、頌讚、讀經、講道、分享平安、分享食物、彼此洗腳。這都是上帝的無限恩賜/禮物。我對傳統基督教倫理學的抱怨，是它忽略、不理會或忽視上帝豐富地（in plenty）賜下了這些東西，並把焦點集中在那些供應短絀的東西上；而在上述種種豐富之缺席下，讓生命被經驗為缺乏（scarcity；或譯「稀少」）。我的論證，是希望大家留意上帝給予祂子民的東西，並抗拒四周那種要攫取更多東西的試探。

另一方面，我論證説，上帝給祂的子民的，不單足夠，而且實在太多了。我所做的是嘗試解釋一件事，即倫理學存在著超過一種困難。倫理學的第一種困難是「不想得到」或者「故意忽視」上帝的恩賜/禮物，並開始製造自己的恩賜/禮物。但它還有另一種困難，那主要關乎想像力（imagination）——「困難」是，上帝實在太豐富了。於第一種困難而言，其困難是認為上帝給予我們錯誤的恩賜/禮物，或者不足夠的恩賜/禮物；而對第二種困難來説，其困難是人類的想像力不夠豐富，不能夠接受上帝之所是及要給予的一切。我們被懾服（overwhelmed）。上帝取之不盡的創造、無限的恩典、不間斷的憐憫、持久的目的（purposes）、不能測透的愛，實在多得不能思想、吸收、明白。這是豐富的語言（the language of abundance）。如果人類轉離這種豐富的語言，有時應該是出於被誤導的、但同時是可諒解的自我保護感——即在面對上帝榮耀之浪潮時，要保存自我。但基督教倫理學卻應該希望處於浪峯之上，乘風破浪。它不應該是努力奮鬥的一種操練，而應該是充滿喜樂的；它不應該研究上帝行事的邊緣部分，而應該探討恩典的核心。我在這本書描繪的踐行，是一種活動模式（pattern of activity），而上帝透過這些活動模式，使祂令人懾服的憐憫成了每天都能夠被消化的操練。它們是體現祂恩典的方式，讓各種社會地位、各種能力、各種年紀的人，都可以被轉化而不致被淹沒。

這兩個宣稱——足夠和豐富——引來反覆出現的焦慮。「但世界肯定充滿缺乏！談及足夠不是魯莽、故意視而不見或不道德嗎？更不要説談及豐富了？」對此，我會提出兩個回應。一個回應來自個人經驗。有幾年時間，我在英國東部一個貧困的住宅區擔任一間教會的教區牧師。因為個人的原因，我在經濟、文化、社會和情感上都比較貧乏的環境中，會感到頗為自在。突然間，住宅區得到政府一大筆錢，要促成一個由社區帶領的革新。我發覺在這個過程中，在一段很長的時間內，我都十分有影響力。當中，我學到的是：貧困主要不是關乎金錢，而是關乎不知道該怎樣運用金錢，以及（或者）沒有運用金錢的人。前者我稱為想像力（imagination），後者我稱為羣體（community）。只要我們的社區有想像力和羣體，我們便不是貧窮的。但沒有想像力和羣體，便沒有金錢能夠幫助我們。我認為地方教會的角色，是成為富**想像力的羣體**（community of imagination）：而令那羣體豐富和體現那羣體的，正是我在這本書所描述的踐行。活在那個貧困的羣體中，我發現了上帝的豐富。

第二個答案會更具分析性。它會反過來問：「甚麼令飢餓成為錯誤？甚麼令非洲好像貝理雅（Tony Blair）所說的『成了世界的良心上的一道疤痕』？」飢餓之所以是錯誤的，不單是它使人類受苦，以及它是由別人的貪婪和衝突帶來；而是因為它荒唐地公然冒犯上帝的性情和目的，而上帝的性情和目的，正是讓人在與祂為伴的豐富生命中興盛。因此，豐富是「順應宇宙之道」，飢餓則是嚴重違反宇宙之道而生出的病徵。但事實是世界並不缺乏糧食，而解決飢餓的方法，不是去製造更多糧食（克服不足），而是分享世界已經有的糧食，令引致毀滅性衝突的分裂得以復和。這些正是我所描述的踐行——上帝豐富的恩賜/禮物——所關注的。

因此，上帝的豐富和人類的財富或快樂之間並不是相等的。這不是「要快樂」或「明白你多幸運」這一類宣告。相反，它是見證著：上帝的恩賜/禮物是更充分地刻在人類的貧窮上，而且這往往在人類的苦難中，最容易給辨認出來。甚麼才是財富的累積？——除了「與仰仗上帝恩賜/禮物」隔離以累積財富外。因此，積累財富不是宣告上帝的不足嗎？缺乏財富，不就是仰仗上帝的恩賜/禮物——友誼、接待、分享食物？因此，自願不擁有財富，不是宣告上帝在教會的踐行中給予的恩賜/禮物，是足夠的嗎？這肯定是修道羣體在基督教故事中能佔那麼寶貴的位置的原因——因為他們在傳統上，遠離了那種與上帝恩賜/禮物隔離而同時為大部人所接受的資源，並倚靠教會的踐行，教會也因而被他們的相伴所淨化。例如，聖本篤會規（Rule of St Benedict）強調了個人需用的東西已足夠；將客人當成基督一樣地去歡迎；不要令人過度進行體力勞動；簡潔地禱告，除非確實蒙聖靈帶領（Benedict 1970）。

敬拜祂

如果上帝給祂的子民在跟隨祂時所需的一切，那跟隨祂將包括甚麼？我提出如下觀點：跟隨上帝表示成為上帝的同伴（God's companions）——而這正是本書英文原書名的原委。我們可將同伴的關係分成三方面：敬拜祂（to worship him），成為祂的朋友（to be his friend），與祂同吃（to eat with him）。

這本書分成三部分，每一部分稱都為「基督的身體」（The Body of Christ）。這個詞組在新約和教會生活中，有三種意思。它有時表示耶穌，即成為肉身、受膏的那一位，祂正是上帝昨日、今日和永遠的好消息。它有時表示教會，即有眾多肢體和器官，並在水禮（Baptism）中與基督聯合的基督的身體。它有時也表示聖餐禮中那生命的餅（the living bread）。每種意思，都賦予和增強著另外兩種意思。這本書的結構充實了在全書引言中的那句句子的三個方面。關於第一種意思，「耶穌」對應敬拜上帝的呼召；關於第二種意思，稱為「教會」的同伴的身體，對應成為上帝的朋友的呼召；關於第三種意思，即「聖餐禮」，對應與祂同吃的呼召。這三者的意思都是回顧性的，意思是：它描述了福音的模式（the pattern of Gospel），門徒敬拜耶穌，成為祂的朋友，在重要的場合中與祂同吃。這三者的意思，亦是描述性（descriptive）和規範性（prescriptive）的，它描述教會今天要怎樣生活；在我們這個時代的迫切議題上，應該怎樣看自己的角色、應該怎樣回應和渴望。而這三者的意思，也都是終末性的（eschatological），它描述作上帝的同伴、在天國的筵席中作祂的客人，並圍繞祂寶座敬拜的終極狀態。

因此，敬拜上帝是這本書第一部的主題。敬拜是承認「作上帝的同伴」是成為「不平等」的關係的其中一方。上帝是主權的（sovereign）和自足的（self-sufficient），但卻不斷地尋索關係、不住地施憐憫。我認為沒有甚麼敬拜理論是可以脫離本書所描述的不同踐行的。因此，本書的第一部分確立了上帝的主權，以及祂的恩賜/禮物的足夠和豐富。聖經表明了上帝在過去怎樣給予祂子民所需的一切；天國象徵上帝在將來會怎樣給予他們所需的一切；聖靈說出上帝怎樣將祂拯救的過去（saving past）和轉化的將來（transforming future），帶到以記憶和盼望為特點的現在。

成為祂的朋友

本書第一部展示出「上帝希望與祂的子民建立關係」這一宣稱。第二部具體提到相關的關係：上帝呼召祂的子民成為祂的朋友。回應耶穌的邀請、並成為上帝的朋友的人，他們的名字是「教會」（Church）。

第一部強調的是上帝的豐富，第二部強調的是祂給祂子民的恩賜/禮物是足夠的。而這部分的指導性原則是「水禮」。形塑性的踐行（the practices of formation；即佈道〔evangelism〕和教義問答〔catechesis〕）以它們與水禮的關係作定位。水禮的踐行（即脫去〔stripping〕、清洗〔washing〕和穿上〔clothing〕）展示出所有向度（full dimensions），也就是上帝透過在人類羣體中體現其生命（embodying his life），而給予教會的完整面向。接著的多種（但並非詳盡無遺的）踐行模式，全都源自水禮的恩賜/禮物。承認教會的脆弱和需要赦免及和好，只不過是在重申：我們於水禮中領受的恩賜/禮物是持續需要更新的。

一個一再出現的焦慮是：教會不是我所宣稱的那樣子：教會是主要方式，讓上帝今天追求祂的目的，以及讓祂自己為人所認識。但對很多人來說，教會卻陷入罪中，與邪惡同謀，並且因為對不公義的沉默而蒙羞，被揭露為笨拙、充滿瑕疵、「人之常情」般失敗，不能體現基督恩慈的福音，簡單來說，那就是瓦器。不過，我仍堅信教會包含著寶貝，而實在也沒有其他選擇。無論是出於尷尬還是憤怒，很多撰寫基督教倫理學的人，都選擇令教會在他們的著作中幾乎變成隱形，彷彿耶穌直接在混亂中呼召我們——超過二千年的上帝子民的回應，好像算不了甚麼似的。我之所以將我對基督教倫理學的論述圍繞著教會來開展，是因為教會雖然有眾多限制，但仍然是實行（performed）所有踐行——而這些踐行是上帝豐富的恩賜/禮物——的地方；因為越過了教會，則只會引致一種錯覺，那就是一種無玷門徒的靈知式幻象（Gnostic fantasy）；這也因為我在幾處不起眼的地方屬於幾間平凡的教會，而我正在這段期間遇上了我在這本書所描述的那些基督徒和轉化。但最重要的是，我想挪開對教會的普遍誤解，這些誤解無可避免地窒礙了上帝恩賜/禮物的展示。當我這樣做，我希望能暢論上帝拯救的憐憫究竟怎樣棲居於教會的踐行中，並模塑著教會對自身可能遇到的每一個迫切議題的理解。

與祂同吃

上帝希望與祂的子民建立關係（第一部），而那關係是友誼（friendship；第二部）：而那友誼的性質主要是**「同伴」的關係**——即那些一起擘餅的人之間的友誼。這是第三部的主題。

大約十年前，我在城市的另一處主持崇拜，當我回到我的教會時，我的同工在擘餅。我坐在後面觀看。在接著的十五分鐘，踐行和活動的整個模式在發生。大家在領聖餐（communion），有些人走到小禮堂接受代禱和按手；音樂小組站起來領唱，唱一些反思性的詩歌；有些人則安慰哀傷的人，或者研讀當天的經文，以期智慧增長。但在這期間，沒有人給予他們任何指導或解釋。那是我見過的其中一件最美麗的事情：或許，這一百五十位身處工人社區的平凡人，被禮儀教導和模塑，以致在獻出和接受愛及憐憫這流暢的過程中，禮儀成了他們的「第二天性」（second nature），幾乎令他們著迷。我明白這是「教會的政治」（the Church politics），它體現了我在基督教倫理學中想追尋的一切，也就是人類與上帝和平共處，分享平安的恩賜，不單談及永恆的生命，也活出這生命。

因此，本書第三部的五章，勾畫出這種更新了的政治。它們展示出聖餐禮的踐行怎樣轉化社羣。它們描述和定規聖餐禮怎樣模塑敬拜者的品格，讓他們好像我第一次「從後面」看到的人那樣：他們在學習把正確的事物視為理所當然。有些恩賜是來到上帝面前和來到彼此面前時接受的；有些是在聆聽上帝的聖言時接受的；有些則是在回應那聖言時接受的。有些恩賜則特別在分享食物中給體現出來；有些則在被差遣中體現出來；還有一些則遍布整體。

這種敬拜模式是所有基督徒都共有的嗎？或者，至少是那些對基督教倫理學有興趣的人都共有的嗎？我相信是的。當然，不同會眾和不同宗派，傾向以不同的次序進行。是否每羣會眾都唱詩篇？是否每羣會眾都誦讀信經？是否每羣會眾都行洗腳禮？明顯不是。但更重要的是，是否每羣會眾都承認詩篇這恩賜/禮物、信經的重要性、洗腳禮是由基督設立的？這是更好的問題，亦帶來了這本書所希望促進的對話。這種對話，不是關乎聖公會（Anglican）、信洗派（Anabaptist）、天主教（Catholic）還是加爾文派（Calvinist）何者較佳，不是關乎聚會時使用結他或面向東面比較好，不是討論究竟穿袍子（robed）還是用閃燈（strobed）比較好，也不是關乎教會以使命（mission）來模塑還是以古老傳統來模塑較好；這種對話，是關乎甚麼踐行能體現基督的福音，並它們可以怎樣忠心地踐行，而這種生命又模塑了怎樣的人。這種對話，關乎在崇拜「問安」後如何體現「福音」和「差遣」後如何體現「禮儀」之間的不斷來回——即關乎崇拜怎樣模塑門徒的忠心和忠心的門徒怎樣更新崇拜。而正如我對一般的倫理學（ethics in general）所說的那樣，我對聖餐禮也那樣說：如果上帝給祂的教會多種恩賜/禮物，以模塑教會的生活，並豐富教會，使教會能在各方面忠心地回應上帝，那為甚麼會眾會忽略接受和運用這些恩賜/禮物？而如果會眾經驗的是缺乏、是信仰的貧乏，而上帝似乎很遙遠——而會眾又忽略了這些賜生命的恩賜/禮物——那是誰的錯誤？

渴望進入這本書的中心思想的讀者，可能想從本書的第三部開始。事實上，讀者幾乎可以從本書任何地方開始——這本書的論證是設計成循環性而不是線性的。正如上帝繼續差遣人和吸引人到祂那裏，也正如聖餐禮是差遣和邀請的持續循環，這本書也希望不斷交織著展示與挑戰，吸引人前來，使他們得著啟發；而他們蒙差遣後，則出去把信仰體現出來。因為基督教倫理學最終倚仗的是其質素，而不是選擇得好的言詞——即倚靠聖潔的生命、忠心的羣體以及上帝恩典的豐富。它不會靜止，直到來自各族和各宗派的所有上帝子民以祂同伴的身分與祂同吃。

怎樣閱讀本書

這本書要以想像力、並在羣體中閱讀。正如我先前指出的，想像力和羣體是富足的主要形式。但在我心裏它們也有一特別的意思。

要明白我所指的「想像力」，應該與我早前的著作《即興踐行》（Wells 2004）一起閱讀。在那裏，我列出從戲劇性即興而來的好些踐行，是可以模塑今天基督教倫理學的操練和教會的踐行的。《上帝的同伴》源自上述這些踐行的第一個，即「形塑習慣」（forming habits），因為它主要關乎基督徒怎樣學習把正確的事情視為理所當然。第二個踐行，討論「地位」（status）的問題，這在《上帝的同伴》的討論中重新出現：將倫理學主要置於地方教會，以及給予好像洗腳禮等踐行一優先地位。第三個主要建議則是「過度接受」（overaccepting），這種踐行在《上帝的同伴》的每一個地方都會出現。對聖經、水禮及和好的處理，假設上帝不斷將人的罪和努力這些較小的故事，安插進恩典這更大的故事中。對見證的處理，則假設《即興踐行》中關於教會怎樣「既不積極阻礙」也不「被動接受」它從社會得到的「給予」（offers）。禮儀的討論，假設在聖餐禮中上帝在基督裏拿起人類生命的「餅和魚」，或者「水」，並將它們轉化成豐富的食物或永恆生命的「酒」。同樣，第四個建議——「再併合」（reincorporation）——在《上帝的同伴》中也是隨處可見的。我對天國的處理，不斷假設上帝使用世界的敍事（world's narrative）中那些被丟棄的部分，為世界的故事提供解決方法。這不單在「永遠」（Forever；即本書第二章）那一章出現，也不斷在關於「聆聽上帝在聖經中的聖言」和「在聖餐桌前重新招聚列國」中出現。「再併合」和「過度接受」基本上都是理解上帝怎樣在面對缺乏時給予我們所需的一切的方式。如果我沒有一再干擾自己的討論以強調這些連繫，或許，這是因為我希望能夠引導讀者，使他們能視這些正確的事情為理所當然——當他們稍微意識到這些假設還沒得到廣泛接受之前。

當我說「羣體」時，我的意思是這本書應該與我和侯活士一起編輯的《布萊克韋爾基督教倫理學伴讀》（Hauerwas and Wells 2004）一併閱讀。在某些方面，本書是這本手冊的同伴。這包括三方面的意思。首先，《布萊克韋爾基督教倫理學伴讀》的篇幅長得多，令好些倫理「議題」和關注都能夠得到詳細得多的處理。我在《上帝的同伴》中觸及很多這類議題，但卻沒有嘗試以任何全面或充分的方式，好好處理這些複雜的議題。《布萊克韋爾基督教倫理學伴讀》的處理要好得多。第二，雖然我相信耶穌在死前的一晚設立了一踐行模式，並給予祂的門徒跟隨祂所需的一切；但我明白，關於崇拜怎樣連繫到教會的其他踐行，以及這個對「豐富」的理解在神學上有甚麼意義，我需要說得更詳細。這正是《上帝的同伴》希望處理的問題。第三，一本稱為《上帝的同伴》的書不應該是一個作者的著作。在以下的一連串故事中，我所描述的人，曾與我一起在聖靈的能力中分享著餅；而在《布萊克韋爾基督教倫理學伴讀》中，讀者則可以找到很多我在觀念上的同伴，他們讓我得到啟發和找到共同的志業。我們一起試圖使世界變成聖餐禮。

第一部

耶穌作為基督的身體

1
昨日
Yesterday

上帝業已給予（has given）祂子民敬拜祂、成為祂的朋友，以及與祂同吃所需的一切。祂藉著將基督的身體給予他們而成就這事。祂以三種形式給予他們基督的身體——耶穌、教會和聖餐禮。在每種情況下，祂給予祂的子民的，都足夠有餘（more than enough）。祂以祂恩賜/禮物之豐富，將他們「懾服」。祂的子民可以以三種方式作回應。他們可以轉臉不顧祂美善的恩賜/禮物，努力以自身的資源建立生命。這是罪的逆性（perversity；或譯「叛逆」、「敗壞」）。他們可能發覺到，自己的想像力不能夠擴展至恩典那般廣大，並恐怕他們自己可能在上帝滿溢的恩典中被懾服，於是，他們將上帝縮減到可以控制的範圍，只處理他們可以理解的恩賜/禮物。這是無知（ignorance），是道德想像力的貧乏（poverty）。或者，他們也可以開放心靈和頭腦、身體和靈魂，發現和接受這些傾注的恩賜/禮物，並根據體現上帝豐富的恩賜/禮物的踐行，模塑自己和自己羣體的生命。這正是被耶穌轉化、被教會模塑、被聖餐禮支持（sustained）的意思。這也是成為上帝的同伴的意思。

我們會在本書頭三章考量上帝在耶穌裏給祂子民的恩賜/禮物。上帝在昨日、今日和永遠，均給予祂子民他們所需的一切——那就是耶穌。稍後我們會看盼望（hope）這恩賜/禮物，以處理耶穌永遠會給予甚麼；也會看同在（presence；或譯「臨在」）這恩賜/禮物，以處理耶穌今日會帶來甚麼。但我們首先考慮記憶（memory），即耶穌昨日獻出了（offers）甚麼。

上帝子民的記憶的關鍵是聖經。聖經界定上帝子民的記憶是甚麼意思。聖經顯示出上帝的性情和目的怎樣透過祂與祂子民的關係啟示出來。雖然祂是創造主上帝（Creator God），超越所有已知的或然法則（laws of probability），但祂渴望與祂所愛的同伴分有這創造的命途。因此，聖經不單確認上帝之所是，也確認上帝子民之所是。上帝的子民透過聖經作回顧時，他們重新發現上帝給他們的命途是多麼奇妙可畏。他們也明白在上帝賜給他們的這一命途之中，猶太人是多麼重要。他們看到解放（liberation；出埃及）和紀律（discipline；律法）怎樣互相倚靠和相互豐富：即創造、救贖和守約的上帝，怎樣給予祂子民他們所需的一切。他們承認在每一個世代，很多人——或許大部分人——都不願意接受上帝的恩賜/禮物，或者未能夠看到所給予他們的珍寶是何等寶貴。這些失敗卻往往和忠心的時刻反映出同樣多的事情，但無論如何，這裏仍然會有堅固他們的路標——誡命、約櫃、土地、聖殿，或許還有君王，以啟發他們的信心和盼望，令整個羣體與上帝為伴變得可能。即使在被擄的可怕經歷中，上帝轉化祂子民的目的仍然不受遮蔽。在耶穌裏，上帝的目的與以色列的渴望相遇。祂的生命展示出上帝的性情，讓所有人看見祂的死亡和復活衝破了各重障礙——也就是仍然將上帝和祂的子民分開的死亡、罪和無知。耶穌重複以色列的先知、祭司和君王的事奉模式。同樣，教會重複了大流散和發現的模式（the pattern of diaspora and discovery）——在橄欖山及五旬節得著能力並接受差遣之後。

耶穌作為上帝的極其豐盛

現在，我會研究約翰福音的三段經文。三個故事都是關於上帝怎樣給予祂子民一切（事實上是太多）去敬拜祂，成為祂的朋友，與祂同吃。這些故事，是關乎真與假的敬拜、因與上帝結伴而變得可能的彼此間的友誼，以及在聖餐禮的滋養下實現的餅與酒的團契。這些故事是關於這本書所研究的三個主要元素的。那三個元素是酒、水和餅。

太多酒

約翰福音的序言把自身呈現為一個新的創造故事：「太初」（約一1）。對最初的門徒的呼召的記述，展示為第一「週」的嶄新呈現：約翰在施洗（一28）；「次日」（一29）他替耶穌施洗；「再次日」（一35），他的門徒跟隨耶穌；「又次日」（一43）耶穌決定去加利利；最後，「第三日」加利利的迦拿有娶親的筵席（二1）。

在這重要的一週的高潮中，有一個故事，描述拯救的歷史，並顯示耶穌怎樣實現上帝創造世界和呼召以色列的目的。故事以四個階段出現。有好酒。酒的供應短缺。酒用完。然後，擴展管家和門徒的想像力，有大量很好的酒。同樣，聖經的故事以四個階段出現。有好酒；創造是好的：以色列與其上帝相和。酒的供應短缺；創造被罪破壞：以色列偏離了上帝的路。酒用完；以色列被擄：失去土地、君王、約櫃、聖殿。即使猶大從巴比倫歸回後，她仍然未擁有那片土地，沒有君王，有聖殿但沒有約櫃。但在第三天，耶穌在這裏，提供比以前更好的酒：不再是恢復（restoration）——而是復活。

如果迦拿是以色列的故事，它也是耶穌的故事。有好酒。祂開始自己的事奉時受到歡迎，又有忠心的門徒追隨祂。酒的供應短缺。祂開始面對敵意。猶太當局定意對抗祂。祂的門徒開始分散。酒用完。祂被出賣、受審和迫害。祂上十字架。但在第三日，酒比以前的更好。創造被恩典所恢復和轉化。

這不是將毒水轉化為安全食水的故事。它不是把被罪扭曲的世界轉化為清潔和健康的羣體的故事。它不是邪惡被「神聖的淨化劑」所除滅或消滅的故事。它是關於墮落之創造的不足和以色列的不足（六口用以施行禮儀的水缸）被上帝的慷慨轉化的故事。它是關於美好的創造的故事，而這創造漸漸受制於「稀少性的經濟」（economy of scarcity），沒有資源幫助自己，但卻被帶進「豐富恩典的經濟」（economy of abundant grace）之中。它是一個「足夠」變成「不足夠」再變成「太多」的故事。這是一個關於基督的位格和工作的比喻。這是福音的故事：上帝在基督裏給予祂沮喪的子民超過他們所需的，懾服他們。

太多水

對耶穌時代的猶太人來說，有一個數字代表完全，那就是七這個數字。上帝以七日創造世界。雅各為了拉結服事七年。法老夢見七隻肥母牛和七隻乾瘦的母牛。傳統的大燭台有七盞燈。約書亞在第七天圍繞耶利哥城七次等等——這樣的例子實不勝枚舉。七是完全的數字。六則痛苦地比七小一點，正如迦拿的故事顯示那樣。

撒瑪利亞婦人的故事（約翰福音四章）是關於一個有五個丈夫的婦人的故事，她現在與一個不是她丈夫的男人同居。這樣便有六個人了。撒瑪利亞人和猶太人彼此憎恨了多個世紀。撒瑪利亞有各種種族羣體，有無數宗教敬拜。自從主前八世紀亞述人入侵北國以色列開始，撒瑪利亞便是這樣。隨著時間過去，撒瑪利亞人發展出與猶太人實力不對等但卻充滿苦毒的競爭。撒瑪利亞人在基利心山敬拜上帝。猶太人則堅持信仰的中心是在南面五十哩的耶路撒冷的聖殿。列王紀下十七章記述了亞述的入侵。那裏列出五種在撒瑪利亞拜偶像的外邦人。現在故事開始有意思了。我們可以看見，撒瑪利亞婦人的五個丈夫代表撒瑪利亞人敬拜的五個假神。

第六個丈夫，即婦人沒有與他結婚的那個人是誰？約瑟夫（Josephus）告訴我們，大希律將撒瑪利亞的首都變成一個叫做塞貝斯提（Sebeste）的羅馬城市。塞貝斯提是奧古斯都大帝（Emperor Augustus）的希臘名字。希臘以殖民方式安排了六千人在塞貝斯提居住。但約瑟夫提出了一個有趣的觀察。他指出撒瑪利亞人沒有好像他們在亞述統治下那樣，和這些定居下來的人通婚。因此耶穌說：「你現在有的，並不是你的丈夫。」因此這婦人代表撒瑪利亞人。耶穌指出，撒瑪利亞人在歷史和靈性上獻身於五個假神，現在，在政治上則從屬於羅馬的權力。這些就是那六個丈夫（Stibbe 1993, 62 ～ 70；Howard-Brook 1994, 101 ～ 105）。

到了這裏，我們發覺耶穌和撒瑪利亞婦人是在實行求婚儀式。這儀式植根於以撒、雅各和摩西那些基礎性的故事。求婚的場景的重點是頗為簡單的。耶穌是撒瑪利亞婦人的第七個丈夫。亞述不能拯救她，羅馬也不能。但耶穌能夠，祂也確實在這樣做。祂是完備（completeness），是解決之所在（resolution），是她和她同胞所不住追尋的完滿（fulfillment）。祂是他們不能消解之渴求的答案。

這帶我們來到那「水」。故事始於婦人有一個水桶，但卻沒有水；耶穌沒有水桶，但卻永不口渴。從這裏發展出一段對話，顯示耶穌實際上是誰，以及為甚麼祂是她的救主和世界的救主。明白的重要關鍵，端在語言的細微之處。婦人談及井時，指的是貯水的池子，包含靜止、可能不流動的水。耶穌談及水時，指的是滔滔不絕、滿溢的生命之泉，噴發的水柱，直湧到天上。這段對話的處境是耶利米書二章5節和13節：

> 耶和華如此說：你們的列祖見我有甚麼不義，竟遠離我，隨從虛無的神，自己成為虛妄的呢？……因為我的百姓做了兩件惡事，就是離棄我這活水的泉源，為自己鑿出池子，是破裂不能存水的池子。

那婦人有兩個問題。第一，她打的水不是很好的水。第二，無論她打多少水，她仍然口渴。就好像她與她那些丈夫的情況。她那五個丈夫都沒能滋養她，她第六個丈夫仍然讓她口渴。耶穌是說：撒瑪利亞人敬拜假神，就好像不能流動的貯水的池子，對他們的生命有害和會令他們衰弱。現在，他們從屬於羅馬，則令他們永遠口渴，不能脫離那種胼手胝足地倚賴的循環——那是他們整個存在的基礎。好像那個婦人一樣，他們每天都受到羞辱。但耶穌在這裏，在慾望的沙漠中，給他們提供永不衰竭的水和消除所有口渴的那種完備。耶穌是第七個丈夫，將撒瑪利亞從對亞述（五個丈夫）的虛假敬拜和對第六個丈夫（羅馬）的政治從屬中解救出來。祂帶來活水的泉源，揭露偶像崇拜的道德敗壞，並打破他們每天對施加壓迫者的倚賴。這是關於所有人在基督裏可以找到的宗教和政治轉化的故事。

如果亞述和羅馬都不能拯救撒瑪利亞人，誰能夠？耶穌和婦人現在要進入關於正確敬拜的談話了。耶穌清楚表明，任何想敬拜上帝的人都需要考慮到猶太人。但敬拜最終將超越猶太人，變成關乎靈和真理（編按：《新標點和合本》譯作「心靈」和「誠實」，《新漢語譯本》則譯為「靈」和「真理」）——即惟獨上帝。婦人立即放下水罐。水罐象徵她每天在經濟上受制於她賴以存活的打水工作，而因著社會施加的羞辱，她需要在正午炎熱時這樣做——因為她的生活令她成了社會上被棄的人。她將水罐留下，因為現在她已經找到活水，永遠不會再口渴了。她立即變成佈道者。她引用約翰福音一章那句使最初的門徒接受信仰時的關鍵話：「來看。」(come and see) 透過她的見證，城中很多人都相信了耶穌。而令人驚訝的是，耶穌這個忠心的猶太人竟應邀和撒瑪利亞人一起生活了兩天。這表示：祂必須與他們同吃——在故事開始時曾暗示，祂從來不會做這樣的事情。猶太人和撒瑪利亞人之間的敵意消失了。分隔他們的敵對之牆倒下了，被相交取代了。以稀少——宗教、政治、經濟和社會上的缺乏——作開始的故事，以在基督裏找到的豐富的恩典作結。基督帶來太多水了；那是泉源而不是貯水的池子。祂帶來難以想像的食物資源和總是現在就有的收成。這是上帝子民敬拜祂、解決分歧並成為祂的朋友，以及與祂同吃所需的一切。這正是撒瑪利亞人所做的。

太多餅

約翰福音六章，描述了上帝怎樣在耶穌裏，給予祂的子民比他們所需要的更多的第三幅圖畫。好像約翰福音二章和四章一樣，敍述是關乎物質的，而這次是餅，也就是生活中普通的東西，同時也是教會其後禮儀生活的核心。和前面的故事一樣，這裏展示了耶穌與以色列的關係：耶穌帶來的轉化，以及這轉化所包含的「門徒的身分」(discipleship；或譯「作門徒」)。換句話説，透過這個敍事，上帝給予教會它所需要知道的一切，而教會需要知道的事情則主要是：上帝給予教會太多了。

故事開始時提到海、山和逾越節。毫無疑問，這是關於摩西以及關於耶穌怎樣解放以色列的故事。我們可以假設五個餅代表摩西五經。或許，那兩條魚——透過"*ichthus*"的首字母——代表基督的人性和神性，象徵耶穌。這個故事關乎摩西的傳統被基督的榮耀轉化時，有甚麼事情發生。耶穌拿起餅、祝謝，然後分給眾人：聖餐禮這行動，是體現門徒恰當地接受耶穌所獻出的「太多」的方式。擴展門徒和眾人的想像力，大家想要多少，耶穌便給他們多少，也就是他們所需的一切。門徒收集食物，以致不會有任何浪費，這樣，他們便效法以色列的兒女在曠野收集嗎哪的事迹了。剩下十二籃子食物。換句話說，耶穌滿足了以色列十二支派的需要，但也滿足了以色列邊界那大量人羣的需要，他們可能是猶太人，也可能不是，但明顯都是上帝的子民，並視祂為他們的救主。但祂不會讓他們立祂為王：祂回到山上去，即摩西這個解放者、立法者所處的地方。祂還有更重要的事情要做。

這個故事，比酒和水的故事更明確地提出身為門徒究竟包含著甚麼。它首先包括：效法耶穌怎樣處理祂手中那懾服人心的恩賜/禮物。門徒要接受、祝謝和分享。當他們與耶穌交往並建立關係時，以及當他們與上帝透過耶穌給予他們的所有恩賜/禮物接觸時，他們要這樣行。第二，這也表示：他們明白在拯救的經世活動（the economy of salvation）中耶穌與祂的門徒所扮演的角色是不同的。門徒以「稀少性的經濟」開始這個故事：腓力回答說：「就是二十兩銀子的餅，叫他們各人吃一點，也是不夠的。」（六 7）但安德烈卻不畏懼，他仍然將他找到的資源帶給耶穌。在耶穌的手中，這些便成了「足夠有餘」。耶穌做了只有祂才能夠做的事情。（當門徒嘗試做只有耶穌才可以做的事情，究竟引致多少「耗盡」？）然後，在分配食物和執行祂「把剩下的零碎收拾起來，免得有糟蹋的」（六 12）這個指示時，門徒發現耶穌所做的是多麼奇妙。他們發現由耶穌帶來的拯救，是同時由「一切」（羣眾得到滿足）和「太多」（剩下的十二籃子食物）構成的。

這三個故事一起代表了上帝透過聖經這恩賜/禮物給予教會甚麼。上帝給予祂子民一份寶貴遺產，讓我們可以指認出「啟示性的臨在和行動」的關鍵時刻；祂賜下雲彩般的見證人，他們蒙上帝所愛，並與上帝相遇。聖經給我們一個傳統，那就是將注意力集中在以色列身上的一個傳統，「因為救恩是從猶太人出來的」（約四22）。聖經是解放和律法、敬拜和驚奇、出埃及和被擄、忠心和愚蠢、靈和真理的遺產。但聖經也揭示耶穌這恩賜/禮物。耶穌把自身與以色列的故事中的「水」等同，將故事帶到它的轉捩點，並湧出大量、榮耀、賜生命的酒。祂越過古老的敵意和種族及性別的界限，給撒瑪利亞婦人活水泉源，帶給她的同胞靈性上、經濟上、社會性和政治性的解放。祂去到「海」以外的周邊地帶——那裏隱約混合了猶太人和外邦人的需要和渴望——並帶來能夠轉化的一頓飯，讓猶太人和外邦人的新羣體看到，祂究竟是誰、祂帶來的拯救，以及他們可以怎樣回應。

這些是上帝在聖經這恩賜/禮物中給予祂子民的豐富恩賜/禮物的一部分，而這只是三個故事。

罪作為缺乏

罪的逆性和恩典的豐富

福音書所描述的耶穌，是將上帝懾服人心的恩典帶進「人類生命中親密的同伴關係」中的那一位。祂的位格和工作，祂的聖言和行為，祂提出的問題和挑戰，祂發出的命令和祂回答的請求，祂講述的故事和祂作出的犧牲，對祂遇到的人來說，這全都是太多了。而上帝的豐富，揭露出罪的缺乏性（scarcity of sin）。

耶穌的存在，揭示出祂周圍的人的兩種失敗。一方面，有些人**不能理解**那個祂邀請他們進入的世界。門徒不住在想像力的考驗中失敗。耶穌餵飽五千人（可六42），但門徒在四千人感到飢餓時卻茫無所知（可八4）。門徒阻止小孩來到耶穌跟前（可十13），即使祂已經提醒他們，兒童是祂同在的比喻（parables；可九 37）。雅各和約翰假設尊貴的位置是屬於他們的（可十 37），雖然耶穌已經說過誰願為首，必作眾人之末，為眾人的僕人（可九 35）。一見到危險，所有門徒都逃跑（可十四 50），雖然耶穌已三次預言了祂的受苦（可八 31，九 31，十 33）。耶穌所呈現出來的，相較於門徒的想像力，實在是太多了。

另一方面，有些人**堅決抵制**耶穌帶來的恩賜/禮物。這不是想像力的失敗——無知，而是故意的叛逆——罪。耶穌在安息日醫治了那個一隻手枯乾的人後，「法利賽人出去，同希律一黨的人商議怎樣可以除滅耶穌」（可三 6）。在伯大尼膏耶穌（可十四 3～9）成了決定性的一刻。那無名的婦人富想像力地看見耶穌豐富的給予的程度。她知道那是十分昂貴的（可十四 3），那膏被傾倒出來（可十四 3），它很美麗（可十四 6），它明顯是被浪費掉的（可十四 4），它明顯沒有用於改善窮人的生活（可十四 5），它用在處於死亡邊緣的人身上（可十四 8），它具普世的意義（可十四 9）。但那些在場的人卻活在稀少性的經濟之中，他們憤怒地問：為甚麼那膏油的「真實價值」（三十多兩銀子）不用來造福窮人？而這就成了對比的重點：因為在這一幕之前，大祭司和文士正在尋找方法拘捕耶穌（可十四 1）；在這一幕之後，猶大去找大祭司出賣耶穌——諷刺的是，那是為了金錢。

窮寡婦的小錢（可十二 42）這個故事是這一幕的一個縮影。這裏是豐富的經濟與稀少性的經濟的一個強烈又反諷的對比。寡婦十分相信聖殿設立的目的，故此將「她一切養生的都投上了」聖殿的庫中（可十二 44）。她活出了上帝的慷慨。而那些富有的人「自己有餘，拿出來投在裏頭」（可十二 44）。他們相較來說「不多」的貢獻，表明他們所實行的，是稀少性的經濟。是寡婦而不是富有的人反映了恩典的極其豐盛（superabundance）。那反諷在於：耶穌剛譴責了文士的吝嗇——特別是惡待寡婦(可十二 40)——並立即預言聖殿被毀(可十三 2);而寡婦獻上一切,正是為了聖殿。

關乎罪的逆性,或許,彼拉多面前的羣眾最明確地將其表達出來。大祭司對耶穌的冷漠可以歸因於妒忌(可十五 10);但羣眾的敵意,聖經卻沒有給予任何解釋。彼拉多問羣眾是否想他釋放耶穌;他聽到答案是「不」;他問他們,他們想他怎樣對待耶穌;當彼拉多聽到「要將耶穌釘十字架」這個答案時,他便問他們,耶穌究竟做了甚麼惡事;「他們便極力地喊著說:『把他釘十字架!』」對這樣大的罪,實在不可能提出任何解釋。

撒種的比喻,是關於「罪的逆性」和「恩典的豐富」的一個綱領性故事。落在路旁的種子代表罪的逆性。它完全沒有機會生長。「撒但立刻來,把撒在他心裏的道奪了去」(可四 15)。落在石頭地和荊棘裏的種子,是不同類型的想像力的失敗(failure of imagination)——「稀少性的經濟」掩蓋了「恩典的豐富」。他們「心裏沒有根」(可四 17);「世上的思慮⋯⋯把道擠住了」(可四 19)。希律、門徒和那個想承受永生的財主(可十 17),都是不同類型的在想像力上失敗的例子。但這個比喻真正奇妙之處,是好土那出乎意料的豐富的收成——「有三十倍的,有六十倍的,有一百倍的」(可四 20):那足以吹走壓迫的捆綁,並不單為撒種的人、也為所有人提供食物(Myers 1988, 177)。這種泥土包括瞎眼的巴底買,他將袍子這收入的惟一來源都拋開了,立即跟隨耶穌,因祂是巴底買現在所需要的一切恩賜/禮物之供應者(可十 50)。

因此,對其後的二十一世紀的讀者來說,福音書的主要問題是:有沒有人能夠接受上帝在耶穌裏體現的豐盛恩賜/禮物?還是他們的想像力被證實是太小?還是他們會拒絕耶穌並追求自己的恩賜/禮物?

透過馬可福音來閱讀創世記

在發現了在福音書中的罪與其與貧乏之間的連繫後，接著我們可以重訪伊甸園，找出伊甸園的故事對罪真正說了些甚麼。伊甸園被描述為豐富的典型（epitome of abundance）。它的一切都是足夠有餘的。那裏有同伴。那裏有美麗。那裏有各種活物。那裏有召命——看守並修理園子（創二 15）；因此，人類在園子中佔了一席位以及在創造中有其角色。他們獲准自由地吃園子中任何樹上的果子（二 16）；他們幾乎有無限自由。那裏只有一項禁令——不要吃分辨善惡樹上的果子（二 17）（Brueggemann 1982, 46）。這禁令是為了人的好處而設立的，而故事的重點，不是知識和無知的對比，而是知識和信任的對比。故事顯示出：更大的知識是有破壞力的——如果它是靠犧牲那無限的信任而得到的話。

接著，那裏描述了兩種罪。第一種是蛇的罪。經文沒有解釋蛇的狡猾。那只是逆性。第二種罪是女人缺乏想像力（在故事中，後來以男人缺乏想像力作為對應）。在那段談話中，上帝彷彿不是同伴——在蛇的煽動下，「主上帝」（Lord God）這立約語言至此被「上帝」這創造語言取代。混亂立即出現：在沒有察覺上帝的引導和持續的相伴下，女人很快視蛇為權威人物。不久誘惑便出現了：重要的是，蛇從來沒有告訴女人或者從來沒有向她暗示過，她應該吃那果子。那完全是她自己作出的選擇，正如男人一樣（經文沒有提及是女人叫男人吃那果子，只是說她將果子給了他一點）。但最重要的是，女人缺乏想像力的結果是：她突然發現自己原來是棲居在貧乏的土地之上。豐富的園子還在那裏，和以前一樣，但她再看不見了。她只看見園子中她惟一不能吃的東西。這是蛇的話帶來的效果。那些話將豐富的世界變成對缺乏的焦慮，將信任的同伴關係變成一張欺騙的網羅。不用多久，上帝子民的想像力便開始衰退：

「終日所思想的盡都是惡」(創六 5)。

透過耶穌作上帝的同伴

耶穌的死和復活不是「天賦」(talent),即不是那種基督徒可以在實踐門徒生活的「市場」上加以運用的「天賦」;耶穌的死和復活是轉化實在(reality)的事件,那是單靠人類力量不能實現的時刻。耶穌的死和復活,是上帝透過成文的聖經所給予教會的極其豐盛的恩賜/禮物,超過其他一切。為了檢視這些恩賜/禮物的含義,我會轉向路加對復活的記述,特別是在以馬忤斯路上主與門徒相遇的故事(路二十四 13 ～ 35)。

聖經描述的第一次進餐(meal),是在伊甸園吃禁果——這一餐確定了人類與上帝的疏離(estrangement)。或許,舊約最具代表性的一餐,是在逾越節吃的一餐,這一餐,將相信上帝是天地的主(可以移動大海),與相信上帝是解救祂子民脫離奴役的救主這兩者聯合起來。以進餐作為對解放的集體性記念這一傳統,在其他地方得以重拾,特別是以斯帖記:這卷書以一系列十個筵席來編排(Fox 1991, 157)。進餐的角色,是考驗上帝子民對祂的豐富之信心,以及上帝子民不斷以「缺乏」來看生命的試探;進餐的這種角色,以曠野中的嗎哪這個故事為典型(民十一)。進食(eating)是聖經的核心,我們幾乎可以說,「基督就像一種刻寫在人的肉身(human fresh)上的書,因此,吃基督的身體,就好像吃一種書」(Loughlin 1996, 244)。

路加福音記述了一系列聚餐,在其中,耶穌將疏遠轉化為同伴關係。稅吏利未為耶穌舉行宴會,一大羣稅吏和其他人參與這次宴會(五 29)。法利賽人西門主持一頓晚餐的時候,其中一個有罪的婦人以眼淚替耶穌洗腳,並親吻和膏祂的腳(七 36)。耶穌拿起五個餅和兩條魚，祝謝後擘開，分給眾人，餵飽五千人，並剩下十二籃子食物（九 16）。一個法利賽人邀請耶穌吃晚餐，並因為耶穌沒有在進餐前洗手而感到驚訝（十一 37）。耶穌在安息日到一個法利賽人領袖的家裏進餐，在那裏遇到一個患水臌的男人，並醫治了他（十四 1）。耶穌在耶利哥遇到撒該，要他從桑樹上下來，因為那天耶穌會在他家裏進餐，此後，撒該開始徹底改過和學習施捨（十九 8）。這裏有六次進餐。它們都以「缺乏」開始——耕地徵稅的經濟環境、羣眾的飢餓、法利賽人對禮儀細節的執著、不潔和使人衰弱的疾病的經驗。但它們都變成了彰顯豐富的時刻——吃飽的羣眾和裝滿的籃子、患病的男子得新生、對有罪的婦人那無限的寬恕、撒該找到的更新的慷慨之道。這些聚餐是福音的典範，以耶穌在第六個故事的歡慶作為代表：「今天救恩到了這家」（十九 9）。

第七餐是最後的晚餐（二十二 14）。它前瞻所有逾越節和所有聚餐在上帝的國度中實現（二十二 16）。最後晚餐被缺乏圍繞。那裏有信任的缺乏（二十二 21：正如在伊甸園，進餐是出賣的時刻）；有理解的缺乏（二十二 24：關於哪個門徒最大的爭論）；有忠心的缺乏（二十二 34：預測彼得否認耶穌）；也有警醒的缺乏（二十二 45）。周圍都是「黑暗掌權了」（二十二 53）。

第八餐發生在一星期的頭一天，是在以馬忤斯所用的那頓飯。這裏有很多聖餐禮的元素：有聚集（二十四 15：「耶穌親自就近他們」）；有對一個神聖故事的回想（二十四 18～24：「他是個先知……說話行事都有大能……定了死罪……但我們素來所盼望……有幾個婦女使我們驚奇……天使顯現，說他活了……」）；有對聖經的重新詮釋和啟悟，在其間門徒的心火熱起來（二十四 25～27、32）；有拿起、祝福、擘開和分餅這四重行動（二十四 30）；有啟示的一刻，眼睛張開（二十四 31）；有分離並給予更新的使命和與人分享的好消息（二十四 33）。這是恢復那於伊甸園失落了、並於最後晚餐後再次失落的那種同伴關係。這個故事，是關於上帝怎樣給予革流巴和他的同伴敬拜祂、（恢復）成為祂的朋友、與祂同吃所需的一切。

耶穌讓灰心的門徒看見他們視為缺乏的（失去耶穌），實際上是一榮耀的豐富（彌賽亞「應當」受苦及其預言的實現〔二十四 26〕，實可追溯至摩西〔二十四 27〕，以及彌賽亞的受死和復活那相應的「應當」〔這在九 22 預示了〕），那轉化便出現了。「缺乏」最具代表性的經驗，是被擄；因此盼望「要贖以色列民的就是他」（二十四 21）是深具意義的。而正如路加福音一連串聚餐顯示，祂確實視自己為救贖以色列的那一位：祂不是透過政治上的恢復，而是透過聚集那些在其生命中表明了甚麼是被擄的人；祂在十字架上背負創造和被擄的歎息；祂在復活中帶來新創造，以及在升天後差派他們「在耶路撒冷、猶太全地和撒馬利亞，直到地極」去見證祂（徒一 8）。

以馬忤斯路上的故事，肯定了在舊約中上帝給予教會它所需的一切，以明白耶穌的生命、死亡和復活的含義。耶穌滿足了以色列的渴望。希伯來聖經的所有應許，都在祂裏面得以實現。這故事也肯定了一點，那就是耶穌在死亡中充足有餘地面對那「需要」（necessity）——那正是在被擄中體現得最清楚的——即滿足（fulfilling）上帝和祂子民的關係的缺乏、並阻礙他們那完全的同伴關係（full companionship）的一切。在這個意義上，耶穌走向十字架的路，成了一明確的模式（definitive pattern）——基督徒當怎樣應付那危害上帝與祂子民之完滿的同伴關係的每一個問題。故事最終肯定了一件事，那就是在耶穌的復活中，祂再次並且比任何時間都更深刻地與祂的子民分享同伴關係。這同伴關係明確地以「同吃」（eating together）來表達。在這復活的聚餐中，門徒重新發現到，在耶穌裏，上帝給予他們跟隨祂所需的一切，而跟隨祂，即表示敬拜祂，成為祂的朋友，與祂同吃。

2
永遠
Forever

如果「聖經」是上帝子民之遺產的名字，「國度」便是他們的命途（destiny）的名字了。這一章的目的，是要顯示在來臨中的國度（the coming kingdom）的恩賜/禮物中，以及在其當代記號（contemporary signs）的「期票」（promissory note）中，上帝給予祂子民他們永遠跟隨祂所需的一切；而上帝子民的命途，是敬拜祂，成為祂的朋友，與祂同吃。

以下的經文，顯示這一章的主題怎樣呼應本書第一章所提出的模樣（shape），並以它為基礎。

> 求我們主耶穌基督的上帝，榮耀的父，將那賜人智慧和啟示的靈賞給你們，使你們真知道他。並且照明你們心中的眼睛，使你們知道他的恩召有何等指望，他在聖徒中得的基業有何等豐盛的榮耀；並知道他向我們這信的人所顯的能力是何等浩大，就是照他在基督身上所運行的大能大力，使他從死裏復活，叫他在天上坐在自己的右邊，遠超

> 過一切執政的、掌權的、有能的、主治的，和一切有名的；不但是今世的，連來世的也都超過了。又將萬有服在他的腳下，使他為教會作萬有之首。教會是他的身體，是那充滿萬有者所充滿的。（弗一 17～23）

這個禱告顯示三一上帝給祂的子民各種重要的恩賜／禮物；而在這些恩賜／禮物中，最重要的恩賜／禮物是：隨著時間增長的「想像力」（即「智慧和啟示」）。這不單是認知上或智性上的恩賜／禮物（「照明你們心中的眼睛」）。這恩賜集中在上帝為我們預備的應許上（「他的恩召有何等指望」）。它是豐富，事實上是極其豐盛的恩賜／禮物（「他⋯⋯有何等豐盛的榮耀⋯⋯他⋯⋯的能力是何等浩大」）。它不單是一種給予（given），也倚靠揀選和信心（「他的恩召⋯⋯向我們這信的人」）。它以基督為焦點，也透過基督，這在祂的死亡和復活上清楚顯明出來——（「照他在基督身上所運行的大能大力，使他從死裏復活」）。但它是透過教會這基督的身體來傳遞的（「是那充滿萬有者所充滿的」）。保羅書信中其中一個一再出現的詞彙是「一切」（all；出現了超過二百五十次）。在以弗所書一章，這「一切」是如此突出；它結合了上帝之完滿（fullness）的「一切」、祂在基督裏的啟示之完備（completeness）的「一切」，以及祂終末目的的「一切」。

因此，這段經文顯示道德想像（moral imagination）是必須的；它是集體的、共有的恩賜／禮物，它是「解釋性的實在」（construing reality）的一種體現性及演示性模式（embodied and enacted patterns）。它總是給「眾聖徒」的恩賜／禮物，而不是給脫離羣體之獨立個體（individual）的恩賜／禮物。它總是關乎「介入性（breaking in）的實在」，因此，它也是一種能使人生出盼望的質素。但它同時也總關乎「人類之交往互動，怎樣反映和預示上帝那先在的行動（prior activity）」，因此，這恩賜/禮物不單是一認知過程。

第二段緊密相連的經文展現了本章所提出的模樣。

> 這恩典是上帝用諸般智慧聰明，充充足足賞給我們的；都是照他自己所預定的美意，叫我們知道他旨意的奧祕，要照所安排的，在日期滿足的時候，使天上、地上、一切所有的都在基督裏面同歸於一。我們也在他裏面得了基業；這原是那位隨己意行、做萬事的，照著他旨意所預定的，叫他的榮耀從我們這首先在基督裏有盼望的人可以得著稱讚。（弗一8下～12）

這段經文的兩個句子，區分了上帝在國度的恩賜/禮物中賜給祂子民的恩賜/禮物的兩個方面。因此，這一章的上半部是關於國度的**來臨**（coming；「他旨意的奧祕……使一切所有的，都……同歸於一」）。這一章的下半部是關於國度的**生命**（life；「我們也……得了基業……我們……可以得著稱讚」）。換句話說，上帝給祂的子民他們所需的一切（「使一切所有的，都……同歸於一」），以致他們可以為祂而活，並與祂同活（「可以得著稱讚」）。

國度的來臨

國度的來臨，基本上是要校正與上帝疏離的兩個向度。這兩個向度是逆性和缺乏想像力（更常被描述為罪和無知），這在墮落的敘事中十分突出，正如我們在第一章看到的；而這兩個向度，在基督的生命、死亡和復活中，被明確地識別出來和加以處理。撒種的比喻將這兩個向度識別為門徒身分的獨特破壞者或妨礙者。其他比喻引導聆聽者擴展他們的想像空間（芥菜種、葡萄園的工人），或者顯示逃避上帝的恩賜/禮物的那種逆性（富人和拉撒路、浪子的哥哥）。同樣，耶穌的神蹟，既描繪和體現國度的來臨，但同時引發回應，也就是兩種疏離。耶穌的受苦，因著猶太當權者的逆性以及祂追隨者的想像力之貧乏，不住地被促成。但祂的復活，最終勝過令祂死亡的力量；而祂的復活，也要求這一經轉化的想像力（transformed imagination）接受那新的實在——祂國度所帶來的新的實在。

因此，國度的來臨有兩方面：罪之克服（overcoming the sin）和潛能之實現（fulfillmemnt of potential）。

罪之克服

上帝把罪打敗所帶來的恩賜/禮物，主要是解除壓迫的力量和替被壓迫者伸冤。「羣」的故事（the story of Legion；路八 26～39）説明打敗罪的這兩方面的意義。

這個人的境況極端窘迫；他赤身露體，在死人中間生活。他打破鐐銬時，受到惡魔更大的折磨。他認得耶穌，但視祂為威脅。耐人尋味的是，耶穌竟然問他的名字是甚麼。他的名字是「羣」。這個名字是故事的關鍵。為甚麼有那麼多豬？——豬對猶太人根本沒有甚麼用。為甚麼將豬描述為「伙」（“herd”or“band”）？——因為豬並不是一羣一羣地活動的。這些都是故事中令人感到疑惑的問題。但如果我們容許「羣」的簡單意思決定故事的輪廓，那麼一切便會變得清晰。這是關於「羅馬」的故事。羅馬軍團（Roman legions）佔據了以色列。以色列活在內在之被逐之中（internal exile）——「這個人……不住房子」（27 節）。豬只有一個目的——用來供養那伙羅馬軍人。對猶太的習俗、終末性的期望、靈恩式的恩賜/禮物或心理狀態等著迷的解經，均可能錯失了福音書作者的記載所包含的高度政治性含義。這是以密碼的方式，將耶穌確認為解放者。

這個故事也重述了耶穌的事奉。祂到達「遠方」——遠離祂天上的家。祂開始祂的事奉時(「上了岸」)立即遇到衝突。而對抗祂的人，則是從自己真正的家鄉被驅逐出來的人。他們發覺自己的不潔；他們被死亡污染，正如以色列被外邦統治污染一樣。這些人每天都面對一個不可能的選擇；他們要面對羅馬，他們發覺要不是他們的鐐銬綁得更緊，就是他們「被驅逐到曠野」，進入新的大流放；或者，容許羅馬人佔領他們，喪失自己的身分。耶穌正面對身分的問題：「你名叫甚麼？」那人失去了自己的身分；他說：「我名叫羅馬。」

需要激烈的行動。耶穌解救人羣。那轉化是可怕的；那些人沒有因為那個人清醒過來和穿上衣服而感到不可思議，卻因為耶穌的拯救付上的代價和帶來的後果而感到害怕。他們的想像力，遠遠不能夠包含耶穌帶來的國度。他們不能夠想像沒有豬的生活。他們要求耶穌離開。故事最後的一幕，預示了福音最後的一幕：正如後來門徒「繼續在聖殿讚美上帝」，在這裏，那個以前被鬼附的人在整個城市宣告耶穌為他做了甚麼。壓迫完結了，國度的新生命已經開始。

格拉森是深具意義的，因為——雖然它的習俗、在那裏所要冒的險和要面對的挑戰，與耶穌活動的中心區域不同——它的真正含義在於描述在家鄉〔編按：指外邦人的地方〕所發生的事。在到達格拉森之前，耶穌平靜風浪，從而減輕了外邦土地是令人十分厭惡的這種恐懼。祂從格拉森回去時，醫治了兩個婦人：因著血漏和死亡所帶來的不潔，她們未能在以色列的合一(經文兩次重複了十二這個數字)中佔一席位。現在，在湖的另一邊，卻上演了一齣偉大的戲劇，反映、戲仿和模仿正在以色列上演的那齣戲劇。我已經指出了那些相似之處。但其中也有一個重大的分別。在湖遠遠的一邊，在格拉森，很多豬死去，藉以讓一個人可以得救。在湖的這一邊，在耶路撒冷，卻剛好相反：一個人將要死去，藉以讓很多人可以得救。無論拯救來自趕走邪惡，正如在格拉森；還是來自耶穌背負邪惡和祂被逐到城外被釘在被玷污的十字架上，正如在耶路撒冷將要發生的，其重點都是一樣的：「國度」表示上帝在基督裏打敗了壓迫的力量。

這裏的意思是：在「最大的缺乏」(the greatest scarity) 這一處境下，上帝的子民期望上帝在祂「最大的豐盛」中顯明出來。歷史上最可怕、最令人髮指、最無法辯解的壓迫時刻——上帝的兒子被釘十字架——也是上帝的臨在那最為明確的、持久不變的時刻：「這人真是上帝的兒子！」(可十五 39) 最大的缺乏的時刻——「我的上帝！我的上帝！為甚麼離棄我？」(可十五 34)——也是最深的滿足的時刻——「成了。」(約十九 30) 因此，上帝的子民既經歷和進到那極大的壓迫和缺乏的狀況，他們仰望上帝，就不單為了「足夠」，也為了豐富：不單為了得憐憫，也為了得啟示。就好像耶穌所經歷的一樣，他們假設，痛苦不單是罪的結果，而是一個契機，「讓上帝的作為顯出來」(約九 3)。他們假設疾病「不至於死，乃是為上帝的榮耀，叫上帝的兒子因此得榮耀」(約十一 4)。他們祈求，好像司提反那樣，在遇到考驗時，他們會「看見天開了，人子站在上帝的右邊！」(徒七 56)

因此，上帝的子民參與追求公義的行動，或者解救被壓迫者的行動，都是植根於那包含著兩方面意義之豐富。一方面，這行動植根於上帝國度的豐富之中，即重要的東西是每個人都可以擁有的東西；予某人自由，不自動表示對其他人施加壓迫；上帝的榮耀是人類能完滿地活著。另一方面，這行動植根於上帝的豐富之中，祂特別向那些最需要祂的人顯明祂自己：那些飢渴慕義的、那些為義受逼迫的（謙卑、虛心〔靈裏貧窮〕、哀慟、締造和平的人）特別得到賜福。國度的恩賜/禮物，正是上帝的豐富的恩賜/禮物，顯明在「人類的缺乏」之中。

一羣地方會眾在離一個大船廠不遠的建築物聚會。長達一世紀之久，興建船隻都是那市鎮的經濟命脈，特別是當地的煤礦關閉後。但那船廠似乎總是處於危機之中：曾經在那裏工作的本地人，比現在仍在那裏工作的本地人多很多；造船業給移到世界的另一邊。一天，大家十分害怕的消息終於來到。船廠要倒閉了。會眾聚集。幾個人走到城中辦事處破產管理人那裏，試圖阻止船廠被接收。其他人在船廠門外舉行大型集會。還有一些人安排敬拜的活動，歡慶那些將工作生涯獻給船廠的人的尊嚴和他們的出色技巧。有些聲音則質疑，那不需要戰艦、也不再會派人到礦坑的新時代，是否應該令人哀歎。其他人又質疑，在這個自豪和有活力的市鎮中那種充滿活力的羣體精神和內聚力，究竟最終會變成怎樣。好像耶利米一樣，會眾熱切尋求那城市的福祉和平安，因為在它的福祉和平安中，他們預期會找到自己的福祉和平安。但又好像以西結一樣，他們進入「被擄」之中，期望找到上帝的新啟示；也好像以賽亞一樣，他們發覺這啟示可能包含祂的受苦——以及他們的受苦。

潛能之實現

如果「罪之克服」是上帝對「逆性」所要說的話，「潛能之實現」則是上帝給「缺乏想像力」所要說的話。如果上帝的子民要明白在罪之克服中，很多罪都是他們自己的罪；他們也同樣需要明白，在潛能之實現中，很多於世界中燃起的想像力，其實都是在他們的能力範圍以外、並超越他們的。

在這裏，我們需要明白一點：雖然教會是基督的身體，是上帝在基督裏的目的之明確體現，是那些以回應「在基督裏成為可能的國度」來模塑自己生命的人的團體，但教會絕不會窮盡這國度。教會常常失敗。在制度上，它無數次把居間的美善（intermediate good）——國家、保障、種族、富裕、影響力、性別、「文明」——誤作上帝的美善。（其中一些根本完全不是美善）。在牧養上，它太多時候誤用自己的權力，選擇強制（coercion）而不是勸導，並養成了施加壓迫、征服和淩虐的習慣。在個人上，教會的管理人員和成員，聖職人員和平信徒，都證實與原本的十二門徒和基礎的十二支派一樣，是會犯錯和有缺點的。如果，於上帝而言，沒有不可能的事；那麼，對祂的子民來說，似乎沒有他們不可能犯的罪了。

但教會不能夠窮盡國度的原因，不單是教會的失敗。更重要的是，國度賜予生命、恢復、復和的恩賜/禮物，就好像春天最先開的花，在上帝所有美好的創造上長出花蕾。想像力這恩賜/禮物不是關於教會的貧乏，而是關於上帝的豐富。教會不需要陰鬱地思想自己的缺點，藉以解釋國度的廣闊；想像力這恩賜/禮物超越教會，不是因為上帝討厭教會，而是因為上帝十分愛世界。察覺到自己的失敗，應該令教會更謙卑，而不是使其應看見的異象出現偏頗，以致看不見上帝在其他地方於春天長出的花蕾和發出的聲音。

在世界中的國度的記號，不斷挑戰教會，要教會更新它的踐行，保持教會的心敞開，好接受上帝新的恩賜/禮物。一羣地方會眾在一個聲名狼藉的社區中生活和敬拜，而那個社區接受了由政府資助的大規模更新計劃（regeneration）——這是由社區帶領的。會眾一起看新約。在福音書中，他們發覺耶穌同樣關注更新——重生。祂也居住在貧困的地方。巴勒斯坦是沒有自治、沒有自由、也沒有公義的地方——而加利利在當時的巴勒斯坦屬於二流地方；耶穌呼召十二個委身的人從內部改變社會。他們走在一起，熟習他們——所有居住在那需要更新的地區（以色列）的人——的需要和盼望，特別是那些最缺乏的人，並以救贖的盼望充滿他們的心。祂挑戰那些使國家的壓迫變本加厲的人，挑戰那些不讓窮人得到資源的人，以及挑戰那些只求自己的好處、不理會上帝公義和憐憫的人。祂體現祂自身所提出的，把握住機會，讓大家看到他們可以怎樣在這正在介入中的新時代（即「國度」）中生活。祂停下來處理特別危機——特別是當那些危機具象徵意義，以及那些危機能顯出祂心中的目的時（即「神蹟」），甚至當祂這樣做的時候，似乎會打破傳統的做法。在所有這些時候，祂都在教導和訓練其主要的同伴，讓他們後來可以跟隨祂的腳蹤。祂教導他們並向他們顯示，完全倚靠上帝，並為考驗的時間作準備是甚麼意思。祂升天後，聖靈加力（empowered）給祂的門徒，使他們好像祂那樣，做了不起的事情。他們完全運用了賜給他們的恩賜／禮物，在這過程中，他們發現自己從來都不知道自身擁有的恩賜／禮物。基督給祂的追隨者大使命，那就是在祂的權柄下繼續祂的工作。一段時間後，他們得著能力貫徹這使命。

接著，這羣會眾比較耶穌的榜樣，與那些最緊密參與地區更新行動的本地人士的行為，察看兩者間的異同。他們也活在貧乏的地方。他們對整個社區的前景也非常熟悉（例如，透過定期的大規模調查）。他們也接近最貧窮的人，挑戰那些因其行為而令困難惡化的人（無論是僱主、消費者、服務提供者還是不守規矩的鄰居）。他們有時也會儘快處理那些迫在眉睫的需要，而沒有運用複雜的權力架構。同時，在政府資金停止注入後很久，他們使「鼓勵」、「訓練」和「模塑」發展成對社區的領導。他們有時失敗，害怕自己做錯事的擔子會變得更加沉重——當他們知道這會為整個更新計劃帶來負面影響時。但大部分參與這個過程的人，都可以懷著相當的自豪回顧自己曾經參與及付出。這種更新帶來的持久益處將倚仗這些人，就正如初期教會倚仗門徒一樣。這羣地方會眾想到，究竟他們的教會，或者任何他們認識的教會，是否真的那樣接近本地的需要和關注，是否真的那樣委身於對本地的充權（local empowerment）。

接著，會眾將本地的住屋更新進程和使徒行傳的記述加以對比。他們發覺，在一些別具含義的方式上，領導這更新進程的居民和教會十分相似。他們委身於定期聚會。會議舉行的方式有固定的模式。他們不斷重述那故事——藉此，對發展的信任，以及這故事背後的價值觀和共同目的，被逐漸形塑。開始時的畏懼感，漸漸被找到愈來愈多的解決方法所取代，而這些解決方法是透過新的伙伴關係（partnerships）找到的。他們執意要友善地解決分歧，而且其過程愈來愈定形。他們強烈渴望傳揚那好消息，並於商議過程和結果中，把那些羣體中最被邊緣化的人包括在內。他們不斷執意將本地的居民引向盼望的將來。最令人印象深刻的是，他們有異乎尋常的能力，他們能忍受傷害、憤怒、淩虐和侮辱，尋求諒解，承擔額外的工作，甚至懂得饒恕。會眾明白到，以這些方法——特別是最後一種方法——來進行的更新行動，會令很多教會或許是大部分教會羞愧（參 Wells 2003, 13～14）。

在所有這些方法中，上帝在教會以外的國度中的一切作為，正是祂給予祂子民的恩賜／禮物。這並非表示祂放棄了教會，彷彿教會是掃羅，而社區更新計劃是大衛。那更像是會眾發現了門徒在使徒行傳十五章所發現的事情。上帝在世界以他們預期以外的方式、透過他們預期以外的人工作。好像雅各一樣，他們發覺「耶和華真在這裏，我竟不知道！」（創二十八 16）好像耶穌一樣，他們也望向大家預期以外的人——百夫長（太八 10：「我實在告訴你們，這麼大的信心，就是在以色列中，我也沒有遇見過」）和敍利腓尼基（Syrophoenician）婦人（可七 26），發現到能建立忠信者的恩賜／禮物。

因此，國度來臨的這第二方面，即潛能之實現，不是把世界予以情感化或者逕直把教會忽略掉。潛能之實現，是承認國度的來臨不單是關於罪被打敗，也是關於促進想像、關於教會向外敞開，從各種可能之源接受上帝極其豐盛的恩賜/禮物；它也是關於把每個人、每件事件和創造中的每個處境；都視為潛在的恩賜/禮物，預視轉化的教會和更新的世界。新天新地不是對舊創造那不能挽救的特性的陳述，新天新地是應許，即將上帝豐富的恩賜/禮物轉化為恩典的湧流的應許；新天新地是盼望，即國度的記號在國度來到時能實現的盼望；新天新地是復原，即所有似乎在舊創造中失去的都能在新的復活中得到的復原。

國度的生命

國度的生命是榮耀——即上帝呼召祂的子民進到的那榮耀；國度的生命也是目的——祂創造世界的目的。這榮耀、這目的，為要讓祂的子民可以敬拜祂，成為祂的朋友，與祂同吃。敬拜、友誼和餐桌上的團契構成上帝的故事的情節、人物和處境。每一方面都體現國度的豐富。餐桌上的團契體現國度中的生命極其豐盛。友誼體現國度中的創造極其豐盛。敬拜體現國度中的上帝極其豐盛。它們一起構成上帝子民的盼望。

完美的事奉：敬拜

視敬拜為國度的生命、經驗上帝之極其豐盛和基督身為一切中的一切的體現，可以有三個向度。

第一個向度是：三一本身是自足的。三一需要世界？或者，創造之脆弱和偶發性，會使上帝的豐富被奪去甚麼？根本不會有這種問題。在創造的敍事中（創一～二章），主動權完全在於上帝。馬太對耶穌的「開始/創世」(“genesis” of Jesus)的雙重敘述(在馬太福音一章1至17節中關於耶穌的直線性創造故事，以及馬太福音一章18至25節中關於耶穌身為人類的創造故事)肯定了一點：在這新的創造中(明確在顯示於耶穌藉童貞女成胎的記述)，上帝再一次是主角；同樣，在一週的頭一天的復活這「第三創造」(third creation)中，主動權亦完全屬於上帝。這一刻是那麼神聖，以致這復活的陳述，不單沒有任何福音書作者作明確敘述，似乎甚至連耶穌的人性於此也沒有特殊的作用角色；得到強調的，總是「上帝使耶穌從死裏復活」——從來不是耶穌使自身從死裏復活。在約翰福音二十章中，園子裏有新的男人和新的女人，正如在創世記二章；但這回這個女人甚麼也不能做，以逆轉之前的故事中的墮落，此刻，她只需要放手(約二十17)，並讓上帝親自行動。

第二個向度是：耶穌是完美的服事、上帝的豐富和在順服中自由的體現。祂與天父的關係是完美的服事的典範。這在缺乏的環境(路二十二42：「父啊！你若願意，就把這杯撤去；然而，不要成就我的意思，只要成就你的意思」)和在豐富的環境都同樣真實(約六37：「凡父所賜給我的人，必到我這裏來」；約五22～23：「父不審判甚麼人，乃將審判的事全交與子，叫人都尊敬子如同尊敬父一樣」；約八28～29：「我沒有一件事是憑著自己做的。我說這些話，乃是照著父所教訓我的。那差我來的，是與我同在；他沒有撇下我獨自在這裏，因為我常做他所喜悅的事」)。透過祂在耶穌的完美的事奉那豐富的同在，上帝實現了祂目的中的一切：「因為父喜歡叫一切的豐盛在他裏面居住。既然藉著他在十字架上所流的血成就了和平，便藉著他叫萬有——無論是地上的、天上的——都與自己和好了」(西一19～20)。上帝的子民渴望完美事奉的一刻來到，因為他們在耶穌裏看見了完美的事奉。

第三個向度是：透過恩典，我們有可能在敬拜上帝中體現那完美的服事。馬利亞或許是最驚人的例子：「我是主的使女，情願照你的話成就在我身上」（路一 38）。保羅知道實行上帝的旨意，以及經驗這樣做的喜樂，究竟是甚麼意思：「然而，我今日成了何等人，是蒙上帝的恩才成的，並且他所賜我的恩不是徒然的。我比眾使徒格外勞苦；這原不是我，乃是上帝的恩與我同在」（林前十五 10）。耶穌毫不懷疑完美的服事的生命是可能的：「你們若常常遵守我的道，就真是我的門徒；你們必曉得真理，真理必叫你們得以自由」（約八 31 ～ 32）；雖然上帝持續的恩典總是需要的：

> 我實實在在地告訴你們，我所做的事，信我的人也要做，並且要做比這更大的事，因為我往父那裏去。你們奉我的名無論求甚麼，我必成就，叫父因兒子得榮耀。你們若奉我的名求甚麼，我必成就。你們若愛我，就必遵守我的命令。我要求父，父就另外賜給你們一位保惠師，叫他永遠與你們同在。（約十四 12 ～ 16）

這是敬拜作為完美的服事的奧祕。上帝做了需要做的一切，不需要別人的協助或讚美；但在基督裏，祂體現了完美的服事並以之作為對祂榮耀的頌讚；因此，上帝子民有可能活出的事奉的生命（即永恆的生命），是由恩典而不是需要而變得可能的，在其中，順服是完全的自由（perfect freedom）。這是上帝子民參與敬拜所追求的生命。在敬拜中，他們祈求上帝掌權（God's regin）能完滿、明顯和完全地來到。他們肯定上帝極其豐盛——比他們可能想像到的或需要的，當有更多創意、生命、愛、憐憫、饒恕、力量、恩典。他們希望效法上帝在耶穌裏體現的、那由上帝所充滿的事奉。他們追求那只能夠在永恆中才能加深的：專注和喜樂的恩賜/禮物、同在和參與、給予和領受恩賜/禮物的完備性（completeness）。這樣，在國度中敬拜的完美事奉，便表達出上帝的極其豐盛。

和諧的關係：友誼

視友誼為國度的生命、經驗上帝之極其豐盛和與上帝的同伴關係的體現，可以有四個向度。

第一個向度是：三一的互滲互存（perichoresis；或譯「互相寓居」、「共融」），父、子和聖靈彼此間的互為內在（coinherence）和互相依靠（codependence）。於此，我們並不需要對三一的社羣性理解（social understanding）作出演繹解說（即對三一的內在關係以社羣模式來理解的一種詳盡的掌握），因為，無論怎樣，三一依然構成和諧關係之國度的生命這一觀念的起始點。毫無疑問，父和子的關係是親密的：「我與父原為一……父在我裏面，我也在父裏面」（約十30、38）；「我在父裏面，父在我裏面，你不信嗎？……你們當信我，我在父裏面，父在我裏面」（約十四10～11）；「從天上有聲音說：『這是我的愛子，我所喜悅的』」（太三17）。同樣，父和聖靈，以及子和聖靈之間的關係，同樣密切：

> 你們若愛我，就必遵守我的命令。我要求父，父就另外賜給你們一位保惠師，叫他永遠與你們同在，就是真理的聖靈，乃世人不能接受的；因為不見他，也不認識他。你們卻認識他，因他常與你們同在，也要在你們裏面。（約十四15～17）

三一的教義是上帝的子民理解「上帝的自足」的方式——這方式表達出：上帝不單對其子民來說是足夠有餘，對上帝自身來說也是足夠有餘的。

把友誼視作國度的生命的第二個向度關乎美好的創造。在伊甸的論述中，男人得到三個關於園子的指示。他要修理看守園子；他可以自由地吃園子樹上的果子；但他不能吃分辨善惡樹上的果子（創二 15～17）。這裏有召命、允許和禁令：即微型的國度倫理（kingdom ethics）。再一次，論述是關乎豐富的。與創造保持和諧關係，是國度生命中必不可少的一面。這論述始於創造的豐富——在闊度和細膩、美麗和榮耀上，而創造的豐富其自身內在的美，超越任何對人類或教會可能有的工具性的美。接著，這論述發展成上帝榮耀的劇院、上帝與祂的子民相遇的地方、救贖的場所。創造的豐富顯示友誼的所有其他面向，因為上帝所創造的，大部分都沒能給予上帝子民工具性的美；因此，上帝的子民珍愛這豐富，以表明他們信靠上帝，相信祂給予他們的，是足夠有餘的。耶穌對門徒說的話，明晰地肯定了上帝豐富的創造那非工具性的美，以及明晰地肯定了與創造的友誼和與上帝的友誼兩者之間的關係：

> 所以我告訴你們，不要為生命憂慮吃甚麼，喝甚麼；為身體憂慮穿甚麼。生命不勝於飲食嗎？身體不勝於衣裳嗎？你們看那天上的飛鳥，也不種，也不收，也不積蓄在倉裏，你們的天父尚且養活牠。你們不比飛鳥貴重得多嗎？你們哪一個能用思慮使壽數多加一刻呢？何必為衣裳憂慮呢？你想，野地裏的百合花怎麼長起來；它也不勞苦，也不紡線。然而我告訴你們，就是所羅門極榮華的時候，他所穿戴的，還不如這花一朵呢！你們這小信的人哪！野地裏的草今天還在，明天就丟在爐裏，上帝還給它這樣的妝飾，何況你們呢！所以，不要憂慮說，吃甚麼？喝甚麼？穿甚麼？這都是外邦人所求的。你們需用的這一切東西，你們的天父是知道的。你們要先求他的國和他的義，這些東西都要加給你們了。（太六 25～33）

友誼作為國度的生命的第三個向度，是各色各樣的陌生人之間的關係。楊格（Frances Young）把「她自己照顧一位有嚴重特殊需要的孩子」的經驗，與「她發展醫院事工以幫助有類似需要的成年人」的經驗，放在一起，生動地描述了這個向度：

> 那是分享平安、友誼及簡樸；那是進入一個羣體，而這羣體有著一種全然感激、不可思議的氣氛；有接受的能力；有對微小的珍寶（好像照片）的喜悅，並很自豪地展示出來。一位細小的老婦人，又聾又不能説話，拿著毛茸茸的披肩玩躲躲貓⋯⋯另一位活動能力較好的女士⋯⋯指著一張聖母的海報説：「她是我朋友。」⋯⋯這裏，有我們社會中一些最脆弱的人，但他們每人都是一個自我（self），每人都有其自身的價值，在上帝面前，我們都是同樣脆弱的人，需要祂的恩典⋯⋯
>
> 這是關於聖徒的團契、關於所有上帝子民的團契的一點甚麼的，超越了空間和時間，於此，來到我面前⋯⋯我感到自己想走進一般的繁榮教會，向他們説：「⋯⋯來歡欣吧⋯⋯你會發現很多噪音和預計不到的活動⋯⋯但只要你的眼和心敞開，你便會找到一些頗為特別的東西：滿載恩典的神蹟⋯⋯」
>
> 在分享認罪和寬恕時，與傷殘人士，以及與那些跟我自己十分不同的人的團契和歡慶中，我預嘗了天上的筵席。（Young 1990, 100～105, 147）

楊格所描述的，是在地上經歷天上的團契，即聖徒的團契。她論述中重要的一面是：怎樣顯示差異不會帶來衝突、帶來缺乏，而是帶來和諧、帶來豐富。在國度的生命中，即使那些被假設為代表缺乏的各種差異——「特別的需要」或者傷殘——都被轉化成恩賜/禮物，即使那些往往被視為是消耗社會資源的人、是照顧者的負累的人，也被視為湧溢的生命所不可或缺的一部分。

友誼作為國度的生命的第四個向度是：它獨一無二地結合了團契的廣度和深度。在地上人類的友誼中，親密的同伴關係無可避免地揭示出那種未經處理的脆弱、未經解決的哀傷、未止息的需要；親密地認識上帝，則只揭示出奇妙可畏及犧牲的愛。一個強盜在與十字架的親密接觸中，揭露和嘲笑基督所受的恥辱；相反，另一個強盜則在與死亡和苦難的親密接觸中，看到耶穌那奇妙可畏的愛和能力(路二十三 39～43)。只有上帝會這樣把可畏和親密結合起來。國度的生命，是揭示在所有創造身上的可畏和親密。而在地上的人類友誼中，我們卻不可能認識每一個人，更不可能關心或真正關愛超過某一數量或在某一範圍之外的其他人。但耶穌是好牧人，祂認識祂所有的羊，並按名字召喚他們；祂為他們捨去自己的生命。祂也預備好要離開他們眾人，只為了尋找其中一隻羊。祂有其他羊，是「不屬於這羊圈」的，但也是祂同樣熟悉的(約十 1～16；路十五 3～7)。換句話説，在國度的生命中，以地上愛一個人的強度愛所有人，是可能的；而這關愛和關注，並不會揭示嚴重的缺陷，只會引發深刻的敬畏。

同樣，國度提供一種關係，結合愛和知識。耶穌在湖邊遇到彼得時，那炭火(約二十一 9)和三重的對話正好提醒讀者：這是在大祭司庭院的出賣之後，挽回和恢復的一幕。耶穌明顯知道那庭院中的出賣；但祂知道後，仍然能夠繼續去愛嗎？差遣彼得，顯示耶穌能夠、也確實繼續去愛。這就是國度的友誼——這種關係，是一種完全被認識、但又完全蒙愛、結合敬畏和親密的關係，是以從前只留給一人的那種強度去愛一切的人的那種關係。

喜樂的團契：與祂同吃

如果在國度中，敬拜的生命構成因上帝的豐富而有的喜樂；而如果在國度中，友誼的生命構成因創造的豐富（人類、有感知的和沒有感知的受造物）而有的喜樂，那麼，分享食物的生命將構成因目的、活動和成長的豐富而有的喜樂。

再次，這喜樂的相交團契始於上帝的內在相交團契（inner-communion）。對三一最有影響力的描繪，是魯布廖夫（Andrei Rublev）那幅稱為《亞伯拉罕接待客旅》（*The Hospitality of Abraham*）的聖像。這聖像描繪三個神聖的位格圍在桌旁聚餐。在觀看的人那邊的桌子，有一個空位，似乎是邀請觀看的人進入這個位置，與三一同吃。天上的筵席，或許是聖經對國度的生命最特別的描述。耶穌在與罪人、陌生人、羣眾和門徒的很多重要聚餐中，親自踐行了這些筵席。這些邀請，邀請我們加入上帝的內在相交團契之中。

這清楚表明上帝的內在相交團契，特別為無家者及被逐者留有位置。關乎因國度的性質和廣度而引起的衝突，其衝突的核心是食物（特別是在使徒行傳的記述中）：要把外邦人（或許是最突出的被逐者）也包括在內，乃由要求彼得「吃」的指示所觸發（徒十13）。第一次犯罪，是在第一次進餐之時（創三6）。最先敬拜耶穌的是牧羊人（他們的生活方式，將他們排除在禮儀性的潔淨之範圍以外，並廢止了飲食的律法）和外邦的占星家（猶太人不與他們同吃）。第一個神蹟，是在婚宴期間發生（約二1）。耶穌宣布所有食物都是潔淨的（可七19）。祂的比喻把天國描述為筵席，而所有人都應邀參加，「貧窮的、殘廢的、瞎眼的、瘸腿的」（路十四21），祂指示門徒，當他們自己舉行筵席時，也要邀請同樣的人（路十四13）。在與外邦婦人談及食物時，對在國度中的外人（outsider）的地位這問題，耶穌似乎改變了主意（可七29）。當耶穌令睚魯的女兒復活後，祂做的第一件事是：指示旁觀的人給她東西吃（可五43）。最後晚餐是啟示和出賣的地方，而復活後的顯現也圍繞進餐而發生（路二十四；約二十一）。復活的餐桌有位置留給大惑不解的革流巴、充滿懷疑的多馬，以及否認主的彼得。因此，食物界定了團契。

食物，是根據友誼的觀念發展的，因為預備、分享和清理食物，提供了一個典範，以顯示國度那具動力的、培育性的和具目的性的踐行。簡單來說，一起進食這一行為，使對國度的描述，擺脱了認為國度只是沒有具體實質（disembodied）的靜止幻想的這一類含義。這裏有事情要做。而這些事情，界定了友誼並描繪了敬拜。這些事情使新的創造井然有秩，並模塑了時間。這些事情申明了持續的成長，並為喜樂的勞動提供報酬和滿足。或許最有意義的是，分享食物展示了上帝怎樣滿足祂子民最深的需要——現在需要的和永遠需要的。沒有需要比對食物的需要更基本。但天上的筵席卻被描繪為：上帝怎樣不單滿足祂子民的基本需要，祂走得更遠，祂給予他們的，比他們所需要的實在多很多，並以食物、朋友和祂自己豐富的同在等等，圍繞他們。這正是創造、十字架和復活的目的：令這段與上帝長存的友誼變得可能——在敬拜中預演，並在分享食物中踐行。

3
今日
Today

第一章論證說，上帝給予祂的子民他們跟隨祂所需的一切。在那裏，我們指出上帝不單給予足夠的，也給予足夠有餘——實際上是太多了。我使用「昨日」這個詞彙，意指上帝已經在歷史中——在創造中、在祂與祂子民的交往中、在祂的教會中、也肯定在耶穌基督裏——全面顯明文首這一神學宣稱。教會需要的，不是從上帝得到「更多」，而是接受上帝已經給予的「一切」恩典。這需要我們從拒絕上帝的恩賜/禮物這種叛逆中悔改回轉，並擴展自身的想像力以接受上帝的豐富。第二章則將視角從「過去」轉向「將來」，從「昨日」轉向「永遠」。第二章指出，在國度的來臨中，上帝會完成祂的工作，也就是由聖經指認出來、屬於祂的工作；那工作實現了祂永恆的目的——讓祂的子民活出國度的生命，回應「祂要他們敬拜祂，成為祂的朋友，與祂同吃」的呼召；而正如耶穌基督明確指出，上帝「昨日」做了甚麼，耶穌基督同樣指出，上帝「永遠」會做甚麼。

現在，這一章會再次轉換焦點；這次轉到現在時態。這「昨日」

和「永遠」在「今日」走在一起——上帝在基督裏怎樣在現在施行祂的作為。表達上帝「今日」在基督裏的作為的關鍵詞是「聖靈」。在這一章，我們會看看聖靈怎樣將上帝**已作**（has done）的事帶到現在，以及聖靈怎樣將上帝**會作**（will do）的事帶到現在。接著，我們會審視聖靈的恩賜／禮物和聖靈的工作。

聖靈使聖經有生命

聖靈令過去成為上帝給予教會的恩賜／禮物。如果，教會把自身的任務想像為往前走向未知的將來，那麼，教會自身的生命，可能被經歷為不確定、焦慮和困惑；簡單來說，就是「缺乏」。但聖靈令教會重新把其生命形式看為「**往後走**」（walking backwards；參 Wells 2004, 148）。當教會回頭看，可以發現很多例子、警告、聖徒、平行的處境、解放的時刻、恩典的顯現。教會的經驗不再是缺乏，而是豐富。教會歷史是以榜樣教導神學的。基督教倫理學屬於歷史系多於哲學系。基督教倫理學希望從上帝已作了甚麼有所學習，並以教會怎樣體現福音的好榜樣和壞榜樣，來充實並裝備其生命。因此，教會希望把一些迷途和失迷的故事再併合進去——而這些故事，是關乎如何在被遺忘的見證人身上，展示上帝的恩典，並顯示出勇氣、智慧、堅忍和耐性，以及體現國度的想像力。一直到十七世紀，人們都有這種想法：當一份古代文獻或古物被發現，大家都會歡欣喜樂，因為古代被視為文明的高峯，其後所有的世代，都希望回到那個時候。同樣，當一個未經宣布的故事得到講述，例如，一個長期被忽略的聖徒安躺在未經到訪的墳墓，而他的見證現在挑戰或澄清教會的使命時，教會也歡欣喜樂。

有一間地方教會一直活在其自身的歷史陰影之下。這間教會在一位出色的領袖的熱誠下建立起來。而這位領袖的性格變得與這羣會眾的身分認同不能分割。他帶領了教會足足有六十年之久。其後四十年的每一位繼任人，都發覺一件事：除了這具分量的傳統外，自己不可能幫助會眾確立其他紮實的根基。最後，會眾委派了一個臨時領袖。他在職十八個月，期間他開展了一項大型活動，大規模展示教會百年歷史的照片和記憶。在將這些珍貴片段放在一起時，會眾發現歷史比他們以前所知道的更複雜，而且那歷史遠遠不是負擔，而是一個泉源，可以給他們提供豐富的榜樣和恩賜／禮物，讓他們可以不住地從這個泉源汲取養分。令鄰近教會的會眾驚訝的是，他們曾視這間教會為停留在過去中，但此刻它卻採納了新方向，並委任了第一位女性領袖，在羣體中開展新的事奉。聖靈於此將過去作為恩賜／禮物供應教會所需。

聖經（Scripture）是教會用來描述過去的關鍵詞，因為它記述上帝怎樣已作了所需要作的一切，令祂的子民能夠敬拜祂，成為祂的朋友，與祂同吃。因此，教會在閱讀聖經時所學到的技巧，將模塑教會怎樣把過去作為一整體來閱讀。聖經這一恩賜／禮物，是閱讀教會歷史這一恩賜／禮物和閱讀一般歷史這一恩賜／禮物時的一個導論。例如，在學習閱讀聖經時，基督徒明白到，有些部分比其他部分更重要，而當有一個故事浮現出來時，其中每一個元素都會因為這個故事而找到自身的意義；如果我們將其中一部分從故事中拿走，就可能會扭曲那部分和整個敘事；而只自行閱讀那故事，可能令人容易傾向片面的理解；因此，我們閱讀時，需要與那些願意作忠心門徒的敬拜者為伴。藉聖經所學習到的，或許也可以應用到對一般的歷史的閱讀上。

聖靈給予聖經——因而也給予過去——生命，這在聖經本身也可以找到相關的見證。拿單告訴大衛一個故事：一個富有的人，不願意宰殺自己其中一隻羊去接待客人，於是奪去一個窮人惟一和親愛的羊。大衛深感憤怒，譴責那富有的人應該死，那時候，拿單呼喊說：「你就是那人！」（撒下十二 1～14）拿單挪用大衛那段當牧童的歷史，以驚人的方式將那段歷史帶到現在，最終使大衛悔改和抱愧。這便是聖靈給予過去生命。耶穌在安息日進入拿撒勒的會堂，打開書卷，誦讀以賽亞書：「主的靈在我身上，因為他用膏膏我。」接著，祂說出自己的使命是釋放貧窮的人、被囚的人，以及受傷殘或受債務困擾的人。然後，令眾人大感驚訝的是，祂說：「今天這經應驗在你們耳中了。」（路四 16～22）這是一個耀眼的時刻，在基督的臨在中，聖靈把生命，給予預言這古老的遺產：這個故事，既帶來驚歎，又帶來驚惶。「今天！」「你們！」這些話是從祂的宣告中響起的，而這些宣告給予聖經及過去生命，就好像德國認信教會（Confessing Church）在一九三四年發表的〈巴冕宣言〉（Barmen Declaration），以及南非一羣神學家在一九八五年發表的〈契機文件〉（Kairos Document）。因此，聖靈藉著在今日把生命給予過去那豐富的啟示，而轉化現在。

這一章是稱為「耶穌」的部分的最後一章，這部分在稱為「教會」的部分前面。這顯示聖靈的工作怎樣涉及解釋（interpretation）。聖靈將聖經的話語解釋進教會的踐行中，將教會歷史的故事解釋進當代基督徒的習慣中，將世界的概念解釋進忠心的門徒所體現出來的恩典中。在受死前一晚，基督為祂的門徒洗腳，這個行動，就好像今天為長期失禁的人更換衣服一樣。聖勞倫斯（St Laurence）把窮人、瞎子、跛子招聚到羅馬的教會，並帶到貪婪的羅馬當權者面前，宣告說：「這就是教會的財寶！」每當基督徒拒絕將「教會」這個詞彙等同「在聖職人員階級中佔重要位置的人」，而是認定「教會」主要指那些不受歡迎、被踐踏和貧窮的人，並視這為理所當然時，聖靈便會十分活躍地把教會歷史的故事活在基督徒的言語習慣中。耶穌向窮人宣布好消息。非政府機構聯盟採用「令貧窮成為歷史」（Make Poverty History）這個口號，而地方教會則謙卑地回應，並展示橫額、寄信、參加遊行、在超級市場的貨架上挑選不同的牌子——就像二〇〇五年在英國發生那樣——聖靈積極地將世界的概念轉化為忠心信徒所體現出來的恩典。這些都是聖靈給予聖經生命的一些方式。

聖靈將國度的盼望轉化為行動

聖靈藉著將上帝**已作**的一切事，變成今日可活出的經驗，從而使耶穌臨在。但聖靈也藉著使上帝**會作**的一切事，成為今日可活出的經驗，從而令國度臨在。這一觀點，會對理解基督教倫理學帶來幾個重要成果，在這裏，我提出其中三個。

首先，因盼望將來那最終的成全（final consummation），使得基督教倫理學具備一種「暫時的性質」（provisional quality）。基督教倫理學的任務，並不是旨在尋找、分析並推廣那些上帝為不同時代的人設定的各種原則；它旨在為忠心的基督徒的各種踐行而歡慶，而這些踐行是適合一特定時代的，即所謂在時代之間的時間（time between the times）：在復活和最終之啟示之間、在五旬節和基督再來之間。今天南非的基督徒的倫理學，與以斯帖時代在波斯的猶太人的倫理學，可能有所不同，而這不是因為大家不再相信三層宇宙的宇宙觀，或者因為大家有投票權，或者因為發明了炸彈或避孕丸；它們所以不同，是因為對今日南非的基督徒而言，上帝明確地在基督裏啟示了自己，以及透過祂的十字架和復活的大能，解除了「執政掌權的」之武裝，並透過五旬節使教會得著能力，更應許在終末（eschaton）一切將得以實現——而以斯帖時代的人，對這些事情卻一無所知。基督教倫理學所以是「暫時性」的，其重點基本上是：它不是關乎人類、而是關乎上帝。時間，實在可以證明一個人的行為是忠心還是不忠心，但那「時間」，不是指一段有限的時間，即直等到傳記出版，或者一些關乎公眾（或私人）的文件被公開；那是指一終末的時間（eschatological time），在其中，心門打開了，所有慾望都為人所知，沒有祕密隱藏起來；那些視基督為不存在的人，當他們看到真正的彌賽亞降臨時，會抱頭痛哭。當我說聖靈將國度帶到現在，那是要指出：所有人類的判斷，在終末的視角下怎樣被相對化。

第二，如果在國度的觀照下，基督教倫理學是「暫時性」的話，它也是「目的性」（teleological）的。行為是好或壞，視乎這些行為使人變好還是變壞。聖潔的人（sanctified person），是因著聖靈的能力而變得神聖（made holy）；也就是說，聖潔的人是這樣的人：在這些人身上，上帝在基督裏已作的事，因著聖靈的緣故而完全讓人看見；而在他們身上，上帝在國度來臨時會作的事，也因著聖靈的緣故而完全讓人看見。這就是基督教倫理的目標：希望上帝使祂的子民成為聖潔，而這是透過基督的行動——因聖靈而得以臨在——而得以成就的。很多人的情況可能是這樣：人好像透過一個黑暗的窗戶觀看上帝的作為；但某些人的情況卻不同：人好像可以透過清澈的玻璃觀看。聖潔的生命，是使稱義成為可見的生命、使拯救得以臨在的生命。基督徒希望使他們的踐行形式和內容，由預期（anticipated）的生命——與上帝一起的生命——的品格所轉化。

第三，聖靈令將來於現在變得可見，那是藉著不斷給予教會榜樣，這些榜樣是上帝為教會留存的。就好像前面兩個向度一樣——也就是聖靈那體現國度（kingdom-incarnating）的工作的兩個向度——這實際上是肯定上帝的主權。上帝給祂子民的其中一種豐富的恩賜/禮物，是給予他們無數記號（signs），這顯示祂樂意讓祂的國度介入（break into）世界，而這往往不牽涉任何基督徒有意識的活動。有些記號成了尋求盼望的一代的圖像：例如，一九八九年在天安門廣場，一個手無寸鐵的男人站在一部坦克車面前進行抵抗；或者，在二〇〇一年，一名消防員在數以百計的人都在逃跑時，沿著世貿中心（World Trade Center）的樓梯跑上去找尋失蹤的人。其他人的舉動則可能靜靜的，很容易被錯過，也往往容易被遺忘：一個外科醫生抽時間替病人做額外的手術，只因為這手術對病人可能有幫助；或者，一個顧客跑了一百碼，將另一個顧客已購買但遺下的物件交還給對方。世界是上帝恩典的劇場，基督徒很大程度上往往是觀眾。基督教倫理永遠都不應該忘記這點。

聖靈給予上帝子民他們所需的一切

「聖靈所結的果子，就是仁愛、喜樂、和平、忍耐、恩慈、良善、信實、溫柔、節制。這樣的事，沒有律法禁止」（加五22～23）。這段話，或許是顯示基督教倫理是關乎體現上帝的豐富的一段最引人注目的話。如果保羅說：「這樣的事，沒有律法禁止。」那麼他也可以說：「這樣的事，沒有任何短缺。」那是一張很長的清單，但其目的不是要詳盡無遺地羅列所有品質，而是要勸說（persuasive）。這些東西，都是大家和羣體的生活中最重要的事情，但它們不是一些會出現供應短缺的商品，或者需要公平分配的資源；相反，這些果子是無論聖靈在哪裏工作，都可以大量生長起來的果子。分配這些東西時，毋須有不當的爭吵，因為它們從不會短缺。人們可以有很多錢——擁有自己想得到的那麼多的衣服、房屋、汽車、大學學位、註冊商標、足球會籍或武器——但如果他們沒有保羅談及的這些東西，其他東西對他們來說，都沒有好處。但如果他們有仁愛、喜樂、和平等等，他們擁有多少其他東西，根本就不重要。

這樣說的部分原因是：保羅所讚許的果子，在建立羣體這一意義上是有益的。他清單上的大部分詞語都強調共同的生活。例如，信實是必須的 —— 如果人們要互相信任，並預期所投上的信心和承諾會得到持守；溫柔是必須的 —— 如果希望憤怒既不會被壓抑成慢性毒藥，也不會被發洩為即時的破壞（請留心，保羅那張壞事的清單也同樣是以羣體為焦點的）。而且，重要的是，保羅談及「單數」而不是「眾數」的果子。因此，這可能不是一張詳盡無遺地包含一切的清單，但它肯定是一份〔包含眾多的〕清單。只擁有其中一種，卻不應該被視為象徵擁有全部；它們是整體地出現的，但它們不是一系列如此昂貴的貨品，以致沒有羣體可以全部擁有；它們其實是一龐大的恩賜/禮物，那是人不能賺得的。因此，這裏不存在哪一個果子是最重要的競爭，或者哪一種果子應該更為優先：考驗一種果子是否真實，是有沒有其他果子存在。

保羅開列的清單及他深思熟慮地指出「這樣的事，沒有律法禁止」（加五 23），清楚表明一個事實：基督教倫理學基本上不是關乎建立原則、指引或法律，而是關乎體現聖靈的果子。有些文化著迷於透過訴訟解決所有悲劇或困境，這是保羅不支持的。法庭訴訟所展示出來的一種文化，是在其中有勝利者和必定有失敗者。但於體現聖靈的果子一事上，有誰會失敗？體現聖靈的果子，是言說跟隨耶穌和預期上帝的國度的另一種方式。保羅這一份清單，或許，與他對基督的性情的描述最為接近（Witherington 1998, 407）。保羅所說的是：如果聖靈在信徒中間工作，他們的生命便會與基督的生命愈來愈相似。我們可以根據本書前一節和前一章的評論補充說：「⋯⋯這與上帝的子民在來臨中的國度中的生命，也愈來愈相似。」蒙聖靈加力的信徒會因而好像基督一樣 —— 顯明果子，得著恩賜/禮物，並找到很多運用恩賜/禮物的機會，而在運用這些恩賜時，他們會變成啟示 —— 即上帝的真實品格和上帝的創造的真實品格之啟示 —— 的催化劑。

正是在這一脈絡之下，使得在基督教倫理學中運用德性和品格的語言（language of virtue and character）變得有幫助。這本書的整個論證是：教會的踐行（the practices of the Church）——特別是敬拜的踐行（the practices of worship）——體現上帝豐富的恩賜/禮物。如果我們在聖靈的脈絡底下談及德性，那就意味著三件事：首先，它表示倫理學在很大程度上是關於上帝的子民隨著時間過去，逐漸模塑其品格。如果我們假設倫理學只是關乎在危機中作決定，就好像假設聖靈的工作只是關乎那出神的經驗（ecstasy）的時刻一樣；無疑，作決定是需要的，出神的經驗也可以蒙傾注，但上帝的子民不應該希求上帝的憐憫任意超然介入；他們應該學習的倒是，隨著時間過去，按基督的形象而逐漸建立和造就自己，並於生命中顯明聖靈的果子。第二，我們必須經常清楚知道的是，教會的踐行是體現聖靈的工作，那不單是人的活動。教會的踐行不是伯拉糾式（Pelagian）的一種機制（mechanism），不用訴諸上帝的恩典而能使人聖潔；相反，它們是一種模式（pattern），令對聖靈工作的倚仗隨著時間過去而逐漸變得更加固定和專一。踐行總是恩賜/禮物（gifts），它們從來都不會變成個人擁有的能力（powers）。第三，基督徒的德性總是關乎轉化，雖然那往往是漸進的轉化。聖靈透過將過去的豐足和將來的豐富變成當下的臨在，從而轉化基督徒的所有努力和所有渴望。德性從來都不是靜態的財產，而總是動態的轉化過程。因此，德性從來都不會失去與水禮的連繫。

現在，是時候考量聖靈恩賜/禮物被賜下的目的了。這帶領我們去到保羅第二段關於聖靈的經文，那是同樣關鍵的一段經文。那是哥林多前書十二至十四章，那裏提出了一些熟悉的詞語：

> 聖靈顯在各人身上，是叫人得益處。這人蒙聖靈賜他智慧的言語，那人也蒙這位聖靈賜他知識的言語，又有一人

> 蒙這位聖靈賜他信心，還有一人蒙這位聖靈賜他醫病的恩賜／禮物，又叫一人能行異能，又叫一人能作先知，又叫一人能辨別諸靈，又叫一人能說方言，又叫一人能翻方言。這一切都是這位聖靈所運行、隨己意分給各人的。就如身子是一個，卻有許多肢體；而且肢體雖多，仍是一個身子；基督也是這樣。（林前十二 7～12）

這段短短的經文，表達了三個十分重要的原則，也形成了本章的論證。首先，是聖靈給予上帝的子民豐富的恩賜／禮物。保羅的清單，明顯是舉例說明而不是詳盡無遺地包含一切，但卻也顯示出其修辭技巧——在讀者相信杯子快要滿溢時便停下來：實在有太多屬靈恩賜／禮物，不能夠全部詳細論述。而這樣做，也可以被視為對焦慮的一種表達（其實這與以色列人於安息日在曠野收集嗎哪時，常常恐怕收集得不足夠，是頗為相似的）。意思是：這實在有太多，不能一一提及——智慧、知識、信心、醫治、神蹟、先知、辨別諸靈、說方言、翻方言——沒完沒了。上帝給予祂的子民他們跟隨祂所需的一切。

關於聖靈的恩賜／禮物，這段經文清楚表明的第二方面是：「就如身子是一個，卻有許多肢體；而且肢體雖多，仍是一個身子；基督也是這樣。」聖靈的恩賜／禮物是給予一個身體，而不是給予一獨立個體的。如果教會不合一，它幾乎肯定會經歷某種聖靈恩賜／禮物的缺乏（scarcity of gifts），這是不合一的結果——和醜聞——的一部分；此外，一獨立個體同樣可能會經歷恩賜／禮物的缺乏，並對怎樣最好地運用恩賜／禮物感到疑惑：因為眾恩賜是賜給教會的，而這些恩賜／禮物的輪廓和目的，不會變得清晰，除非它們找到其恰當的位置。同樣，「眼不能對手說：『我用不著你。』」（林前十二 21）當眾恩賜／禮物一起得到使用時——等於交響樂團運用所有樂器的時候——會運作得最好。而恩賜/禮物間互相衝突的問題是不應該出現的，因為「這一切都是這位聖靈所運行」的。這種精神，主要以愛為特徵(林前十三13)。上帝給予所需的一切，但祂的恩賜/禮物必須根據恩賜/禮物賜下時的精神來運用。

這段經文提供給我們、並在哥林多前書十四章更明確地發展出來的第三方面是：聖靈賜下這些恩賜/禮物「是叫眾人得益處」。保羅一再強調，正因為這樣，翻方言比說方言更重要。「但作先知講道的，是對人說，要造就、安慰、勸勉人」(十四3)；「作先知講道的，乃是造就教會」(十四4)；「使教會被造就，那作先知講道的，就比他強了」(十四5)；「你們……既是切慕屬靈的恩賜/禮物，就當求多得造就教會的恩賜/禮物」(十四12)；等等。

這些原則本身的含義，超越了如何安排靈恩式的崇拜；這些原則更可以模塑整個基督教倫理學。基督教倫理學主要是關乎：上帝的恩賜/禮物並不短缺——基督、國度、聖靈。套用追隨甘地(Mahatma Gandhi)的意大利人瓦斯托(Lanza del Vasto)的話：「竭力成為只有你能夠成為的人，同時，竭力想望那些每個人都可以擁有的東西。」基督教倫理學則竭力得到每個人都可以擁有的恩賜/禮物。而如果這些真的是上帝的恩賜/禮物，它們便不能互相衝突。「稀少性的倫理學」(the ethics of scarcity)與「悲劇的倫理學」(the ethics of tragedy)相對應：在稀少性的倫理學中，恩賜/禮物是不足夠的；在悲劇的倫理學中，恩賜/禮物互相衝突。這並不是說，所有基督徒的故事都有愉快的結局，而只是指出，按基督徒的故事來理解，人類的故事若置於終末的脈絡之下，不會全然是悲劇性的。或許，最重要的是，基督教倫理學基本上是關乎甚麼能建立和造就教會。它不是尋找事情本身是對還是錯，它也不是評估怎樣的行動才可以帶來最仁愛的結果(在一個無可避免地縮略的時間框架之中)；它是關乎考慮甚麼才能建立教會，甚麼行動才能培育那種品格，那種把基督的身體建立成基督樣式的品格。不單方言／神諭（ecstatic utterance）需要接受這種測試，所有創造亦然。

我們缺乏時，聖靈會給予豐富

我們已看過聖靈怎樣把生命給予上帝過去的啟示，並將上帝對未來的應許帶到現在，又透過其果子和恩賜／禮物將上帝子民所需的一切給予他們。這恩慈的供應的最後一個考驗是：這恩慈的供應在面對逆境時能否持續。從新約中，我們毫無疑問可以看到基督的追隨者必會遇到挫折、艱難和迫害。在這樣的處境下言說「他們得到他們所需的一切」，是甚麼意思呢？

處理這個問題的時刻，出現在約翰福音記述的分離論述（farewell discourses）中。耶穌說祂「要求父，父就另外賜給你們一位保惠師，叫他永遠與你們同在」（約十四 16）。保惠師的工作，是藉著對過去的見證（witness）和對未來的勸慰（counsel），顛覆現時所面對的艱難和絕望——即缺乏。換句話說，聖靈藉著給予過去生命，將應許的未來帶到當下，再次以豐富充滿教會。基督教的故事——上帝的恩典在每一個轉折時刻都是豐富的——超越了基督徒所經驗的暫時缺乏的那種敘事。見證和勸慰是既獨特又互補的兩個主題。

一方面，聖靈藉著給予過去生命，給予基督徒面對迫害時作見證的能力。這是保惠師的工作。耶穌應許說：「但保惠師，就是父因我的名所要差來的聖靈，他要將一切的事指教你們，並且要叫你們想起我對你們所說的一切話。」（十四 26）換句話說，聖靈會在有需要的時候給予過去——即耶穌對門徒所說的話——生命。這個信息關乎豐富，因為它強調聖靈會教導**一切事**（everything），並提醒門徒耶穌告訴他們的**一切**（all）。這不是「一些」（some）或甚至「足夠」(enough)的語言。耶穌接著預期門徒會遇到壓迫。

> 他們若逼迫了我，也要逼迫你們；若遵守了我的話，也要遵守你們的話……但我要從父那裏差保惠師來，就是從父出來真理的聖靈；他來了，就要為我作見證。你們也要作見證，因為你們從起頭就與我同在。(約十五20、26～27)

同樣，聖靈的角色是在門徒自身的回憶或經歷——對耶穌已成就的事(has already done)的回憶或經歷——出現缺乏時，給他們言語和記憶。耶穌更談及聖靈怎樣給予過去生命。

> 然而，我將真情告訴你們，我去是與你們有益的；我若不去，保惠師就不到你們這裏來；我若去，就差他來。他既來了，就要叫世人為罪、為義、為審判，自己責備自己。為罪，是因他們不信我；為義，是因我往父那裏去，你們就不再見我；為審判，是因這世界的王受了審判。(約十六7～11)

所有這些事情，都在耶穌說話時已經發生，或者，將在迫害出現前發生。

馬可的「小型天啟」(mini apocalypse)也明確提出這一點，在那裏，耶穌預期前面會有迫害，而門徒會蒙聖靈賜下恩賜/禮物(即「上帝已成就的事」這恩賜/禮物)，從而有能力作見證。

> 但你們要謹慎；因為人要把你們交給公會，並且你們在會堂裏要受鞭打，又為我的緣故站在諸侯與君王面前，對他

> 們作見證。然而，福音必須先傳給萬民。人把你們拉去交官的時候，不要預先思慮說甚麼；到那時候，賜給你們甚麼話，你們就說甚麼；因為說話的不是你們，乃是聖靈。（可十三 9 ～ 11）

這是作見證的意思：成為殉道者，即談及上帝在基督裏已成就了甚麼。而在基督徒面對迫害這「缺乏」時，給予他們需要說的一切話的，正是聖靈。

另一方面，聖靈藉著將上帝對未來的應許帶到現在，令基督徒面對艱難時能夠堅忍。這便是訓慰師（Counselor）的工作。（訓慰師和保惠師〔Advoate〕都是同一位聖靈的名字，但採用兩個名字，有助於顯示祂的工作的兩個面向。）耶穌承認會有艱難的時候，但祂的勸慰卻給予我們盼望：喜樂將超越痛苦。於此，祂說出一個驚人的比喻，那就是分娩的比喻：

> 婦人生產的時候就憂愁，因為她的時候到了；既生了孩子，就不再記念那苦楚，因為歡喜世上生了一個人。你們現在也是憂愁，但我要再見你們，你們的心就喜樂了；這喜樂也沒有人能奪去。（約十六 21 ～ 22）

在這裏，聖靈把對未來的應許帶到現在。同樣，耶穌宣告終有一天，現在所有奧祕都會變得清晰：

> 我還有好些事要告訴你們，但你們現在擔當不了。只等真理的聖靈來了，他要引導你們明白一切的真理；因為他不是憑自己說的，乃是把他所聽見的都說出來，並要把將來的事告訴你們。他要榮耀我，因為他要將受於我的告訴你

> 們。凡父所有的，都是我的；所以我說，他要將受於我的告訴你們。（約十六 12～15）

同樣，那是豐富的語言——「**好些**事」、「**一切的**真理」、「父**所有的**」。整卷啟示錄都可以理解為：教會面對艱難的時候，聖靈給教會要堅忍的勸慰。羅馬書八章，或許是基督徒軟弱時，聖靈怎樣給予他們勸慰的最為人熟悉的體現——按上帝的旨意以說不出來的歎息為他們代求（羅八 26～27）。這便是勸慰的意思：將迫切的現在，放在上帝恩惠之豐富的過去和極其豐盛的將來這個脈絡之下。

這樣，頭三章的神學論證便完成了。這些都是基督教倫理學的基礎。上帝**已經給予**（has given）祂子民他們敬拜祂、成為祂的朋友、與祂同吃所需的一切。事實上，祂給予他們足夠有餘——或者可以說是太多了。這是聖經的見證。上帝會完全啟示祂自己，**會開創**（will institute）自身之豐富的生命，在其中，祂的子民敬拜祂，成為祂的朋友，與祂同吃。這是國度的勸慰——也在聖經中見證著（因為昨日和永遠，都總是今日與上帝同在）。現在，在復活和完滿的啟示之間，在五旬節和基督再來之間，聖靈給予聖經的故事生命，令國度的應許**成為**（makes）現在。基督教倫理實際上是一豐富的踐行（practice of abundance）。

第二部

教會作為基督的身體

4
形塑
Forming

水禮（Baptism；或譯「浸禮」、「洗禮」）指出教會與世界之間的區別、教會與以色列之間的區別。水禮這踐行標誌著：從一個被出生和死亡限制的敘事，過渡到一個被創造和終末限制的敘事；也標誌著猶太人和外邦人之間那敵對的圍牆拆去以及新的子民形成。因此，水禮界定教會。因此，本書第二部以水禮為特點，就好像第一部以聖經為特點，而第三部則以「聖餐」為特點一樣。

正如與上帝同吃帶來許多相關聯的踐行——這些踐行體現了與上帝同吃的含義和建立了與上帝同吃的脈絡，成為基督身體的一部分也涉及比水禮本身更多的事情。受洗，成了具表記性的一刻，為那些構成教會的所有友誼之各種踐行，既提供目標，也提供出發點。現在，本章將考量那些邏輯上先於水禮的踐行。接著的一章，則討論水禮本身，然後用兩章篇幅來討論教會的生活——藉水禮而成為可能的生活。其中一章是探討當教會的生活走在正確的道路上的時候，會有甚麼事情發生；而另一章則是討論當其走在錯誤的道路上的時候，會有甚麼事情發生。

佈道

「佈道」(evangelism)泛指多種踐行，而教會藉此邀請所有人敬拜上帝，成為祂的朋友，與祂同吃。於此，水禮界定教會的含義立時變得清晰。根據與水禮的關係來思考，佈道顯明一個人作為慕道者——表明渴望接受水禮的人——的途徑。佈道是一總稱，用以表示所有相關的談話、事件、溝通、示意和相遇；而藉此種種，一個人透過教會聽到和接受上帝所發出的邀請。

我會考量兩種佈道形式：「先知式」(prophetic)佈道，這種活動的主要目的或者整個目的是令人與上帝面對面，特別是當這些人忘記了或者從不知道敬拜祂、成為祂的朋友、與祂同吃，是甚麼意思時；此外，就是「祭司式」(priestly)佈道，也就是恰當地把佈道融入教會的日常生活、並為了教會自身而進行的一些活動，但透過這些活動，上帝的恩典也可以觸及眾人，並使他們得著啟發，以發現更多盼望，也就是基督徒心中所存著的盼望。接著，我會藉著思想佈道——和教會——究竟是否具有「君王般」的向度(kingly dimension)來結束我的討論。

當佈道指向基督的位格(Christ's person)的主權時，那是先知式的。它指向基督的工作模式時(pattern of his work)，則是祭司式的。先知式和祭司式佈道這種區分(大致對應本書第一部和第二部所強調的重點)，較之另一種常見的區分，即區分尋求人身福祉的「人道」事工和尋求人靈魂得救的「佈道」事工，先知式和祭司式佈道這種區分更為有用。或許，我們可以用不同的理由去論證為甚麼「人道」及「佈道」這種更為常見的區分是有用的，這包括它能明確地表明基督教事工可以在哪裏找到強大的公眾支持，而在哪裏找到的支持卻只能夠來自基督徒。不過，「先知式」這個詞彙——以及當我們承認先知式和祭司式佈道是指向基督的主權和事奉時——將會額外加上另一個向度。例如，它清楚表明，當教會呼籲法庭的判決政策需要改變，或者呼籲世界貿易的結構需要轉化時，這不單是呼求公義，也是號召歸信（conversion）。這樣做，不是要偏離我們那迫切的志業，亦即帶領個別的人面對面迎見上帝；這樣做，只是要向政府發出呼召，好像向個人發出呼召，呼召「從你的道路及生活轉回」。先知式的演辭，總是預設一個敘事——即一個原初賜福和生命的美好的故事、一個在基督的十字架和復活裏將邪惡轉化的故事，以及最終的審判：在其中，罪需要交待，被壓迫的人得以伸冤。這力量不是別的，除了是這敘事的修辭力量，以及在教會共同生活的日常踐行中時那敘事所作的祭司式體現（priestly embodiment），來說明其能力。因此，先知式和祭司式佈道不是兩個不同的選擇，而是教會的整體生活朝向帶領各族各人敬拜上帝、成為祂的朋友、與祂同吃時，彼此間不可或缺的兩方面。

教會在兩方面是先知。第一方面：教會將人指向上帝。這是教會建築物的尖頂的傳統目的。但這工作可以有更巧妙的表達。一間很受歡迎的大教堂，沿著整個中殿，均有一連串著名的屋面浮雕，描述拯救的歷史，從創世記二章分辨善惡樹，一直到啟示錄二十二章的羔羊。因為參加崇拜的人或訪客太容易錯過它們，因此通道設有幾塊朝天的鏡子。但為免觀看的人注視鏡子，被自己的樣貌吸引而使自己分心或著迷，鏡子稍微傾斜。那些鏡子是教會的先知式事工的一個恰當比喻。如果沒有那些鏡子，很少人會抬頭觀看，更少人會發現教堂上方的美和秩序。有了那些鏡子，所有人都有機會觀看；有些人會花時間仔細觀看，其他人則會受到啟發，自己向天觀看。鏡子的功能不會受到破壞，即使上面的玻璃或已嚴重損毀或十分破爛，因為即使一小片玻璃，也有助突出屋頂的一部分，而鏡子的存在，最終會促使觀看的人抬頭往上察看。這便是見證人的角色。

一間地方教會服事一個羣體，而那羣體正經歷一重要時期：在政府資助下該羣體領導住宅區進行革新，而本地居民每年都有機會參與本地發展信託基金委員會的競選。那些有興趣參選的人會獲邀出席簡介日，有機會得悉該組織怎樣運作，以及他們可以扮演甚麼角色。他們得到鼓勵，反思他們在社區革新方面的經驗，以及他們想更多參與該發展過程的原因。每個候選人都要寫一篇簡介，簡述他們的背境和理念重點。這些簡介會印在選舉文件內，派發到社區裏的每個家庭。教會一位成員決定參選。在她的競選資料上，她描述了自己怎樣在個人混亂和精神苦惱時，遇上這間教會。雖然從她居住的地方要走很遠的路才能到達這間教會，她還是開始在那裏聚會，因為這些聚會觸摸到她內心一個渴望表達、肯定和愛的小孩子。後來她搬到該社區，居住在教會附近，現在她想參與社區革新計劃，因為她想其他人有機會發現她經歷過的一些轉化——或許也有機會接觸到他們裏面的小孩子。好像那間大教堂的傾斜鏡子一樣，她的見證是先知式的：它將別人指向上帝在基督裏的主權和活動。

先知的第二個角色超越上述那傾斜鏡子的比喻。如果所有先知都那樣隱藏，很少先知會死得那樣慘。先知死得那樣慘，是因為他們向世界指出，世界不是教會。世界就是——在上帝的創造中——利用了上帝的忍耐而仍然不相信祂的一個世界（Yoder 1971, 114）。但對耶穌基督的上帝的不信，並沒有阻止世界那錯置了的信心——那就是對其他理論、踐行或故事那持久的能力或真實性的錯信；而教會的先知事奉，正是針對上述的偶像崇拜而作出。但教會對此所作出的回應，並非總是明顯的。教會在世界上可以採取各種不同的行動，珍惜它們的智慧、勇氣和洞見；但也總會到了一個時候，圍繞十字架和復活的信仰，一定會挑戰到其他具形塑（formation）能力和具轉化（transformation）能力的模式。被管理有限的資源的氛圍充斥著的文化，最終一定會與上帝那擁有無限貨品的信仰觀產生衝突；由充斥著治療（therapy）這善意模式所支撐的社會，最終必然會被十字架的愚拙和智慧所挑戰；倚靠市場競爭的經濟，最終必須正視三一的永恆團契相交。

如果第一種先知是見證人，那麼第二種先知便是殉道者。這兩個詞彙實際上指同一件事——但它們代表不同的著重點。見證人的服事，令教會及教會的成員受人審視、誤解、嘲笑。但殉道者的服事，令基督徒步往羞辱、暴力甚至死亡的道路。

在較早前描述的那個由社區領導的住宅區革新的過程中，好些涉及健康這議題的本地人和機構均聚集在一起，他們提出好些關於成立一個保健中心的建議。這個中心會提供基本健康護理，其形式是：設立給醫生和護士工作的地方，加上福利權益、輔導和香薰療法等輔助性和補充服務。這小組接觸了當地的教會，那教會的地點合適，並有一座現代化的建築物，而會眾人數較小。保健中心希望和教會建立伙伴關係，承諾為教會爭取財政上的支持，教會則為健康服務機構提供理想的場地。教會經慎重考慮後，拒絕了這個建議：基督教不是另一種治療模式。教會（以「祭司」的方式）應為社區提供一連串踐行以體現一種整全的轉化，而不是給社區一些零散的健康改善服務。教會繼續作弱小的見證，見證著真正的榮耀，相較於在好些人道的善意表達形式中變成不可見的，來得更好。保持先知式宣告——真理不是由身體的生和死、而是由創造和終末所定義——的惟一方法，是保持這獨特但友善的身分：教會是有分別的建築物和組織。這是殉道者昂貴的見證，見證世界不是教會；保健的水，與拯救的酒是不同的。

如果教會的先知事奉，主要以見證的形式指向那些在教會以外的人，教會的祭司事奉，則主要是關於如何妥善安排在羣體裏面的人的生活。先知要揭露的是：沒有上帝，甚麼都是不可能有的；而祭司顯示出：有上帝，甚麼都是可能有的。教會的祭司角色，是示範（to model）一種在上帝跟前可持續的生命（sustainable life）——這種可持續的生命正顯示（to show）上帝為那些愛祂的人可以使甚麼成為可能——並因而活出（to live）一種超越世俗所能理解的生命。

就像佈道的先知性面向一樣，祭司這面向也有兩個向度。第一個向度，是活出依從基督的工作模式的生命，以致這種生命能捕捉對那與它互動的世界的想像。在電影《90男歡女愛》（*When Harry Met Sally*）中，一對夫婦在餐廳中點晚餐的時候，他們留意到，鄰桌那個坐在同伴對面的女人正在（假裝）經歷性高潮，她以明顯失控的方式呻吟和尖叫。當侍應問前述那對夫婦想點甚麼菜時，他們說：「我們想要一些她有的東西。」這是教會的「祭司式」佈道的比喻：獻出不自覺地活出的犧牲的生命、使人和好的門徒生命，以啟發這正在觀看的世界，使他們考量在教會這些人心裏的盼望的緣由。正如對觀福音（synoptic Gospels）的比喻激發讀者思想浪子得到饒恕、遲開工的工人得到的工資和早開工的工人一樣、奴隸因為冒險而不是安全至上而得到稱讚，究竟這是一個怎樣的世界；教會也應使本身的生命成為一個激發人心的比喻，給別人打開一個想像的空間，讓大家可以驚訝和暫時開始過一種植根於驚歎和喜樂而不是妒忌和恐懼的生命。

一個社區經歷了對教會數十年的敵意及不信任，而教會即將要更換領導，於是邀請當地好些名人參加崇拜，希望藉此標誌著教會生活將步向另一個重要階段。成人和兒童，一共大約六十人坐在一起。崇拜開始時，有一段時間讓大家有機會承認過錯和表達挫折，而最後會以洗腳禮結束——代表更新的服事。在讀經前，一枝蠟燭在會眾間傳遞，每人都有機會就「我在過去五、六年發現了甚麼」這個主題說一句話。一個教會的邊緣分子，經歷了很多衝突，他說：「我發現我們共同之處，比使我們分歧之處更大。」另一個人，則是社區中一位相當富爭議性和一向敢言的領袖，他看著成人和兒童怎樣彼此聆聽，以及看到這次聚會所給予大家的想像空間，出乎所有人的意料之外，他竟說：「我發現這間教會是這個社區的靈魂。」

祭司式佈道的第二個向度是伙伴和對話的模式，這源自教會在社區和當地所作的謙卑和富憐憫心懷的參與，而這參與則出現在尋常生活裏的喜樂和掙扎之中。教會在這一刻的謙卑，表示承認自身的軟弱和錯誤，悔疚地承認過去的罪，並真誠地投入對經驗的討論和真正利益的渴求。一個著名的政治人物被問及怎樣解釋他在一個機構接受高職，而在良久以前，他卻參與反對設立該機構的運動。他說：「我發覺自己做錯了，便承認，並改變主意。不然，那你怎樣做？」懷著類似的慷慨和渴望學習的精神，教會可以進入每一憐憫的踐行或者具善意的聯盟，不單為了尋求「城市的好處」，也藉著找出彼此間相似之處，尋求豐富教會自身的共同生活的踐行——每次大家聚集時，醫治、復和以及分享資源，並形塑、維持羣體以及使羣體得以復原。

那麼，祭司式佈道這給人安慰的一面，怎樣與先知式見證那令人不安的一面取得平衡？地方會眾怎樣決定，其伙伴關係是對話和服事的謙卑祭司式行動，還是朝向令教會變得「不可見」的欺騙性的試探呢？中庸來說，教會的先知式佈道和祭司式佈道是互相監察地運作的。證明祭司式伙伴關係令先知式見證變得不可能的證據，或者證明刺耳的見證會妨礙教會生發共同踐行的證據，其實都是一種健康的指引，能顯示一切已經失去平衡。

但要衡量某一種形式的祭司式或先知式佈道是否忠心，更重要的試驗，是這工作是承諾、還是窒礙教會的另一向度，即君王的向度。無疑，站在掌權的地位上，即在社會建制中擁有具影響力或宰制性的持分，似乎給教會提供了優勢，使教會能更清楚地宣告先知的見證，或者更廣泛地實行祭司的踐行。但這王座同時也可能是最難開展佈道工作的地方，如果佈道工作是要指向基督的主權。耶穌藉擔當先知、祭司和君王的角色，體現了以色列人的記憶和盼望；而教會，即基督的身體，也蒙召在某些方面，但不是所有方面，效法耶穌。如果教會跟隨耶穌的事奉中大部分的先知向度和祭司向度，教會當然也應該分擔從這些事奉而來的一些代價；可是，如果教會擔起君王的角色，便大大走歪了。因為，當教會擔起君王的角色，將無可避免地使教會將注意力由指向基督變成指向自己。因此，教會有兩重事奉，即指向基督的位格的主權，以及指向基督的工作的模式。簡單來說，教會是指向君王的先知和祭司。

教會沒有君王的事奉。它的任務是透過先知和祭司的見證，指向基督的君王身分。基督的君王身分，實際上是以先知式和祭司式的方式行使；但教會敬拜基督，是因為祂的主權而不是因為祂的行事風格；祂是君王，不是因為祂良善，而是因為祂是上帝；祂是君王，不是因為祂公義，而是因為祂是真實的。基督實現了教會永遠不能夠實現的事情；而因著基督實現了那些事情，教會便毋須再做這些事情。因此，若教會擔起君王的事奉，要不是假設基督沒有得勝，便是假設基督不再作王了。無論怎樣，這都轉離和窒礙了先知和祭司的事奉。教會的角色，就好像門徒餵飽五千人時所擔當的角色一樣：為眾人祈求，並將他們手上的物資獻給基督，並因祂的工作而驚歎，接著分發祂的恩賜/禮物，將剩餘的收集起來，藉以確保沒有浪費。但只有基督在掌管和不住供應。

有一個基督徒，他知道並經歷到世界貿易的不平衡，又體會到小企業面對的困難，而他的回應是和同事一起成立一個新機構。這個機構的目的，是鼓勵英國人作個人投資，每人投資幾千鎊，同時期望較低的回報，即較低的利率或甚至零利率。這些金錢帶來的額外利息，會用來為發展中國家的小企業提供貸款，給它們新的保障和財政能力，以作長遠的計劃及投資。新設立的機構也與英國一間採購和批發公司連繫，那間公司經常購買和銷售一些小企業製造的產品。成立這個機構的人，小心地依照自己對身為基督徒的理解和經驗得出來的神學原則建立這個機構，但他們也歡迎教會外的人參與這計劃及投資——不久，也包括讓他們於這計劃中作領導。這個機構發展得很好。有一天，他們聽到一個很好的建議。有一個資本家，他在動盪時期於貨幣市場進行投機活動，因而賺到大筆金錢，亦因而成為名人。這位資本家希望投資在這個機構，而金額比以前的所有投資額都大。這樣大幅增加存款，會令機構在世界貿易中的力量大大增強。但機構的創辦人和他的同事，最後決定不接受這大筆資金。因為他們創立機構的目的，不是權力，而是榜樣；不是控制，而是默默地進行顛覆。如果接受那大筆存款，他們便要受制於捐款人的想法，也隱然會受制於他那些更大的計劃所引起的變動，包括其變數和不確定的誠信。

根據我一直在使用的對佈道的定義，這個機構在實行第一種和第二種祭司式佈道工作，而他們的工作所表現出來的誠信和想像力，最初帶來第一種的先知式佈道工作，其後也帶來第二種先知式佈道工作。當有人向他們提出具吸引力的君王式佈道工作時，決定性的一刻來臨了：他們發覺，這種君王式的佈道所提供的保障，端在於基督以外的東西。這種發現，給他們澄清了機構的目的，並更新了其踐行；而這發現也顯示一件事，那就是在先知和祭司的事奉中，上帝已經給予祂的子民他們為祂作見證所需的一切。

教義問答

如果佈道說明了教會在聖靈的能力中尋找迷羊的無數方式，教義問答(catechesis)則指稱教會欲將迷羊帶回家的無數路徑。而家表示敬拜上帝，成為祂的朋友，與祂同吃。

在教義問答這踐行中，教會學習品格(character)的重要性。品格，是本性(nature)遇到培育(nurture)之處，是用粗筆勾畫生命的恩賜/禮物遇到永恆生命慣用的那些精微的紀律之處，是世界的精力和挑戰，遇到福音的恩典和真理之處。教義問答是教會邀請聖靈形塑慕道者、並預備他們接受水禮的過程。那些慕道者是上帝賜給教會的恩賜/禮物，其部分原因，是他們會問一些更尖銳的問題，令教會的踐行受到最誠實的審視。「如果耶穌說：『你們不應該稱人為「父」』，為甚麼我們稱羅伯特神父(Fr Robert)為『父』(Father)?」「如果耶穌說：『我是你們的主，你們的夫子，尚且洗你們的腳，你們也當彼此洗腳。』為甚麼我們不這樣做?」「如果耶穌說：『你擺設午飯或晚飯，不要請你的朋友、弟兄、親屬和富足的鄰舍，恐怕他們也請你，你就得了報答。你擺設筵席，倒要請那貧窮的、殘廢的、瘸腿的、瞎眼的。』而為甚麼我們都只邀請朋友赴會?」

慕道者這一恩賜/禮物，從十四歲的馬克斯(Max)和二十四歲的喬(Joe)的故事可以看到。在馬克斯接受水禮的預備階段，喬獲委派作他的堅振指導(Confirmation Guide)，即作他的「導師」(mentor)(參 Hauerwas and Willimon 1989, 108～109)。

> 喬認真看待他堅振指導這個責任，他請馬克斯視他為「哥哥」，每當馬克斯想歇一歇時，便可以到他的家。
>
> 大約在堅振程序開始後三個星期，牧師接到喬的電話，他十分憤怒。「你要讓我指導另一個人。馬克斯和我是辦不到的。」
>
> 牧師感到很驚訝，於是查問原因。最初喬迴避問題。

後來他說：「唔，問題在昨天發生。馬克斯在沒有通知我的情況下來到我家。我女朋友當時在我家裏。唔，馬克斯將事情連繫起來，很明顯，我們剛上過牀。馬克斯衝口而出說道：『你兩人怎麼認為那是沒有問題的？我以為大家不應該有婚前性行為。』你能夠相信嗎？我說：那與他無關。然後馬克斯頂撞我。他說他和女朋友也在談論上牀的問題。他說：『如果你可以這樣做，我也可以。』」

牧師問：「你怎樣回應他？」

「我告訴他：那關他啥事，我這個年紀幹這種事，和十四歲，還未預備好的人幹這種事，有很大分別。」

「馬克斯說甚麼？」

「馬克斯說：『我和你一樣，同樣預備好！』你能夠相信這小子嗎？」他喊著說。

這個故事顯示，成年人和孩子——以不同的方式——都是典型的慕道者（archetypal catechumens）。孩子是典型的慕道者，因為好像馬克斯一樣，孩子是一團未經形塑的衝動、技巧、意念和慾望，而教義問答的角色，正要模塑這些恩賜/禮物，使其成為基督身體的肢體，並訓練、教育、形塑、管教、鼓勵、啟發和陶造，讓孩子可以在門徒的身分中成長。相反，成年人也是典型的慕道者，因為好像喬一樣，成年人已經有其偏好和業已發展的性情，這形成了習慣、建立了關係、反映了生命——就好像雅各為了名分而花在與上帝天使摔跤的那種生命一樣——的不完全和墮落的本質。因此，對成年人來說，教義問答的角色是帶領慕道者悔改，承認謊言和欺騙，承認這些謊言和欺騙被收藏在一個希望將上帝抹去的故事之中；這不單帶來形塑（formation），也要帶來轉化（transformation）；不是帶來生命，而是帶來新生命；不是帶來培育，而是帶來死亡和復活。因此，在教義問答中，孩子和成年人是彼此的恩賜/禮物，因為他們一起代表了對形塑之堅持和轉化的必須，而這兩者構成了基督徒的品格。

教會適當地強調教義問答，對基督教倫理學有兩個牽涉甚廣的含義：這把教會對「關鍵時刻」(key moment)——即倫理學上「何時」(when)的問題——的看法改變過來。此外，這也大大影響教會怎樣理解生命中的重要向度，例如，婚姻。

教會如何理解基督教倫理學上「何時」這個問題，於此，教義問答是十分重要的。形塑慕道者的其中一個主要部分，是幫助他們發現，在上帝的故事中，他們究竟在哪裏。他們活在歷史的中心時刻(central moment)——基督的死亡和復活——之後，而基督的死亡和復活則在創造、墮落和以色列蒙呼召後出現。但慕道者同時活在歷史的最後時刻(final moment)——即地完全被天所擁抱、整個大地被轉化為聖餐禮——之前。慕道者要學習認識到，自己是活在最重要的事件之後，但也是活在最後的事件之前：終末會對所有忠於基督的人予以肯定和嘉許，並會成全和轉化所有未成全或不忠心的。因此，基督教倫理學的「何時」的第一個向度是：基督教倫理學發生在復活和終末之間。

基督教倫理學的「何時」的第二個向度是：講述一個較小的故事，而這個小故事能妥貼地放進這個更大的故事中。那個較小的故事就好像一棵樹，它的樹幹或橫切面，通常表現為倫理學上的「兩難窘境」或「情境」("dilemma" or "situation")。所謂兩難窘境，就好像一棵樹的樹幹和樹枝，伸展得又高又遠，樹根長得又深又廣。如果福音那更大的故事是世界的話，那較小的故事便是那棵樹。無論是那更大的世界或那棵較小的樹，均形構成比樹幹或情境更為廣闊的脈絡的向度。事實上，所有情境都是以一個故事為前設的：那是關於主要角色先後來自哪裏，他們應該去哪裏，而這交接衝突的一刻，又在哪裏可配合那些敍事的其他重要時刻。如果基督教倫理學的第一個「何時」，將注意力吸引到歷史中的關鍵事件(key event)，而所有其他事件則根據這關鍵事件而找到它們的意義，那麼，第二個「何時」就是嘗試講述一融貫的故事(coherent story)，至少，這可以恢復一種「樹」的感覺，而兩難窘境則會把它理解為一使人困惑的「樹幹」的。同樣，在教義問答中，慕道者學習以一種全新的理解，即對自身的關鍵時刻的全新理解，來重新敍述(renarrate)自己的生命；只是，現在不再是根據成功和失敗、憂愁和快樂來看自己的生命，而是根據他們所發現的，即甚麼是歷史中的關鍵時刻，來看生命。

基督教倫理學的「何時」的第三個向度，是最明確地與教義問答連繫起來的一個向度。一旦第二個向度變得清晰，而「兩難窘境」又被置於一個擴展了的敍事之中，無可避免地，有一件事會變得清楚：那兩難窘境，其實只源於所涉及的參與者，業已把所涉及的事情視為「理所當然」的。事實上，在傳統的兩難窘境中，不同原則出現衝突(應否關掉維持生命的機器、墮胎、在有機會時殺死希特勒〔Adolf Hitler〕等)，實為敍事的衝突，或者是關於怎樣講述那故事的論爭。因此，最重要的「何時」，即倫理學中的關鍵時刻(vital moment)，最終並不是那種感到兩難窘境的時刻，即無法估計的各種力量間的較勁，而應走得更遠。重要的時刻其實是這樣的一段時期，那就是所涉及的參與者，學習應該視甚麼事為「理所當然」的那段時期，事實上，那是學習怎樣講述故事的時期，而這也正是品格形塑的時期，即教會稱為「教義問答」的那段時期。

教義問答澄清倫理學，倫理學也澄清教義問答。教義問答是基督教倫理學這三個向度匯聚在一起的地方。教義問答是一個過程，藉此，基督徒的品格得到形塑和轉化，根據福音的故事(第一個向度)，學習重新敍述自己的故事(第二個向度)，從而學習視正確的事情為理所當然（第三個向度）。這是他們發現作門徒、基督身體的肢體、上帝的同伴，究竟是甚麼意思的方法。在教義問答中，慕道者學習實踐教會的踐行，即體現福音故事的踐行。因此，學習和實踐這些踐行——教義問答的核心——是基督教倫理學的核心。

教義問答不單找出基督教倫理學的關鍵時刻：它對教會怎樣理解好些「議題」也有重要影響。婚姻正是這樣的一個議題。對婚姻的神學理解，將基督教倫理學的焦點，轉到教義問答的踐行（the practices of catechesis）身上。

一位基督徒教育家，在本地一間學校與二十六個八歲的孩子坐了一小時。他說：「婚姻關乎三件事。它是關乎有力量的、害怕的感覺，那比你巨大，就好像一個浪潮一樣。它是關乎一個人對另一個人說：『只要我活著，你便不需要孤軍作戰。』它也關乎有否一個安全的地方養育你的孩子。」他檢查一下，以確定他們知道這三件事是甚麼意思。他們都知道一種「強烈的感覺」是怎樣的——大部分人都對毒品有很多認識。他們對孤單也有認識——很多人都經驗過因父母晚上外出而被關在家裏。但「安全感」的問題卻困難得多。有六個孩子不能說出一個令他們感到安全的地方。那一節課以投票來結束。「婚姻最重要的部分，是哪一個？感覺，永不孤單，還是安全的地方？」一個孩子說是感覺。九個孩子說：「只要我活著，你便不需要孤軍作戰。」十六個孩子說：婚姻中最重要的事情，是有一安全的地方養育子女。那教育家離開時感到，這些八歲的孩子對婚姻的認識，比他認識得更多。

他們顯示出來的是：婚姻最重要的目的，是保護社會中最脆弱的人。那很大程度上代表你的孩子，雖然它也愈來愈代表年老體弱的父母。這種講法，與我們說婚姻的目的是**要有**（having）小孩子是不同的；這種講法是在宣稱：婚姻的基本目的是**保護**（protection）小孩子。這個宣稱是建基於一點，那就是視教義問答為基督教倫理學的核心。如果教義問答是那麼重要的話，那麼，明白一個人的品格形塑有多大程度是在家裏進行，也是重要的。這個觀念視婚姻的主要目的為對孩子進行教義問答。今天，這是罕見的論點。人們通常假設婚姻的核心，是一種有質素的關係。婚姻是關於情愛的，或者至少是關於同伴關係的（companionship）。但這正是婚姻的不穩定性的基礎。關係的質素可以轉瞬即逝：有時，一個伴侶可能會感到自己與別人而不是伴侶的關係的質素更佳。但孩子不會轉瞬即逝。他們一旦出生，通常都會逗留一段很長的時間。而孩子的真正身分（true identity）是在水禮中發現的。父母的主要角色，是按教義問答形塑生命的力量和水禮的轉化作用，形塑孩子的品格。

在教會裏所有關於婚姻的爭論中——性應否限制在婚姻內、婚姻有時能否以離婚作結束、同性別的人能否結婚等——辯論的各方都經常援引新約聖經以支持他們的觀點。但整部新約都對一對一的關係和核心家庭的重要性提出批評。耶穌說：「人到我這裏來，若不恨我勝過恨自己的父母、妻子、兒女……就不能作我的門徒。」（路十四 26）保羅說，不結婚比較好，但結婚又比慾火攻心好。若與這些命令作對比，那麼當代著迷於透過性關係而得到個人滿足，便似乎是頗為晚近的發明。新約聖經對甚麼才能形構聖潔的生命，有一整套命令——締造和平、憐憫、愛仇敵、探望窮人和囚犯、忠心、饒恕傷害你的人、預期要忍受貧窮、飢餓、被憎恨和哀傷。除了這些命令外，保羅還有一種確信，那就是重要的身體不是個人的身體，而是基督的身體；而他指出，那正是教會。因此，或許有關婚姻問題的關鍵，不再是直接處理婚姻的主要目的，而是探問教會成員間的哪些關係，最能令教會公正地行事、喜愛憐憫和謙卑地與它的上帝同行？有疑問的關係，又能否讓教會在服事飢餓者、飢渴者、無家者和陌生人，並與他們同在之中，建立其自己？或許，教會不應該嘗試回到婚姻忠誠和快樂家庭的理想年頭，而應該將目光和心思，放在將來的社羣，那是對外人慷慨、對被逐的人予以接待的社羣：這個社羣與耶穌的事奉十分相似。這樣的委身，會帶領每一個人——不單是有爭議性的社羣——悔改、更新，以及轉化一連串的社羣關係。

因此，每一個議題，如果被視為是關乎品格而不是決定（decision）的話，將變成教會得以轉化的潛在資源，即將教會的注意力轉回一個重點之上，那就是教會究竟視甚麼為理所當然；而對其自身的形塑來說，教會究竟視甚麼為必須的。這些都是教義問答的問題。因此，教義問答對理解基督教倫理學是十分重要的。

5
併合
Incorporating

於此，我將會看看水禮轉化能力的三方面：第一方面是「對審判的預期」(anticipation of judgement)，在其中，人與上帝面對面，那是再「沒有任何託辭」的一刻(without one plea)，我會稱之為一種「脫去」(stripping)；第二方面是「轉化的一刻本身」，我會稱之為一種「清洗」(washing)；最後一方面是「轉化後的踐行」，在其中，一個人的新身分(new identity)將成為其特徵，我會稱之為「穿上」(clothing)。

脫去

由於水禮是對一新的身分——一新的創造〔新造的人〕——的確立，因此，水禮是始於一個過程，即對舊身分(old identity)這一真實之確立的過程。那舊身分原是美好的，但已墮落了；是受造的，但命定要死亡。因此，接受水禮的人，是脫去了所有已墮落和命定要死亡的東西。這脫去也有三方面：身體(body)、心思（mind）和靈（spirit）的脱去。我會按倒序的方式一一考量它們。

在一羣地方會眾中，一位居住在社區的女士接觸教區牧師，想他替她三個女兒施洗。牧師花了好些時間與這家人相處，一起研習舊約故事的模樣，看它怎樣在很大程度上於耶穌的事奉中重複；但那裏也有一獨特的分別：那位在出埃及記解救自己子民的上帝，卻容許祂的子民被擄，也容許祂的兒子上十字架；但上帝如今卻在復活和差遣祂的聖靈之中，作出決定性的行動。這位母親和她的女兒，把握了這次機會，看看聖經故事和她們自己的故事之間，有何相似之處，她們開始根據她們的發現，重新敘述自己的故事。最終教區牧師問那位母親：為甚麼她想女兒接受一件她本人不打算接受的事。她說她認為自己有一天會踏出這一步，但不是今天。兩年後，她再來找教區牧師，問他可不可以為她一位朋友的孩子施洗。水禮預備班再次在她家裏舉行。在預備班上，她對教區牧師說：「你今次可不可以也為我施洗？」他驚訝地問：「你介意我問問你，這和兩年前有甚麼不同嗎？」她說：「有一個人是我不能原諒的。」牧師問：「甚麼改變了？」她鬆了一口氣說：「他已經死了。」

這就是脱去所涉及的屬靈層面。故事中的女士知道，如果她要來到上帝面前尋求赦免，她需要預備饒恕別人。雖然她仍然感到害怕，但她知道自己不能饒恕。預備接受水禮的人來到轉化的一刻（the moment of transformation），這就好像他們將有一天會來到死亡的一刻那樣：是時候將罪留在後面，承認他們的熱望和慾望給扭曲了，以及承認他們心懷未經醫治的怨恨和無休止的自憐。這是傳統驅魔（exorcism）的時刻。那是教會的生活中最能闡明邪惡為何物的時候。邪惡就只是阻止預備接受水禮的人轉化的出現，這轉化是在基督的出生、事奉、死亡和復活中實現並在水禮中體現出來的；這一切是要窒礙往後將要出現的更新了的生命的踐行。邪惡以對過去虛假的驕傲、對將來沒有根據的恐懼，以及對現在缺乏信任這幾種方式，來呈現其自身。邪惡視那水為有毒的，因為邪惡使其接觸到的一切，都變為有毒的；邪惡對一切應許都投以懷疑的眼光，因為邪惡破壞了其所進入的每一個領域的根基；邪惡視上帝的擁抱為一種窒礙，因為邪惡不懂珍愛，只會破壞。

面對水禮的水，預備接受水禮的人會發現，邪惡的虛假心靈（false heart and soul）轉化成偏狹的敘事的虛假心思（false mind）的方式。因此，第二種脱去，是心思上的脱去。關於這種心思之裸現（mental nakedness；「裸現」或譯「裸露」、「赤裸」），出埃及的敘事給我們提供一個很有用的範式（paradigm）。接受水禮的人來到水禮的水中，好像以色列人來到紅海。來到紅海，他們首先需要承認，**他們的生命為奴役所捆綁**。其次，他們需要承認，倘若他們的情況繼續下去，那將是沒有盼望的：那擔子是不能忍受的，而惟一的結果，就是死亡。因此，他們需要**決定離開**埃及和離開這種奴役。第三，他們需要承認，上帝為他們預備了命途，那就是上帝要令他們比以前任何時候都更加興盛；而**他們惟一的將來，是在祂的手中**。最後，面對前面那嚇人的水，以及面對後面的奴役和死亡那些狂怒的戰車，他們卻因著逾越節的事件而得到力量，在其中，上帝的計劃開始顯明，他們需要相信，**只有上帝有能力帶他們橫越前面的大海**，並將他們的境況，由奴役和死亡，轉化為解放和重生——即從宿命到命途（from fate to destiny）。

這是信經（Creed）和見證（testimony）所擔當的角色，這是福音宣講應許和實現所擔當的角色，這是宣告和應許所擔當的角色。在見證中，接受水禮的人承認奴役和朝向死亡——那或許需要一些時間才能看出它們的真面目——而他們無力挽救；他們發現上帝在他們生命中工作，為他們預備了超乎他們想像的恩賜／禮物；他們更加確信上帝已顯明的記號，也更信任因信仰而遇到的新同伴。見證的另一半是信經，因為信經說出了我們對無數見證之確信，並給我們提供了一連串井然有序的宣告，而教會透過這些宣告，肯定救贖的主與創造的上帝原為一，而使人得著能力的聖靈也與地上的耶穌為一。福音和信經均肯定這不單是個人的經驗，而是上帝對整個世界的目的的一個例示：在創世記中，定意將眾水分開、露出乾地的那位，與在出埃及記中，定意將紅海分開、露出乾地的，是同一位上帝——創造和拯救都是一體的；殺人的法老和無情的海浪及遠方不知名的土地，全都在上帝的掌管之下，祂那不放棄的命途，是為了祂的子民敬拜祂、成為祂的朋友、與祂同吃。

在一羣會眾中，一個成年人參加了崇拜多年卻仍未接受水禮，最後她終於接受水禮了。最終，她感到可以談論她為甚麼一直都沒有接受水禮。她解釋說：她知道基督教對門徒的約束及要求十分嚴格，她懷疑自己的性格能否符合這些要求。她接受水禮那天，當天的經文是頒布十誡。會眾分成各種年紀的小組，每個小組都編寫第十一誡，那是來自小組的集體智慧的。到了給接受水禮的人這第十一條誡命時，每一組均派代表走到讀經台，讀出他們編寫的誡命，然後走到接受水禮的人面前，將誡命交給她，並以一吻將那禮物封好。每一組都說那誡命是恩賜/禮物而不是重擔，而上帝對她的期望，比這多得多，但祂會將她所需的一切給予她，她在路上會有支持者和其他門徒圍繞她。

這帶來第三種脱去，那就是身體的脱去。水禮的裸現（the nakedness of Baptism）是一種相遇，那是與上帝在基督裏的裸現相遇——上帝在伯利恆出生時裸現了自身，祂在加略山死亡時裸現了自身。今天，這種赤裸可能令人想起奧林匹克運動會（Olympiad）和健身會那凸現的肌肉、戲院中的慾望場面和出神狀態、療養院中的衰弱和需要。衣服不單提供溫暖，也提供口袋，即存放生活必需品的地方，那是一獨立的標記：錢囊、記事簿、鑰匙、手帕、化粧品、避孕藥、手提電話。在馬槽和十字架上，基督沒有衣服帶來的舒適、沒有獨立生活的那些必需品。在脫去衣服預備接受水禮時，接受水禮的人與上帝面對面，與自身脆弱的赤裸面對面，並意會到我們對自身所說、關乎我們的身體的所有謊言。他沒有衣服，不能夠令自己比自己的本相更好看一點。他沒有口袋，不能儲存祕密或必需品。而且他散發著難聞的氣味。

如果靈的脫去，是面對審判和上帝的憐憫；心思的脫去，是誠實面對奴役以及上帝解救的目的；那麼，身體的脫去，便是面對死亡和上帝的能力了。將身體交予水禮，無論是交出自己，還是自己的兒子或女兒的身體，都是深刻地預期死亡。那是一個故事的結束，結束一個人以往時一樣的方式談論「我的」身體，或者甚至是「我的」孩子；因為，從今以後，最重要的身體將是基督的身體。那也是一個身分的結束——這一個身分是單透過個人自身的努力而得到的；那也是另一個身分的界定性時刻（defining moment）——這一個身分是恩典透過水禮所賜給的。那身體不再以美麗、力量、年紀或健康為特點，從今以後，重要的是，它是基督身體的肢體，而基督的身體總是年青的，但卻走上十字架的道路；基督的身體總是復活的，但卻在服事中傾倒。這是模塑所有關於死亡的神學思考的死亡；這是模塑所有關於新生命的神學思考的新生命。在水禮的禮儀的這一刻，接受水禮的人的額頭往往被畫上十字架的記號，那是新身分的象徵和媒介。

於水禮時，當身體的層面被脫去後，基督徒對死亡的看法不再一樣。水禮時身體的脫去，因而也成為對九一一事件的神學回應的核心。一方面，進行自殺式襲擊的機師在那天所以有能力（power），正在於他們不怕死。面對那些擁抱一種完全不以死亡作結局的敍事的人，美國的防衛力和想像力是無力的（powerless）。透過水禮，從死亡的恐懼中生出的基督徒，因而得著了超凡的能力。但在九一一事件中進行自殺式襲擊的人，是對水禮的可怕戲仿（parody）。因為，基督徒在水禮中主動面對死亡——正如亞伯拉罕和以撒那樣——得以有分於基督的犧牲所帶來的賜福，以及有分於上帝在基督裏使世界與祂和好的方式，因而亦變成祝福以及與別人和好的行動，宣告生命的恩賜/禮物。但在九一一事件中進行自殺式襲擊的人，卻沒有做到所有這些事情；相反，他們獻上不能除罪的祭，扭曲了上帝使世界與祂和好的方式，帶來衝突、哀傷和恐懼，而不是帶來祝福及復和。九一一事件是十分複雜的，但從水禮的角度看，九一一事件卻是為甚麼自殺是錯的巨型展示。

同樣，關於墮胎，水禮作為踐行也別具含義，而教會藉此明白生與死之巧妙語言（subtle language of life and death）。問題的關鍵，不能端乎兩個獨特的獨立個體之間——無論是母親還是胎兒——誰的權利較大和誰該更受關注：因為，若從水禮的角度思考，這裏沒有獨特的獨立個體，這裏只有一個有很多肢體的身體。

> 身子原不是一個肢體，乃是許多肢體。設若腳說：「我不是手，所以不屬乎身子；」它不能因此就不屬乎身子……眼不能對手說：「我用不著你；」頭也不能對腳說：「我用不著你。」不但如此，身上肢體人以為軟弱的，更是不可少的……但上帝配搭這身子，把加倍的體面給那有缺欠的肢體，免得身上分門別類，總要肢體彼此相顧。若一個肢體受苦，所有的肢體就一同受苦；若一個肢體得榮耀，所有的肢體就一同快樂。你們就是基督的身子，並且各自作肢體。（林前十二 14～27，節錄）

墮胎引起的悲劇，不單是每年終止懷孕的數目，以及以這種方式結束懷孕所佔的比例有多少，而是一貫地將母親孤立起來——作為道德的個體——不將她併合到一個能給她支持的羣體。於墮胎中，受傷最深的人，往往是進行墮胎的女性。如果女性因孩子出生而帶來的財政或物質負擔而選擇墮胎，或者因為害怕有了孩子後，會破壞她們一向倚賴的關係，因而選擇墮胎，那麼，他們面對這些需要時，教會必須不斷擴展當事人的想像力：藉著提出不同方法，給他們提供援助，以及提供一種信任的關係，幫助他們渡過這困難的時刻。「教會作為由蒙釋放者組成的社羣，因而也是『必須的範式』，可以在我們的社羣關係中，提供一些『富想像力的可能性』（immaginative possibility），而那是原本被視為不可能的」（Hauerwas 1986, 76）。

在一間地方教會中，有一個十三歲的女孩子，她開始和一個二十歲的男子約會。她的父母不同意，也感到害怕。她不再參加教會的青少年小組。她的行為改變了。在剛過了十四歲生日後，她告訴父母自己懷了孕。她的父母很沮喪，向一些朋友徵詢意見，又找教區牧師尋求安慰和建議。他們可以圖使女孩墮胎，透過法庭追究那男子與未成年少女發生性行為。他們可以、也很想這樣做——但卻沒有這樣做。他們沒有這樣做，因為他們在教會的朋友向他們保證，他們會協助照顧嬰孩——因為每個人都知道這照顧的責任，將會落在身為外祖父母的他們身上；更殘忍的是，如果他們迫這個女孩子採取那樣的行動，一年後，他們毫無疑問將會再度陷入同樣的困境。那女孩的父母進退維谷。但他們知道決定性的一步已經踏出了：他們與朋友分擔了自己的哀傷。那不再是孤立個體的私人哀傷，這已經變成羣體形塑的和好實在（community-forming reconciling reality），這羣體形塑的和好實在是在地方教會中出現的。女孩看見發生了甚麼事後，對教會的態度也改變了。結果，沒有人擲出第一塊石頭。那女孩現在成了母親，她帶嬰孩到教會接受水禮時，會眾中的每個人都歡迎她。他們知道自己也曾經犯錯。那嬰孩有一大羣教父母。

清洗

接受水禮前的三重脫去，帶來三重清洗（threefold washing）。這不單是指在三一中的三重灑水（「我奉聖父、聖子和聖靈的名為你施洗」）。這表示水禮本身有三種清洗在進行，對應三種脫去。（重要的是，在開始時要指出，這三重清洗不是三個完全區分的行動，而是對水禮這一行動三重平行的理解。）

第一種清洗，對應身體的脫去，那是新生的清洗（the washing of new birth）。「若有人在基督裏，他就是新造的人，舊事已過，都變成新的了」（林後五 17）。「我實實在在地告訴你，人若不是從水和聖靈生的，就不能進上帝的國」（約三 5）。這對教會生活的含義是：將人類生命中的關鍵時刻，從出生重置於水禮。教會藉著歸信和水禮而不是婚姻和出生而成長。因此，單身（singleness）仍然是據以判斷所有其他的聖召的標準。同樣，使家庭更健康更強壯，也不是教會的目的——教會更健康更強壯，倒是家庭的目的。能夠決定生命的祕密，主要不是來自童年那些早期的神祕經驗——這些神祕經驗，只能夠在治療師的椅子上發現；模塑生命的奧祕是：上帝甚麼都不決定，除了成為在耶穌裏為我們的上帝，以及在祂的十字架和復活中，轉化實在。新生，並不是發現（或者校正）將會出現在嬰孩身上的那些預先知悉的模式（這有時可能是有幫助的），而是被寫進基督的死亡和復活的樣式之中的。

> 豈不知我們這受洗歸入基督耶穌的人是受洗歸入他的死嗎？所以，我們藉著洗禮歸入死，和他一同埋葬，原是叫我們一舉一動有新生的樣式，像基督藉著父的榮耀從死裏

> 復活一樣。我們若在他死的形狀上與他聯合，也要在他復活的形狀上與他聯合；因為知道我們的舊人和他同釘十字架，使罪身滅絕，叫我們不再作罪的奴僕；因為已死的人是脫離了罪。我們若是與基督同死，就信必與他同活，因為知道基督既從死裏復活，就不再死，死也不再作他的主了。他死是向罪死了，只有一次；他活是向上帝活著。這樣，你們向罪也當看自己是死的；向上帝在基督耶穌裏，卻當看自己是活的。（羅六 3～11）

在其他地方，我們清楚看到，這新生不單是關乎個人的事，而是在此前那猶太人和外邦人的敵對中，創造出一新的實在（new reality）。

> 因他使我們和睦，將兩下合而為一，拆毀了中間隔斷的牆；而且以自己的身體廢掉冤仇，就是那記在律法上的規條，為要將兩下藉著自己造成一個新人，如此便成就了和睦。既在十字架上滅了冤仇，便藉這十字架使兩下歸為一體，與上帝和好了。（弗二 14～16）

因此，水禮基本上是在演示（enactment）死亡和復活。水禮包含死亡，而它的果子是復活、新生。正如在水禮體現的死亡模塑教會對自殺的理解一樣，水禮也可以描述基督徒對安樂死（euthanasia）的回應。這種要求安樂死的理據，有幾個來源：對自己身體的權利；在痛楚那使人孤單難耐的巨大力量中，生命無法再支持下去；否認受苦具有道德品質；對地獄的恐懼消失。但教會在這一刻的回應，卻植根於水禮的禮儀：「這不再是你的身體——這身體現在是基督的身體的一部分，不能任由你處置；你受苦中的堅忍，可能比任何數目的金錢遺產和旗艦建築傑作，都更能夠建立教會；你面前的死亡不及你在水禮中已經有過的死亡重要；在水禮中你接受了基督的身體作為『一羣同伴的同伴』(a company of companions)，這羣同伴要竭力令你可以支撐下去，並讓你正在閉上眼睛前緊握著十字架。」

當然，不殺人，並不表示在生命的熱誠都業已失去時，仍然盡一切努力生存下去：這種努力可能只是源自對死亡的恐懼——在這樣的情況下，水禮的禮儀宣告死亡被克服，以及宣告泰然面對死亡的信心；但這和安樂死不同。面對安樂死，水禮宣告生命的賜予是祝福，不單是給個人的，也是給整個身體的，即更大的信仰羣體，聖徒的團契。需要忍受苦難，不是因為它令人尊貴——因為事實往往不是這樣；也不是因為它是公平的懲罰——因為我們找不到任何模式，可以確當地解釋到為甚麼一些人所受的苦，比其他人所受的要多。需要忍受苦難，是因為這種忍受在宣告：生命不是擁有、而是恩賜/禮物；而和很多其他恩賜/禮物一樣，這種生命的恩賜/禮物，需要一羣朋友、一羣專於照顧者、一羣一同受苦的人和一羣意料之外的陌生人(例如，兒童)的支持和鼓勵，才能夠學習怎樣最好地接受這恩賜/禮物。基本上，肉體所受的深刻苦難，更深刻地是關乎同伴而不是藥物的問題；尋求醫學的「解決方法」而沒有好好處理「關係」這個問題，往往才是真正的問題。

第二種清洗和脱去，與心思有關，是一個潔淨(cleansing)的行動。「不要效法這個世界，只要心意更新而變化，叫你們察驗何為上帝的善良、純全、可喜悅的旨意」(羅十二2)。這是關於想像力的轉化。關於接受水禮潔淨的人的想像力，沒有角色比教父母的角色更重要。在一羣會眾中，有一對孿生孩子接受水禮，講員——也就是那對孿生孩子的教父——用以下的話告訴其他教父母。他強調教父母的角色的核心是：確保孩子心思意念的更新是深印在他們正在成長的想像力中：

我們在一個寶貴和神聖的時刻聚集在一起。我們很快便會重演耶穌的事奉的第一個公開時刻。正如我們相信，我們重演耶穌與門徒的最後晚餐時，上帝特別與我們同在；我們也相信，我們重演祂在約但河的水禮時，上帝也特別與我們同在。在水禮時發生的事是：上帝將一首歌放在你心裏。但十分重要的是，要有其他人在場——因為我們很容易忘記那曲調，特別是當你不足四個月大時。因此，你有教父母。教父母要好好學習那首歌，可以在你忘記它時，唱給你聽(Bausch 1991, 171～172)。因此，教父母，要十分留心聽這首歌，我們要靠你們了。

那首歌是甚麼？唔，耶穌水禮的故事向我們顯示那首歌是甚麼。故事中有三件事情發生。天開了；聖靈好像鴿子降下來；有聲音說「這是我的愛子」。每件事情都有重大的含義。

那首歌的開始是這樣的：**天為你敞開**（“heaven is open to you”：參 Bruner 1987, 83～94）。看看耶穌的故事中有甚麼事情發生：福音書開始時天裂開了，結束時聖殿的幔子裂開了。你與上帝之間的幔子已經裂開了。天為你敞開。上帝為你生命設定的目的，是沒有限制的：那是永恆的目的。

你可能會發現，在你選擇職業時，你的教父母偷偷走到你面；他們可能說：「不要找掩護，單單做你父母做過的事，或者你父母想你做的事：**天會為你敞開**。天空不是限制：根本就沒有限制。」如果你面對嚴重疾病，甚至死亡，你的教父母知道你心裏的歌，他們可能會說：「天使正在等候你，他們知道你的名字：天會為你敞開。死亡是一道門，通往敞開的天國。」

那首歌的第二行是這樣的：**上帝的靈在你裏面**。記得洪水結束時，鴿子帶新生的嫩枝回去給挪亞嗎？在這裏，鴿子降在耶穌身上，帶來聖靈的恩賜/禮物。你現在是上帝聖靈的殿。你是其他人會遇到上帝的地方。上帝的靈在你裏面。

在你的生命中，如果有時感到孤單，四周充滿敵意，你可能聽到教父母温柔地哼著一個曲調：「你可能感到被邪惡圍繞，但你仍然可以敬拜，因為上帝的靈在你裏面。」或者當你十分成功的時候，你可能聽到一首嚴厲的歌：「上帝的靈在你裏面——可能每個人都崇拜你，但不要忘記你敬拜的是誰。」你有時可能會對你的教父母感到不滿，但他們可能會在你心裏唱那首歌，提醒你記起你的水禮。

因此，天會為你敞開；上帝的靈在你裏面。最後，水禮的歌第三行是：**你是上帝的一切**。上帝的話是「這是我的愛子」。這些話表示「耶穌是上帝的一切，上帝給予耶穌的一切，祂也都給予我們」。你是上帝的一切。

你在生命中可能有時會深深感到自己充滿罪污。那時你應該聽到你的教父母說：「你是上帝的一切。你仍然是，無論你做了甚麼，無論你感到自己多麼不配。」你可能會離開教會，因為你渴望親密和熱情時，上帝卻似乎很遙遠和模糊得難以捉摸。那時，你可能聽到你的教父母含著眼淚唱：「你是上帝的一切。要記得你的歌。」

因此，這就是水禮：上帝將一首歌放在你心裏。因此，你教父母的角色是好好學習這首歌，以致在你忘記那

> 首歌是怎樣時，將它唱給你聽。而那首歌是這樣的：「天會為你敞開；上帝的靈在你裏面；你是上帝的一切。」這是令你的心歌唱的歌。這首歌是甚麼意思？我會告訴你。你是上帝心裏的歌，祂永遠不會忘記你的境況。

第三種清洗，與靈的脱去有關：這完全不是清洗——它是淹沒（drowning）。這是沒有復活的死。這清洗的來源是創世記六至八章的洪水；這清洗的典範是出埃及記十四至十五章淹死追殺奴隸的埃及人；這清洗的暗示性象徵是馬可福音五章（以及路加福音八章）驅趕羣鬼後豬羣淹死了。這個淹沒的行動，預示上帝對邪惡的永恆旨意。上帝在基督裏願意為祂的創造受苦，這是在聖餐禮中體現出來的；而上帝決意消滅邪惡，則基本上在水禮禮儀的這一刻表達出來。這或許也是獨特的一刻，因為上帝在這裏的作為，主要不是藉勸説、藉傾出祂自己的生命或者藉緩慢的轉化而施行；也主要不是藉重新收納失喪的，或者藉愚拙的敍事得勝來施行。在這裏，獨特地，祂藉著消滅邪惡來施行祂的作為。

這裏對基督教傳統的三種扭曲提出警告。第一種是二元論式的扭曲（dualist perversion），即主張身體在水禮中被淹沒，因為身體是邪惡的。但事實上身體不是被淹沒，被淹沒的是罪。「羣」的故事是身體怎樣得到復原（restored）的故事。那人的身體在黑暗力量的控制下。在福音書的記述中，「羣」這個名字代表羅馬怎樣統治以色列的土地，而豬顯示羅馬軍隊所吃的食物（因為猶太人不吃豬肉）。魔鬼侵擾「羣」的方式，就好像羅馬侵擾以色列的土地那樣——好像罪侵擾身體一樣。「羣」好像子民一樣，可以對抗壓迫他們的人，但卻發覺鐐銬變得更緊；「羣」也可以屈從壓迫，喪失自己的身分。他們實在需要外來的幫助。正如我們在第二章看到的，格拉森的經濟是眾為了一（many-for-one），而耶路撒冷的經濟是一為了眾（one-for-many）。這是水禮和十字架的悖論式連繫。但對羣和接受水禮的人來說，被淹沒的不是他們的身體，而是侵擾他們的一切。這是關於原來的美好和身體的復原的故事和踐行；這是如此的一個故事和踐行：需要外來的力量——上帝，以淹沒罪和拯救祂子民。

第二種扭曲是對救贖的一種取向，這種取向忽略了上帝對罪和邪惡的憤怒和憎恨。邪惡本身是荒謬的。實在沒有辦法可以解釋，為甚麼受造界有任何力量可以拒絕上帝的邀請，也就是敬拜祂、成為祂的朋友、與祂同吃的邀請。上帝的憤怒是祂的愛的反面：祂要所有創造與祂建立關係的旨意是那麼強烈，以致沒有東西可以永遠抗拒這旨意。水禮是象徵進入那關係的一刻，而邪惡正是竭力要減弱、阻礙或削弱那關係。因此，水禮的淹沒這一踐行，使教會能繼續認識到一件事：上帝對罪和邪惡的敵對是如此激烈，以及祂定意除去一切反抗的力量，也就是令創造受制於它的宿命、而不是走向它的命途的一切力量。

第三種扭曲是視罪和邪惡這力量，主要由人的努力而使之被淹沒。這是「公義之戰」（just war）這個問題的核心——這不單是可悲的估算，認為戰爭是必然的，而且在某些情況下，更是不能避免的；這亦會帶出一種大團圓的想望，以為藉此可以實現美好，公義可以得勝；再加上一種浪漫化、理想化的感覺，以為滿足了上述的條件，那就是跟從上帝的旨意。可是，另一方面，和平主義者可以指出，當面對真正的敵人——即危害我們的拯救的人，危害我們敬拜上帝、成為祂的朋友、與祂同吃的能力的人——能以消滅他們的，是上帝的作為，而不是我們的作為。在水禮中能淹沒罪和邪惡的，不是人的作為，而是上帝的作為，是伴隨著在水中清洗而施行的作為。因此，水禮式的戰爭觀可以承載的觀點包括：身體上的（physcial）觀點，即我們已經與基督同死，所以，入侵者帶來的死亡不是最應該害怕的事情；心思上的觀點（the mental view）：教會的角色，即要持續作教父母，運用修辭、勸説和祭司式的行動模式及先知式的行動，進行説服、顛覆、誘導，最後使入侵者歸信；最後，就是靈上的（spiritual）觀點，即正是那位上帝打了那場基礎性的仗，而基督徒的生命，是由相信基督得勝而不是我們自身的努力而構成的。

穿上

脱去和清洗後便是穿上。在水禮的禮儀中，這可能包括接受一枝蠟燭、披上合適的袍子、受膏承擔事奉，以及代求、歡迎和差遣。這一切，都鞏固那在清洗中所成就的轉化。穿上對教會的含義是：在這裏，教會演練（reherase）基督的身體的三個向度——耶穌、教會和聖餐禮。

會眾透過穿上這個行動，演練他們對耶穌的理解。「總要披戴主耶穌基督，不要為肉體安排去放縱私慾。」（羅十三 14）

> 不要彼此説謊；因你們已經脱去舊人和舊人的行為，穿上了新人。這新人在知識上漸漸更新，正如造他主的形象。在此並不分希利尼人、猶太人，受割禮的、未受割禮的，化外人、西古提人，為奴的、自主的，惟有基督是包括一切，又住在各人之內。所以，你們既是上帝的選民，聖潔蒙愛的人，就要存憐憫、恩慈、謙虛、温柔、忍耐的心。倘若這人與那人有嫌隙，總要彼此包容，彼此饒恕；主怎樣饒恕你們，你們也要怎樣饒恕人。在這一切之外，要存著愛心，愛心就是聯絡全德的。又要叫基督的平安在你們心裏作主；你們也為此蒙召，歸為一體；且要存感謝的

心。(西三 9～15)

這也是教會界定德性的地方。因為當教會為新的信徒祈求時，正是祈求他們要得著這些質素。在一羣地方會眾中，一個嬰孩被帶去接受水禮——這個孩子在還未成胎以前，已經得到整個羣體的珍惜和代禱。那天的經文，是上文歌羅西書的那段經文。讀經後，所有聚集的人分成很多小組，大約每七個人一組，兒童和成年人一起。甚至那些經常干擾聚會的莽撞青年，也加入了這些小組。每組都得到一條有顏色的毛巾，他們在上面會寫上一種德性，那是他們祈求上帝賜給這個年幼的新信徒的德性。每個小組都有機會告訴別人他們選擇了甚麼。然後那些毛巾會被拿走，在「脫去」——即決定和許諾——時那些毛巾被縫在一起。那嬰孩赤條條在一個大酒杯中受浸，他從水中第三次出來時，大家以寫上會眾祈求的所有德行的那條大毛巾，包裹著他。

德性的倫理(ethic of virtue)，將基督教倫理由作痛苦決定的脆弱時刻(fragile moment)，轉為上帝持續之揀選的持久性：祂甚麼都不選擇，除了成為在基督裏為我們的上帝。它將倫理學的中心，由危機的一刻，轉到品格模塑的時期——因為這關乎如何使好人視正確的事情為理所當然；而不是關乎任何人只要運用正確的準則便可以作好的決定。水禮肯定了上帝的永恆決定是為我們。它是關乎上帝的決定，遠多於關乎慕道者的決定。接受水禮的人可能以為自己好像那個商人一樣，會變賣所有，去買一顆貴重的珍珠；但他們錯了，因為他們是珍珠——上帝才是那個商人。

水禮中的「穿上」，給我們提供了典範(paradigm)，也就是德性在基督徒生命中的角色的典範。新加坡的主教威爾遜(Leonard Wilson)這樣描述他在第二次世界大戰期間，被日軍扣押時的情況。這個故事完美地表明倫理主要是關乎品格而不是關乎決定。

我被日軍扣押；我被囚禁了很多個月；我忍受了很多小時的鞭打和折磨。在那段時間，每次我轉向上帝，從來都不是徒勞的；祂總是幫助我和支持我。

我記得我讀過：如果你祈求某種德性，無論是忍耐、勇氣或愛，上帝給我們的回答總是給我們運用那德性的機會。我第一次被毆打後，我幾乎害怕祈求勇氣，以免我再有機會要如此有勇氣；但我沒有說出來的禱告，仍然在我心中。如果沒有上帝的幫助，我懷疑我能否捱得過。在我受折磨期間，他們問我是否仍然相信上帝。藉著上帝的幫助，我說「我相信」時，他們問我為甚麼上帝不拯救我。藉著祂的聖靈的幫助，我說：「上帝有拯救我。祂沒有藉著使我脫離痛苦或懲罰拯救我，但祂藉著給我力量忍受這些苦楚而拯救我。」他們問我為甚麼不咒罵他們時，我告訴他們，那是因為我追隨耶穌基督，祂教導我們：我們都是弟兄姊妹。

我不喜歡用「父啊，赦免他們」這句話——使用我們主所說的話，好像很褻瀆似的；但我有那種感覺，我說：「父啊，我知道這些人在執行他們的職務。求你幫助他們看到我是無辜的。」我低聲說出「赦免他們」時，我想到自己究竟有多誇張，這是否真是我的意願；因為他們站在我周圍，輪流鞭打我時，我看著他們，發覺他們的表情是嚴厲和殘忍的，有些人明顯在享受自己的殘忍。但藉著上帝的恩典，我看到那些人，但我不是按他們當時的樣子、而是按他們以前的樣子來看他們。他們曾經是小孩子，有兄弟姊妹——在父母的愛中快樂地生活，遠在未受錯誤的民族主義觀念影響之前。而憎恨小孩子是很困難的。

因此，我不是按他們當時的情況來看他們，而是按他們能夠成為怎樣——藉基督的能力得著救贖——來看他們，我知道我應該說：「父啊，赦免。」

我不知道你們當中有多少人知道真正的飢餓是怎樣的，但那貪婪的試探幾乎是不能抗拒的。監獄中有一位年青的羅馬天主教徒。他是有特權的囚犯，他獲准接受外面送進監獄的食物。他可以吃所有外來食物，但他總是與獄中其他人分享那些食物。那提升了我們的士氣，其他人也能夠跟隨他的榜樣——學習彼此分享。

八個月後，我獲釋了，我第一次再接觸陽光。我從沒有經歷過這種喜樂。就好像預嘗復活一樣。之後很多個月，我都感到自己與宇宙和諧共處，雖然我仍然在實習中，需要學習操練喜樂——我們多麼容易忘記上帝和它的所有好處！我以更深刻的方式認識祂，那是我不能想像的，上帝可以在復活中找到，同時也可以在十字架中找到，但有最終決定權的，是復活。（Bowker 1975:96～97）

或許，關於穿上德性的主要操練是效法（imitation）。保羅強調「你們該效法我，像我效法基督一樣」（林前十一 1）。「你們學基督的，師傅雖有一萬，為父的卻是不多，因我在基督裏用福音生了你們；所以我求你們效法我」（林前四 15～16）。這是對複製人（human cloning）的神學回應的核心。雖然人們經常根據自主性（autonomy）和醫學進步這兩個角度來討論這個議題，但真正的神學問題是關乎：保羅究竟在多大程度上，視水禮和作門徒為人類的無性繁殖和物種的更新？穿上不單是對水禮的禮儀一個實用主義式的附加值，反映不同傳統對「水禮中該用多少水」的看法；事實上，它是含義重大的踐行，是關乎教會對新生命的建立的理解。教義問答、水禮和作門徒，是基督徒的繁殖技術。

如果穿上的第一方面是會眾對耶穌的理解，穿上的第二方面是會眾對教會自身的理解；那麼，這裏便是水禮的禮儀的較後部分的一系列象徵和踐行——蠟燭、膏抹、差遣和歡迎——滙合之處。

就好像教會所有已成習慣的踐行一樣，歡迎只有出於自發時才有意思。邁克爾（Michael）是一個十歲的男孩，他在學校老師的鼓勵下，到一間當地的教會聚會。他聚會了幾個月後，教會成立了基金，讓他每個週末都到教區聚會。但大家投訴他經常欺負年幼的孩子，破壞了週末的活動。那些成年人終於要討論這件事了。有人指出，邁克爾只是由既年青、脾氣又不好的父親撫養，是飽受困擾的孩子，他只是要尋求安全感罷了。大家寬容他，以耐心對待他，他漸漸開始站穩。終於，九個月後，在晚上一個特別聚會中，他接受水禮。大約四十人出席，會眾中每個出席的人都應邀向他講述：身為教會的肢體，他們最珍惜甚麼。當大家問他同一條問題時，他習慣了的皺眉變成笑容。他回答說：「你們沒有在週末後將我趕走。」

差遣、膏抹和蠟燭，都是教會將它對召命（vocation）的概念植根於水禮的踐行的方式。所有對召命的理解，其實都是水禮所含蘊的外在工作。但召命不是一次過的事情，好像水禮的清洗一樣：召命是不斷浮現、生長的事情，而可以恰當地由水禮的穿上這一面向來界定。水禮的其他踐行模塑我們對召命的理解：召命包括脱去——在身體、心思和靈性上——所有虛飾、自欺和對恩典的抗拒；召命需要新生、潔淨和將罪淹沒；召命也要求穿上德性。它不單是對事情現狀的賜福，而是要體現出轉化。它不單是一條個人行走的路徑，而是一種事奉，也就是賜給身為身體的一個肢體的事奉。它不是對缺乏的回應（「非洲需要醫生！」），而是有分於上帝給予祂子民那恩賜/禮物的豐富。

而穿上的最後一方面是：新的基督徒完全併合到（full

incorporation）教會最明確的踐行之中 —— 聖餐禮。這一點包含的意思，將會在本書第三部再詳加申論。在這裏，重要的是，我們要十分清楚水禮後的這些穿上的踐行，正是這位新的基督徒領受「上帝給予祂的子民他們跟隨祂所需的一切」的時刻，這也正是教會所不斷重新發現的。而我們跟隨祂，是以回應祂的召命來表達的，這召命就是敬拜祂、成為祂的朋友、與祂同吃的呼召。

6 實行
Performing

正如在整本書我都論證說：上帝給予祂的子民他們跟隨祂所需的一切，而在這部分(即本書第二部)，我則貫徹主張，祂透過教會的踐行這樣做。我在本書展示這些日常的踐行是甚麼。我指出，這些踐行，不單本身是給教會的恩賜，教會在希望成為可以好好實行(perform；或譯「履行」、「演出」)這些踐行的羣體時，以不能預期的方式，發現上帝豐富的恩典。這一章描述的大部分踐行，都是在新約中以某種形式出現的命令；但教會在實踐這些踐行時，所找到的，不是實現了命令而得到的寬慰，而是因接受恩賜/禮物而得的喜樂。教會不是由服從命令所模塑，而是因其為某種能夠接受恩賜/禮物的子民而受模塑的，而這些恩賜/禮物是因實行這些踐行而來的。

這一章分為三部分，對應三種踐行。這些踐行全都表達倚靠(dependence)這個觀念。因為，當我們説教會藉著恩典存在，即表示它倚靠恩賜/禮物。這些恩賜/禮物有三種形式：直接來自上帝、來自信仰的團契，以及來自外人(stranger；或譯「陌生人」)。

恩賜/禮物沒有等級;對構成教會的品格而言,所有恩賜/禮物都是必須的;而接受每一恩賜/禮物,都是預備接受其他恩賜/禮物。

倚靠上帝

禱告

基督徒禱告。他們自覺地轉向上帝,尋求祂的憐憫,求告祂,向祂敞開自己的心扉,歡慶和默想祂的奇妙,與祂的造物和僕人作伴。如果沒有個人禱告的時刻或模式、做法或習慣,基督的門徒是不能被辨認出來的。為甚麼不能被辨認出來呢?因為上帝給予祂的子民這麼多恩賜/禮物,不開放自己接受這些恩賜/禮物的生命,實在是十分貧乏的。

禱告表示祈求;它表示明確仰望上帝,盼望上帝轉化生命中所有不能反映祂榮耀的東西,特別期望祂滿足各種需要、醫治身體、改變內心。禱告表示驚歎;它表示脱離世俗和成規,並因著創造的廣度和仔細,以及救贖的深度和激情,發出驚訝和讚歎。禱告表示承認錯誤;它表示痛苦地承認故意犯的罪並有分於廣泛的邪惡,以及表示決定放棄這種思想、説話和行事方式,重新開始過新生活,即在基督裏變得可能的新生活。禱告表示感激;它表示接受生命的各方面皆為仁慈上帝的恩賜/禮物,它表示將日常生活的事件重新敍述為上帝給自己的情書,它表示以愛和充滿喜樂的感恩作為回應。禱告表示靜默;它表示謙卑地默想,簡單地獻上時間,並表示靜默,見證上帝的作為那基本的重要性,單純地打開內心的耳朵。而如果禱告表示閱讀聖經,它的意思是:門徒希望以聖經的話語,豐富和指導這眾多不同方式的禱告,模塑基督徒對上帝那奇妙可畏的美好和恩典的理解,以及模塑基督徒對「人的回應」的特點的理解——神祕但一貫地拘謹的特點，並將禱告這行動置於偉大的上帝—人對話的序列之中。

成為能夠禱告的人

禱告本身就是目的；它是對上帝要祂的子民敬拜祂和成為祂的朋友這終極目的之體驗。它不是手段。談及禱告的能力，是談及上帝的能力的一種正確方式。不過，不單禱告本身是教會的恩賜/禮物，如果教會的人要成為禱告的子民，禱告在教會所採納的生活模式中，也必須是一種恩賜/禮物。這些模式，其實是上帝在禱告的恩賜/禮物以外附加給教會的恩賜/禮物——模塑門徒和羣體的品格的恩賜/禮物。讓我提出幾個例子來說明。

成為那種可以向上帝祈求的人，表示要設身處地（becoming incarnate）；換句話說，它推動門徒，發現更多關乎他們的禱告對象的事：可能是親自認識他們或他們的環境，到訪他們的國家或了解他們的狀況，穿著他們的鞋走一哩路，走到他們身邊，而不是在一個安全的距離，為他們禱告。因此，祈求的禱告是把那與人休戚與共的一體（solidarity）之恩賜/禮物獻給教會，那是讓教會變得更一體（one body）的恩賜/禮物。為別人的需要祈求，也表示門徒在探尋自身憐憫的深處，說出自己的需要，並回想自己的需要怎樣得到滿足。這是謙卑的恩賜/禮物，是知道我們都是無能為力的恩賜/禮物——只是在某些人身上，我們看不見這事實。祈求的禱告也在辨識（discernment）的恩賜/禮物中模塑門徒。它在面對新聞媒體的迫切性、緊急性時，給我們注入一種健康的懷疑態度：簡單提問「在這新聞故事中，我可以為誰或甚麼禱告？」藉此消解我們匆匆地爭相指責，以及在固執的信念中渴望爭論。平面的新聞「故事」變成立體的人類戲劇，在其中，最終的目的和意義，不大可能完全浮現；但需要、渴望、盼望和慾望，卻無可避免地無處不在。最後，成為可以代求（intercede）的人，意味著他不單回應危機，也有條理地預期上帝和世界的節奏——列出同事、老朋友、家人、教子女（godchildren）、會友、鄰居、宣教伙伴、其他教會等名單——以致他們不會全都是一大堆責任和嚴肅的記憶，而是細心舖設的網絡，可以有系統地獻給上帝。有條理地禱告的人，接受了上帝的邀請，好好整理他們在其中終末地生活的世界，將他們的同伴圈子和他們能想像到的憐憫的範圍，圍繞恩典的寶座來安排，就如天國的情況那樣。

成為可以表達驚歎（wonder）的人，表示願意尋找一些慣於為生命的全然喜樂而歡欣的同伴——無論那同伴是一隻金毛尋回犬，牠跳到河中追逐一條棍；還是一個兩歲的小孩，在學習踢球時咯咯地笑。這樣的生活態度，給予暇散和閒適目的——因為每次下雨後都可能有彩虹的榮耀，每個晴朗的日子都可能以閃耀的日落結束。每個電視節目都可能顯示植物和動物這創造世界的另一錯綜複雜的面向；每次到新的地區旅遊，都可能影響他們的思想，使他們不再自滿地以為事情總要以他們熟悉的方式運作。驚歎的禱告賦予學習的目的一個新定義：對禱告的門徒來説，教育主要不是知識或技巧甚至智慧的培訓；對門徒來説，開始新的學習或拿起一本新書的第一個思想是：知會並擴展內心的驚歎，以上帝的榮耀和祂啟示的多元化擴展其想像力。同樣，體育和藝術的享受和創意，作為人類對上帝所賜予的天賦的回應，倒是次要的；其實，它們主要是一扇扇驚歎的窗戶，給我們更多途徑，讓我們敬畏的禱告可以擴展和得到啟發。

成為能夠認罪的（confess sin）人，表示保持想像力的開放性，即對一個故事可以怎樣從不同視角——與他自身不同之視角——來觀看，保持開放。正如拿單向大衛講述一個關於窮人的母羊的故事（撒下十二章），並透過那個故事啟發大衛的想像力，使他看到自己佔有拔示巴和殺死她丈夫的罪；透過小說、詩歌和傳記，門徒可以學習觀看人類自我欺騙的模式，如何反映在他們自身的敘事中。能夠辨識和指出罪惡來，這顯示禱告的其他面向均是健康的面向，正如倘若充滿了感恩，驕傲便很可能更容易被辨識出來。因為驕傲是傾向視自己為故事的中心，而不是總是視自己為上帝的故事中微小的部分。而如果充滿了驚歎，絕望便會在更強烈的對比下顯明出來，因為絕望是傾向不把世界視為一位公義、憐憫和有無盡恩慈的上帝其有目的之創造。沒有感恩和驚歎，門徒認罪的能力便會混亂或受到限制；他們可能持續感到不滿足，但他們卻可能看不到，其實在他們與耶穌基督的上帝的關係中，存在真正的阻礙。培養認罪的習慣，可能帶來的另一恩賜/禮物是：與得到信任的外人（trusted outsider）建立友誼，例如靈友或屬靈導師。這種靈友——也就是訓練門徒時的教練（coach）——正是禱告是整個教會的恩賜/禮物的部分意思。

成為那種可以感恩的人，正如代禱一樣，意味著願意花時間與那些沒有自己那麼幸運的人為伴；但這卻又不是為了後者的好處，而是為了前者自身的好處。因為，除非我們真切感受到沒有某種恩賜/禮物會怎樣，否則我們很難珍惜那種恩賜/禮物——甚至不會發覺那**是**恩賜/禮物。因此，任何慈惠工作，除了源自這些工作本身的任何好處外，都是給教會的恩賜/禮物，可以令門徒更能夠代求和感恩。如果學習認罪表示建立想像力，那麼，學習感恩便表示運用個人的記憶。因為記憶提供好些例子，顯示一切並非總是必然的。例如，值得珍惜的友誼，都是始於某處；令人感到滿足的嗜好，全都源自某人的邀請和鼓勵。各種綜合保障，諸如健康護理、保險、快速運輸、大眾傳媒、可以接受教育，更不要說和平及保障，全都是比較晚近的事物。正如舊約往往將上帝識別為那將你的祖先從埃及領來出的一位，因此，記憶的見證（witness of memory）今天必須用來刻劃上帝。感恩的節奏，在分享食物的時刻確實達到頂峯；因為「快餐」只是商品，希望將構成真正的飽足的繁複過程折疊起來：諸如種植、生長、收割、運輸、出售、再運輸、儲存、預備、進食、消化和清理等；而感恩，或許以謝飯這形式表現出來，則是重申一種理解，即對一切關乎將食物帶到餐桌所涉及的東西之理解，那就是當中所涉及的所有勞動、關係、生命和成長的恩賜/禮物。

成為在上帝面前能夠安靜（be silent）的人，表示總的來説，重新調整個人對效率、生產力和時間的概念。因為，默觀、默想和靜默這些踐行，根據任何慣常定義來看，都是「浪費」時間的。但如果時間是恩賜/禮物而不是你可以擁有的東西，時間是朋友而不是商品，那花在默觀上的一段適當時間，便是肯定在上帝的施予及供應中，時間並不短缺。安靜和靜默，淨化了門徒對上帝怎樣工作和他們在上帝的護佑中的角色之理解。如果門徒要聆聽上帝，他們也必須學習留意其他關係；因此，生命變成聆聽（和察看〔watching〕）啟示的事奉，而不只是傳遞觀察（observation）的事奉。默觀模塑教會的代贖概念；因為，如果門徒不相信上帝在基督裏已經使世界與自己和好，他們永遠不會停下來，默觀的時間也肯定會花得不夠多，因為他們假設這和好必須來自他們自身。

成為能夠禱告的羣體

已經説了很多關乎個人禱告的事。但個人禱告只是上帝在祂的子民倚靠祂時，祂怎樣給予他們所需的一切的導引罷了。由於禱告總是在聖徒相伴下、在聖靈的能力下、並與基督聯合下進行，用「個人的」（personal）禱告這個詞彙，確實有點古怪。但我的論證是：如果忽略了集體禱告的含義，那麼我所説的個人禱告意味著成為能夠禱告的人，其意思將是不完整的；我的意思是我們要成為子民可以一起禱告的羣體。

成為可以禱告的羣體，一定是藉時間浮現的，而它的基本原則十分簡單，只是將成為能夠禱告的人延伸而已。後者要求一個人成為能夠代禱的人，而前者則包括讓羣體的成員學習養成彼此代禱的習慣——互相詢問人「我可以怎樣幫忙？」以及誠實地承認自己也是有需要的。要成為能夠禱告的人，需要學習驚歎；要成為能夠對應地禱告的羣體，則表示成員必須預備好分享他們的喜樂——包括卑微和重大的——並珍惜和歡慶別人的喜樂。生日在羣體中特別重要，因為生日標誌著人的受造全是恩賜/禮物——沒有被成就所覆蓋或被品格的障礙所充塞。成為能夠禱告的人，表示一個人必須學習認罪；成為能夠禱告的羣體，表示他們必須亟欲發現他們自身怎樣對不起別人，也永不會因為誤解和傷害出現而感到驚訝，並視每一件這樣的事為和好、恩典和更深入的關係的前奏。正如代禱一樣，羣體中的成員若希望一起認罪，必須明確地問：「我有沒有以任何方式對不起你？」並預期這條問題的答案是肯定的，並在別人問自己這條問題時，誠實地回應。羣體中的成員必須學會，不向上帝說那些他們應該彼此說的話。成為能夠禱告的人，表示學習感恩；同樣，成為能夠禱告的羣體，表示成員必須小心考量他們希望或需要彼此感謝的事情，或者，怎樣才能最好地表達那些感謝，從而可以讓聽到的人真正得到提升，而不單是被迫這樣作或視之為責任。最後，成為能夠禱告的人，表示學習在上帝面前安靜和靜默；同樣，成為能夠禱告的羣體，表示有空間讓成員一起安靜和靜默，在其中，羣體的集體踐行肯定上帝的作為的優先性，在那裏，所有人一起分享從休息而來的親密和脆弱，因為他們那迫切的現在和他們那永恆的將來，都端乎上帝的恩典。

要成為這樣的羣體，要求羣體的成員有所渴求。這樣的羣體是上帝給那些願意一起禱告的人的恩賜/禮物。它遠遠不單是表達彼此的寬容（tolerance）。寬容不會表達任何關於終極目的的陳述。基督徒羣體預設一個更大的目的，但重要的是，成員在合適的時刻表達那更大的目的是甚麼。另一方面，重要的是，羣體的成員不會有高得不可能企及的標準。身體上的健康，讓身軀可以實行來自上帝的召命，但健康本身不是目的。重點是忠心（faithfulness），不是卓越（excellence）。如果高標準妨礙成員彼此表達各自的需要、喜樂、創傷和感激，那些標準便失去了自身的用處。上帝給基督徒羣體的恩賜/禮物是神聖的（divine），但那神聖的恩賜/禮物，應是一種令羣體更貼近人性的恩賜/禮物。

一羣地方會眾經歷了一段痛苦的時期，在其中，極高的期望幻滅了，信任的關係破壞了，卓爾不凡的聯合以令人困惑的分離結束。會眾中的成員一起外出，透過細意及小心的安排，花了一個早上講述各人心中的需要和悔恨。有一刻，那悲痛的孤單感，令其中一個在場的人忍受不住。負責引領這次聚會的人，要求坐在這個正在哭泣的人旁邊的人，代表所有參與者給他安慰，確保哀傷只影響這位哭泣者自身，而不會影響其他甚麼。但這位負責引領聚會的人根本不知道，被要求安慰別人的人，正是有嚴重精神問題的人——精神問題一般被視為令當事人與本地社羣疏遠的原因——因此，這短暫的事奉特別深刻，也更令人難以拒絕。經過一段宣洩情感的時刻，大家承認過去幾個月過得如此黑暗，接著，成員便為了彼此間的忠誠和彼此間體現出來的盼望，開始表達感恩。在那個上午結束時，他們開始談及去年體驗最深的時刻。一位成員提到，每年一次的逾越節晚餐，傳統上是在聖星期四（Maundy Thursday）舉行的。她說：「我們真的享受那一晚——一起吃最後晚餐。但最近我開始想，**耶穌**是否享受那頓最後晚餐？祂好像我們那樣享受嗎？」接著大家開始敬畏地靜默起來。她的話將代求和認罪變成驚歎，反映了哀傷的時間是與耶穌基督的上帝相遇的時間，將本來只是用來進行治療的時段，轉化為集體禱告的經驗。

彼此倚靠

分享生活：乃是一個身體

上帝透過彼此倚靠的踐行給予祂的子民他們所需的一切，這裏共有四個向度。在這裏，我首先會探討共同生活中的日常習慣（ordinary habits），然後是分享信仰中獨特的踐行（particular practices），最後是委身（commitments）——即背負彼此重擔所涉及的委身。在下一章我會討論第四向度——勸誡、饒恕和恢復。

第一個向度——簡單的生活分享——植根於水禮，並在聖餐禮中最完滿地表達。因為，分享生活（sharing life）普遍上經驗到的，涵蓋了作門徒的各方面——這是召命所沒有涵蓋的，而召命乃源自水禮中穿上的階段。共同生活最明確的經驗則是分享每日的食物，而分享食物的典範是聖餐禮。在這裏我將勾畫共同生活中日常習慣的其中三種輪廓（contours）：友誼、金錢和玩耍，而它們都由分享食物界定。

友誼（friendship），在個人召命的追求（那是有點孤單的）以及羣體共同生活的參與（那是要求有點捨己的）之間，提供了一道橋樑。友誼可能透過共同的召命（shared vocation）或羣體的共同經驗而產生。無論怎樣，友誼都可以令門徒享受召命和共同生活的一些好處，並較少感受到友誼所帶來的限制。例如，召命可能是孤獨和沮喪的經驗。工作的地方可能充滿敵意，在社羣中推行運動的土地可能十分貧瘠，勞苦的結果和成就可能很難看見。在這樣的環境下，朋友便可以分享那些既深刻、又很少表達出來的信念，明白表面上十分瑣碎的事情其實十分嚴重，並在充滿鼓勵性的處境下，給你提議一些新的取向或方法。因此，朋友可以舒緩追求召命時——那可能是沒有回報的——所遇到的各種困局，同時透過共同的異象（vision），肯定那召命仍然是真實的。同樣，共同生活的經驗，可能要求大量的捨己（self-denial）。教會領袖可能沒有同情心，或者對人的需要毫不敏銳；一起參與的崇拜，可能沒有啟發性甚或具排擠性；很多門徒的價值觀和榜樣，又顯得難以與福音調和。在這樣的環境下，朋友能帶來忍耐和堅持、辨識和憐憫、幽默以及反諷，令門徒可以與會眾那較為人性的一面交往，即使當他很難看到他們神聖的一面的時候。這樣，朋友可使困局得以舒緩——這種困局來自對羣體那使人困擾的經驗——同時，肯定門徒無論怎樣都應該繼續成長，在他或她得到栽種的地方，繼續成長。

簡單來說，友誼能夠以更具挑戰性或者沒有那麼強烈的方式，為個人召命的追求或羣體的參與，提供更親密、更專注和有更多回報的經驗。當這樣做，友誼可以成為門徒的支持，幫助門徒經過匱乏的時間，並為著那更美好的時刻給予鼓勵和啟發。同時，對友誼的確信，即確信友誼能給予信任、肯定、帶來啟發的相伴、深刻的感情和實際的支持，可以防止門徒在不恰當的地方尋找這些東西，從而堅立他們的召命和羣體。

當然，朋友可以給我們的，也包括：消遣、娛樂、刺激、成為投射和吸引的對象、試驗互信的短暫機會、分享愛慕、測試意見、滿足心靈、無目的的閒暇時間。這一切都不一定是錯的。但當我們說友誼是上帝給予教會的恩賜/禮物，藉以建立教會的共同生活時，表示友誼可以使兩個不一致的主題協調起來：召命的追求和共同生活的操練。友誼為門徒提供機會，在工作、家庭或教會這些環境衍生出來的期望及責任以外，互相鼓勵、更新、問責和理解。友誼這恩賜/禮物，同時朝向生命的維持和生命的豐富。

如果友誼是恩賜/禮物，可以令有時互相衝突的委身得到調和，那麼，共同的錢囊（common purse）便是令委身更為具體的一種恩賜/禮物。「你的財寶在哪裏，你的心也在那裏」(太六21)。門徒共同生活的委身程度，是關乎金錢多於關乎言語的。

> 信的人都在一處，凡物公用，並且賣了田產、家業，照各人所需用的分給各人……那許多信的人都是一心一意的，沒有一人說他的東西有一樣是自己的，都是眾人公用……內中也沒有一個缺乏的；因為人人將田產房屋都賣了，把所賣的價銀拿來，放在使徒腳前，照各人所需用的，分給各人。(徒二44～45，四32、34～35)

這些話，是任何基督徒羣體都必須用來界定自身的。

共同的錢囊是界定金錢、羣體，以及羣體與國家的關係的踐行。共同的錢囊界定金錢，因為它令金錢變成總是恩賜/禮物、總是工具，為更大的目的服務——金錢從來都不是目標，它本身從來都不是目的。因此，金錢變成建立和維持關係的工具，而不是越過關係的方法，或在關係出錯時的保險。不誠實的管家這個比喻，描述一個人利用一種時間差，那就是自己即將被解僱和解僱生效之間的時間差，取消了欠他主人債務的人的債務，從而令自己將來在有需要時，可以從他們身上得到好處(路十六1～9)。這個比喻顯示，當人花別人的錢時，慷慨會容易得多；而應該受到看重的人，往往是欠上帝最多的人，因此，慷慨是最好的投資，倘若我們比上帝更慷慨，上帝會感到高興。共同的錢囊因而肯定了一件事，那就是金錢總是屬於上帝而不是屬於我們的；一個人付出愈多，便愈關心；施予(giving)，令羣體內的關係變得重要。把個人收入的第一個重要百分比獻出及施予，以幫助基督徒羣體的行政開銷、支援新計劃、支持事工、減輕經濟負擔，這種施予，常常能彰顯犧牲的愛，並回應及和應上帝犧牲的愛：但這種種，都不是施予的主要目的；它的主要目的是要在羣體中堅立門徒，將他們的政治從缺乏的政治（politics of scarcity；例如，支付帳單）轉化為豐富的政治（politics of abundance）。當人深思熟慮地思考，要怎樣投資在上帝那滿溢的恩賜/禮物時，羣體便學習怎樣識別上帝在世界工作的地方和方式，以及怎樣最好地跟隨祂的帶領。將共同的信仰和共同的異象轉化為共同的錢囊，這種轉化能將門徒的心思聚焦起來，以致他們所獻出的每一種恩賜/禮物，都是根據忠心來評估，並以禱告伴隨。

同時，這種以上帝為本的投資觀點，是建基於以慷慨作為累積資本的目的，而這本身是建基於一種發現：一直以來，都是上帝的金錢（God's money）模塑羣體跟國家和其他組織之間的關係。基督徒對鄰舍、家人和朋友所作的最大見證，是他們怎樣花自己的金錢。而共同的錢囊足以顯示出，他們使用自己的金錢，支持那些充滿信任和關愛的羣體；這也顯示出，當人相信上帝掌權，當他們在上帝裏面找到信任和保障時，可以過怎樣的生活。那些羣體毋須被發明出來，因為它們已經存在。而共同的錢囊宣告，沒有任何花錢的方式，會比支持這類羣體更好的了。共同的錢囊沒有宣稱基督徒不應該納稅，事實上，稅款有助為有需要的人提供基本的生活必需品和保障。共同的錢囊不表示基督徒不應該有慈善捐獻，事實上，慈善捐獻可以藉金錢支持民主社會中大部分人都不會投票支持的事情。共同的錢囊並不表示基督徒不應該透過他們的購物方式，把金錢給予經濟上沒有那麼發達的國家，事實上，貿易讓接受的人同時得到金錢和尊嚴。但共同的錢囊，卻肯定教會是上帝揀選以讓祂自己在世上為人所認識的主要途徑。共同的錢囊，確實把金錢從製造分裂和孤立的根源，轉化為和平的連結（bond of peace）。共同的錢囊確實令感激和慷慨成為基督徒共同生活的中心，並提供好些保護，以防避一切由金錢所促成的欺騙。

一間地方教會從教區接受了一大筆金錢，幫助該教會興建一座新建築物。那座新建築物開幕後頭三年，教區都沒有要求教會奉獻金錢給教區（教區支付聖職人員薪金和其他共同開支）。後來教會恢復對教區的奉獻，但是數目減少了，因為考慮到教會是宣教點，以及考慮到當地居民的經濟環境相對比較差。當會眾中的成員聚集在一起，並討論金錢的問題時，他們決定奉獻更多金錢給教區，比所要求的多。這是感激的象徵。但這也是給其他地方的基督徒的一個雙重信息：首先，教會相信，顯示門徒成熟程度的其中一個標記，是慷慨的習慣；第二，這是一個挑戰。如果這間教會在一切不利的條件下，其奉獻也可以超過「所需」，其他教會也肯定可以受到激勵。透過共同錢囊的踐行，這間教會在說：「不要可憐我們，仿傚我們吧。」

如果友誼和財務提供了共同生活的質地（fiber），那麼，樂趣（fun）便將彈簧放在共同生活的腳步中了。玩耍的恩賜／禮物（gift of play）植根於安息日的命令。創造的高峯不是人類（第六日）而是安息（第七日）；在復活中，基督徒視安息日為第一天，而不是一個星期的最後一天。正如拉丁語以閒暇（*otium*）為標準，而把商業（*negotium*）稱為閒暇的相反；安息日也是給教會的恩賜／禮物，讓教會圍繞玩耍來模塑它的生命。為甚麼要玩耍？首先，因為玩耍只是為了歡慶活著是如此美好。玩耍不是有目的、富生產力、有效率、經濟性、經過衡量、有效或有策略的。它是興高采烈、充滿熱誠、充滿喜樂、不加顧慮、全心全意和不怕難為情。它是對任何嚴肅的福音——即試圖令門徒活得比上帝更認真——的糾正。第二，因為玩耍好像休息一樣，肯定上帝的供應；在我們睡覺時也繼續工作的那一位，給門徒玩耍的時間。藉著花時間玩耍，基督徒顯示他們的信心、整個創造的未來，基本上安息在上帝手中而不是他們手中。第三，因為玩耍必然涉及對共同生活和召命的態度與操練之練習。正如兒童需要學習分享他們的玩具，又正如運動場上的朋友，需要平衡勝出的慾望和建立友誼的渴望，玩耍也成了實驗和訓練德性的時間。第四，玩耍的主人，毫無爭議地，是小孩子，而如果成年人需要重新學習怎樣玩耍，他們是懷著謙卑的精神這樣做的；因為他們記得耶穌帶來一個小孩子，將他放在眾人中間，抱他起來，然後說：「凡要承受上帝國的，若不像小孩子，斷不能進去。」（可十 15；Berryman 2004）

分享的生活（shared life）的典範性踐行，是一同進餐。聖餐禮是界定所有其他進餐的一頓飯；簡單地分享食物，使得共同生活的連繫，確立得最久遠。分享食物將身體的需要變為加深友誼的機會。它將所有彼此倚靠的主題連繫起來。因為友誼的本質是成為同伴，而同伴是可以與之一同分餅的人。耶穌給予法利賽人西門、稅吏撒該的，和最特別的是在最後晚餐時給予門徒的，包括彼得、甚至是出賣祂的猶大，正是這種同伴關係。在最後晚餐，耶穌向門徒說：「以後我不再稱你們為僕人，因僕人不知道主人所做的事；我乃稱你們為朋友，因我從我父所聽見的，已經都告訴你們了」（約十五 15）。同樣，共同的錢囊在一同用餐中給具體化。一羣朋友一起出去吃飯時，最傷感情的時刻，是他們要處理怎樣付賬的一刻。不知怎的，實際需要的數目，總是比每個吃飯的人感到自己需要支付的費用所加起來的，總數多一點兒。共同的錢囊是在飯前喜樂地表達豐富，而不是在結束時怨恨地經歷缺乏。那是慷慨變成了慣例，預期共同的需要，並委身於將共同的需要轉化為一種恩典的經驗。因此，金錢透過食物的鏡片，成了羣體的工具，成了上帝用來建立教會的恩賜／禮物。而玩耍和食物在共同生活的最重要一刻——歡慶——給連繫起來。正如共同的錢囊代表在羣體中分享食物那種健康的慣常面向，玩耍則代表歡慶生日、教會節日、羣體中一位或多位成員渡過生命中的某階段那即時、喜樂，甚至失控的興奮。很難想像這種歡慶是沒有食物的。浪子的父親宰了肥牛，邀請全村的人分享他的喜樂；同樣，此前的兩個比喻中的牧羊人和婦人說：「開始慶祝吧。」歡慶的操練是：如果羣體在周圍的世界不能夠找到喜樂的時候，他們必須更努力以彼此為喜樂，更深刻地察看上帝給予他們的恩賜/禮物，那是藉著所賜給他們的朋友賜下的。

在一間地方教會中，會眾發現附近的兒童於敬拜前一小時甚或更早的時間便已經到達教會，他們尋找同伴、娛樂或惡作劇。有幾年時間，會眾中兩個成員在敬拜開始前一小時就打開教會的大門，嘗試與他們交談，教他們一點東西和給他們一點鼓勵，加上一點操練。漸漸地，他們開始意識到，這羣兒童所以這樣做，其中一個原因是他們感到飢餓。因此，他們開始在敬拜開始前四十五分鐘給他們提供早餐，期間加入一點交談時間，內容是關於那個星期經歷到的高低起伏、因信仰而來的激勵和挫折、對不久將來的盼望和恐懼。漸漸地，這頓早餐開始發展起來，不單兒童參與，所有會眾也一起參與：一年有三、四次，會眾在敬拜後一起歡慶午餐，幾乎每一位成員都或多或少獻出食物。這樣，人的需要和問題惡化的那一刻，卻變成了歡慶、團契和恩典的時刻。人身體的需要變成了對基督身體的體驗。

因此，分享的生活包含友誼、財務、樂趣和食物。亦正因這樣，我們在此探究應如何理解婚姻是合適的。在整本新約中，信仰羣體和信仰的家庭之間，都存在張力：包括「去」、「賣」、「給予」、「來」、「跟隨」、「捨網」、「讓死人埋葬他們的死人」這類**轉化性**（transforming）呼召，以及包括作好丈夫、好妻子、好父母，甚至好奴僕這類**更新性**（renewing）呼召。本書的這個研究，既強調整個身體的踐行，就無可避免強調信仰中轉化性、羣體性的一面；但這不是為了要放棄家庭這一面向，因為婚姻是一個實例——或許是最重要的實例——最能夠説明如何踐行互相倚靠的了。

對性(sexuality)的理解，始於對玩耍有健康的理解。本書較早前對玩耍提出的描述，完全是身體方面的(bodily)；而對性的理解，也必須是身體性的，以免對性刺激的追求變成了嘗試在狂喜出神(ecstasy)的一刻，超越了身體。玩耍是全然享受他人的身體存在、同在、活動和恩賜/禮物。

如果，玩耍不單是與陌生人偶然快樂地相遇，那麼，玩耍必須接受友誼的習慣(habits of friendship)的操練。按早前提出的描述，友誼可以強化召命和羣體之間有時會頗為脆弱的連繫；而藉著給予彼此更親密的經驗，同時又對雙方背後的動機和目的予以肯定，友誼強化了這一連繫。在性關係中，伴侶間的友誼不應該只讓二人對共同生活有體驗親密，更應該強化雙方對基督身體的共同生活的委身。同時，他們的友誼亦不應該只讓他們體驗到分享共同召命(joint voacation)的親密，也應該可以改進和更新他們各自的召命。因為婚姻和友誼都不是一種成就(achievement)，而是一種恩賜/禮物，那是透過與別人建立友誼而促成的。

如果這種友誼要長時期維持下去，如果它要成為豐富而不是缺乏的經驗，成為恩賜/禮物而不是責任，這種友誼便必須接受共同的錢囊的模塑。有時，委身於婚姻，其實是關乎分享一個銀行戶口，多於關乎分享一張牀。這個新組成的社羣，因物質的分享而變得可能；這裏出現了一個安全的地方，讓孩子可以出生和得到教養。玩耍、友誼和金錢，創造一個新的身體，這身體將缺乏轉化為豐富。而這同時亦肯定了一件事，那就是於理解教會互相倚靠的各種踐行時，婚姻佔了中心位置，因為相較教會互相倚靠的任何一種踐行，婚姻是、或者更多是關乎成為一個身體(becoming one body)的。

同時，對踐行婚姻十分重要的是食物。正如分享食物（sharing food）之於一般教會，對已婚夫婦來說，分享食物可以特別成為他們藉以理解玩耍、友誼和共同錢囊的踐行。藉著學習在同一時間吃相同的食物，他們體會一種恩賜/禮物，那就是彼此的身體性同在（the bodily presence with one another）。藉著學習分享伴隨而來的生活模式，包括計劃、購買、預備、清理、清洗和把東西放好，他們學習同伴的操練（disciplines of partnership）。而藉著令家中的飯桌成為儀態得到闡述和演練之處，他們可以發現成為有獨特召命的新羣體的意義。

婚姻是關乎甚麼是豐富的一個偉大宣告。一切都專注於獨一的他者（a single other），但事實是，這另一個人（another person）遠非不足夠、而是足夠有餘的。這是另一個人的奧祕——另一個思想，另一個想像，另外眾多的經驗、精力、熱誠和享受。一個人能夠窮盡這另一個人嗎？婚姻一方的好處，永不會與伴侶的另一方的好處產生衝突，要體現這一真理，我們稱雙方為一體（one fresh）。他們成為一個身體。對手而言是好的，對於腳也是好的。傷害膝頭的，永遠不能夠對耳朵有好處。他們是一體，對他們好的東西，也是他們各自都可以擁有的東西。這是愛的政治（politics of love）；那不再是一種計算，就像在這個充斥著缺乏的世界中，伴侶雙方都極力謀求怎樣從一起的生活中獲取自己當得的分；相反，他們一起辨識學習有智慧地享用大家所得到的一切恩賜/禮物，那是為了彼此的興盛和服事別人。

婚姻不是一場零和遊戲，要使其中一方犧牲自己的事業、朋友、創意或最深的需要，而讓另一方成為英雄、明星或者永遠不會在爭論中落敗。婚姻是冒險之旅，在其中，一個新的身體，可以一起成就一個人所不能成就的，而惟一可以使他們停下來的，是他們以為可以自己一個人到達目的地。這另一個人，總使一切足夠有餘：你相信那個人會聆聽你，直到你再沒有話說；你相信那人會一直等到你明白為甚麼你是那樣，無論要等多久；你明白那人總會給你的行徑賦予最好的動機，無論你裏面感到多麼愚笨。你毋須再抓最大片蛋糕，因為你們是一體；她吃蛋糕，就好像你吃那麼美好。你毋須再說出所有機智的妙語，因為那不是只有一個人可以勝出的比賽，要藉此吸引別人的目光。

因此，婚姻的結束，即使不涉及孩子，都是十分憂傷的過程。因為失去一起玩耍的能力或者缺乏一起玩耍的意欲，是對創造那盎然的生機的一種否定。疏離，宣告這友誼不是由追求召命或者/以及參與羣體所支持。姦淫則往往是病徵，不是病因；是缺乏的宣告，多於污染婚姻的牀——宣告這個伴侶並不足夠。令每個人都變得貧乏。

分享信仰：命定要與上帝建立友誼的身體

上帝透過互相倚靠的踐行給予祂子民他們所需的一切，當中的第二個向度是：門徒在信仰中彼此建立的方法。如果第一個向度是關乎成為一體的全然美善，第二個向度，則關乎定期的提醒和發現，那就是這身體由與上帝的友誼構成，以及這身體命定要與上帝建立友誼，究竟是甚麼意思。如果共同生活的日常習慣植根於水禮，並在聖餐禮中最完滿地表達出來，那麼分享信仰的習慣（faith-sharing habits），則是自覺地這樣做。分享信仰（sharing faith）所要求並倚靠的——如分享生活所需要和信賴的相同的踐行和德性；而分享信仰是有意識地在上帝的同在和相伴下，活出一分享的生命（shared life）。

保羅一再強調分享信仰的踐行的重要性。「要彼此等待」（林前十一33）；「總要用愛心互相服事」（加五13）；「彼此勸慰，互相建立」（帖前五11）；「既然蒙召，行事為人就當與蒙的恩相稱。

凡事謙虛、溫柔、忍耐，用愛心互相寬容」(弗四1～2)(Lohfink 1984, 99～100)。在分享信仰的眾多模式中，這裏會考量其中四種：養育孩子(rearing children)、認出恩賜/禮物(recognizing gifts)、學習傳統(studying the tradition)和標誌門檻(marking thresholds)。

這裏涵括養育孩子，意味著分享信仰是我們討論家庭這課題的適當地方。家庭是養育孩子的主要、但絕對不是惟一場所。所有基督徒——不單為人父母的——都有責任照顧兒童及關懷其信仰和門徒身分的成長。兒童在幾方面來說，是上帝給教會的恩賜/禮物，因他們幫助基督徒明白創造是甚麼一回事。創造，仍然是屬乎上帝，雖然人類打造了關乎財富和控制的語言。兒童不是父母選擇的直接結果，他們是恩賜/禮物，帶來驚奇、挑戰、需要和喜樂。因為他們需要時間，因此，他們教導基督徒視時間為恩賜/禮物。那些與兒童分享信仰的人，可以從重擔中——即視婚姻和生育為教會成長的主要方式——得著釋放：教會成長的著重點是歸信和水禮；但養育孩子這些平凡甚或有時有點瑣碎的活動，卻提醒基督徒拯救在時間**以內**(within)，而不是**來自**(from)時間。同時，生兒育女是關乎盼望的重大舉措；就好像敬拜一樣，照顧孩子是十分花時間的活動，而相對來說，我們花在令世界更美好的時間，便會減少了。但無論是生兒育女或者是照顧孩子，這兩種活動都肯定世界的命途基本上在上帝手中，上帝給予祂子民時間，做一些事情歡慶祂的主權和祂掌權的方式。

兒童也是給羣體的恩賜/禮物。這在於養育孩童的工作，特別是模塑他們的信仰和品格的那種工作，令羣體面對關乎自身的品格的問題。一間地方教會的領袖去探訪一位十分年長的會友，這位會友現居於護老院。這位年長的女士開始談及她父親。她說：「他屬於舊派的人。」他總是喊著說：「禮貌。我**要求禮貌**。」他會敲桌子。她深思地補充說：「現在已不流行禮貌。人們現在只想直接得到東西。」探訪她的領袖對她說：「除了敲打桌子外，有沒有其他方法教導禮貌？」他自己很快會成為父親，感到或者可以從這位女士身上得到一點智慧。「你怎樣教養孩子，使他們懂得珍視、尊重、珍惜、珍愛？你怎樣教導年青人感激、慷慨和深思？我不想陷入無止境的爭論；我不想敲桌子。我擔心自己應付不來。」那年長的女士喃喃作聲，然後說：「有另一個方法。但你不會喜歡，因為並不容易，」她身子向前傾，然後在訪客耳邊低聲說：「榜樣。」她身子再向後靠，說：「我已經告訴你，你是不會喜歡的。」

如果榜樣是與兒童分享信仰的一半，另一半則是信任。教會藉著向兒童敞開自己的生命，表明了教會所相信的上帝有甚麼本性。教會承認上帝向兒童說話，並創造環境，讓兒童可以自行發現上帝，相信兒童可以看到一些關於上帝的事情，是成年人並不知道的，這時，教會便展示出信任。那不是關乎給予兒童很多資訊、很多活動或刺激，讓他們同意基督教是充滿活力的、是繁忙和有趣的；反而，那是關乎給兒童空間、安全、支持和信任，而其餘的事情，則讓上帝自己作工。

認出恩賜/禮物是分享信仰的第二個踐行。上帝給祂子民他們跟隨祂所需的一切。這些恩賜/禮物，主要在耶穌和教會的踐行之中。但也有特定的恩賜/禮物——或者屬靈恩賜（charisms；或譯「靈恩」、「聖靈的恩賜/禮物」）——是上帝給門徒建立基督的身體的。教會藉著認出這些恩賜/禮物和運用它們而接受它們。保羅分辨和列出幾種屬靈恩賜/禮物：他提到先知、執事、教師、勸誡的人、施予的人、領袖、憐憫的人、使徒、傳福音的人、牧師、說智慧言語的人、說知識言語的人、有信心的人、醫治的人、行神蹟的人、辨別諸靈的人、說方言的人、翻方言的人、行大能的事的人、幫助人的人（羅十二6～8；弗四11；林前十二8～10、

28)。大致上，我們可以根據這些恩賜/禮物在支撐羣體時需要擔當的角色，來總括這些恩賜/禮物：說出真理，令會眾明白真理，以愛的行動體現真理，並透過紀錄和記憶，確保隨著時間過去，他們仍然保持忠誠，又確保每種恩賜/禮物都得著當得的機會，並可以為人所接受(Yoder 1984, 15～45)。但這些恩賜/禮物本身都不是目的，也不是要美化某個門徒的召命：這些恩賜/禮物是給予整個教會的，並在某些基督徒心中和生命中得到珍惜的。正如保羅再三重申，恩賜/禮物是「要造就、安慰、勸勉人」(林前十四3)。

這恩賜/禮物的多元化和多樣性，表明上帝以多種方式讓祂的子民認識祂。這多樣性之廣度和深度，觸及豐富，觸及上帝將祂的友誼獻給祂的教會這測不透的旨意，以及觸及祂藉以說話的聲音和生命之多元性。除了恩賜/禮物本身外，恩賜/禮物的辨識和肯定，也以另外兩種方式模塑教會。一方面，這些恩賜/禮物推動教會向外擴展，因為基督徒在教會的新成員中不單可以找到新朋友、新同伴，也可以找到新的和富挑戰性的恩賜/禮物，藉以建立身體。另一方面，在辨識這些新恩賜是否真的是恩賜/禮物這一過程中，這些恩賜/禮物將教會回溯到它傳統的核心，找出上帝工作的特點及其不變的模式。如果不可以明顯看到愛、喜樂或和平；找不到忍耐、恩慈或良善；也沒有信實、溫柔或節制的迹象，這不可能是上帝的恩典在工作。

第三個分享信仰的踐行是學習傳統。在這踐行中，「怎樣」(how)和「甚麼」(what)同樣重要。「甚麼」即聖經和教會的全景(panorama)：律法、先知和著作、福音書和書信、教義和哲學、教會歷史和倫理學、禮儀，以及牧養研究。透過以多種方式接觸各種神學學科和方法，門徒找到自己在聖徒的團契中的位置，並明白傳統是恩賜/禮物。分享信仰的「怎樣」則指下述的各等範疇：

家庭小組，短期研究系列，教導時間，周末退修，推薦閱讀，加上正式的課程和召命的培養，這些均能調適古代的智慧和現代的挑戰（很快又變成古代）之間的張力，而這種種均會經提煉並再傳遞給新一代。在學習傳統當中所體現的那些給教會的恩賜／禮物，就是「甚麼」和「怎樣」之間的固定的關係。隨著門徒愈多地發現上帝在聖經中的聲音、或者教會歷史中的偉大人物或運動、或者各種禮儀形式，他們愈希望按自己學到的，令所身處的教會羣體變得更忠心、勇敢和更多禱告。而門徒得以找到這些發現的各種處境：例如經禱告後才開始的課堂；而課堂之後，更以體諒的態度回答那些敏銳的問題；一起進餐後才開始的家庭小組，接著一起查經，然後分享各自的擔子，並一起禱告；黃昏舉行崇拜，當中洋溢著信心的詩歌和充滿掙扎的詩篇以及由信經而來的教導；都足以挑戰任何教育觀念，即那些脫離敬拜的羣體、踐行的羣體和反思的羣體的教育觀念。門徒希望澄清他們自己的思想，因為他們的思想，影響著他們如何實行那些重要的踐行；同時，他們也希望澄清他們自己的踐行，因為他們的踐行模塑著他們的思想方式。基督教教育，永遠不是單為了娛樂、溫文儒雅的興趣或文化賞析。基督教教育總是伴隨著敬拜、共同生活的習慣和對有需要的人的照顧，並渴望宣告真理和分享踐行，以及將上帝的友誼，伸向那些最需要上帝的友誼的人和最不認識上帝的友誼的人。但這些伴隨著基督教教育的活動，全都不是自我證明（self authentication）和自我解釋的（self-explanatory）：每一種活動，都需要溝通和精煉的過程，而這過程則由傳統構成。

構成教會分享信仰的恩賜／禮物的第四種踐行，是標誌開端。某意義上這是歡慶的踐行（practice of celebration）的延伸。我們在較早時討論分享生活時，在食物和玩耍的標題下討論過這種踐行。但有些最重要的門檻卻不能恰當地描述為歡慶；不過，這些重要的門檻，對羣體把自己的生活敘述為信仰的故事時十分重要的，而我指的那些門檻是公眾悲劇的時刻(public tragedy)以及葬禮中的集體哀傷。

和很多其他教會一樣，一羣地方會眾在威爾斯王妃戴安娜(Diana, Princess of Wales)突然去世後那個星期，思考怎樣能最好地服事社區，因為那星期大家都懷著極強烈的感受。教會決定在舉行葬禮的前一晚，打開教會的大門，將王妃的一幅大照片投射到屏幕上，播放供默想的古典音樂，給大家空間燃點蠟燭，禱告，簽紀念冊，或者安靜地坐一會兒。數以百計的本地人把握這個機會。在黃昏結束時，教會的地上點燃了很多蠟燭。在靜默的一刻，一位經常到教會聚會的長者對鄰居說：「戴安娜死時，比莫札特死時，年長六個星期。」她以一句簡單的話，肯定那悲劇的真實性，並將這短暫和十分美好但又複雜的人生，與另一生命作對比——兩者同樣短暫、同樣複雜，但卻留下了叫人驚歎的樂章，在大家可以想像得到的悠悠歲月中繼續感動萬千人的心靈，榮歸上帝。她溫柔地以微妙但合時的方式，將戲劇性和感傷，與真正深刻和重要，作對比。那是先知的話。

如果，公眾悲劇發生的那一刻，正是一間地方教會可以支持社區的那一刻——藉著辨識而指認出一些巧妙的方法，以表現出教會的盼望實在是與在其他地方找到的盼望截然不同——那麼，葬禮則給基督徒羣體機會，讓教會指出一件事，那就是上帝以甚麼方式透過四周的生命表達祂自己。有好的葬禮這回事：好的葬禮能夠指出和承認生命始終是不完整的，並且承認哀傷帶來怎樣的痛楚和可怕；但它卻同時將這種種均置於一場景之下，那就是上帝曾經怎樣行事、現在怎樣工作，並將會完成祂在世界上的作為，並且具體指出這生命怎樣成為上帝的作為的模式的一部分，從而揭示上帝的性情的一個面向。這種葬禮可以成為上帝真正的恩賜/禮物，建立祂的教會的信仰。當一個場合標誌著一個在正直的人中間生活並心裏堅定的人離世時，講員只是說：「喬治（George）在嬰孩時被帶到這建築物接受水禮，今天，他再次被帶到這裏，在這裏舉行葬禮。這其間，當我們以為自己不能再走下去時，喬治背起了我們所有人，並且背得很好。耶穌也被西面帶到聖殿裏行潔淨禮，然後被馬利亞及亞利馬太的約瑟（Joseph of Arimathaea）從十字架帶到墳墓。這其間，特別是在十字架上時，特別是現在，祂背起我們。」不大需要說其他話了。以這短短的幾句話，講員肯定了上帝在死去的人身上的作為，以及肯定上帝在活著的人生命中那更新了的使命。

分享難處：作為破碎的身體

上帝透過互相倚靠的踐行給予祂的子民他們所需的一切，當中的第三個面向，是門徒怎樣背負彼此的重擔。在某些時刻，基督徒發現，在分享生活和分享信仰中所建立的習慣，在危急出現時，會變得十分重要或者徹底消失；此即豐富的生命受到缺乏的威脅挑戰時。背負彼此的重擔的踐行本身，肯定是賜給教會的恩賜/禮物，但當教會要回應有關生物科技和健康護理這許多迫切的問題時，這些踐行同時能給予教會實質的內容。

或許，背負彼此的重擔最直接的面向，是照顧患病和垂危的人這一踐行。一個到訪法國的人，可能因為在無數市鎮或城市的中心附近都矗立著被描述為「上帝的酒店」（*Hôtel de Dieu*）的中世紀建築物而感到驚訝——但那明顯是醫院（hospital）。即使考慮到「酒店」（hotel）這個詞彙，在法語和英語的分別，這也是富挑戰性的名稱：它顯示出，醫院是上帝在市鎮中會逗留的地方。關於健康護理，基督徒最重要的態度，不是在人們於經濟層面不再活躍時，或者他們不能再以量化的方式貢獻其生產力時，便放棄他們。這個原則，無論在多大程度上深印在公共健康政策的共識上，基督徒可以稱讚並尊重它的偉大傳統。但他們必定永遠都不能得出這樣的結論：從事健康護理的專業人士，可以提供病人或垂死的人所需的一切。當然，受過醫學訓練並擁有相關技術的人，自有其重要的角色；但那些可以提供補充性及輔助性技巧的人，例如社會工作者，也有其角色可以扮演；而家人通常都有角色可以扮演：對介入、病情的預斷和康復分享資訊和決定。但朋友的角色往往被忽略——即那些不知道發生了甚麼事、沒有技巧可減輕當事人痛苦或分散其注意力、對治療的結果亦沒有任何財政或實際利益的人，他的角色可能會被忽略，但他同時仍然是對病人追求召命和參與羣體這兩方面有識別能力的人——這位朋友是簡單地享受另一個同為上帝創造和呼召的人，享受命定永遠要成為另一個人的朋友的人。

這樣的友誼，是即使病人走進死亡的幽谷也不會放棄他的友誼。在一羣會眾中，一位女士患了末期癌症。在六個月內，一位朋友探了她五次。第一次，她告訴這位朋友一切對她而言是最重要的事情——家人、音樂、工作、花園、信仰。第二次，他問她，如果她的生命只餘下幾個星期，那有甚麼主要的事情是她想做、想說、想完成的？於是，她思想，計劃，在接著的幾天和幾星期把這一切付諸行動。她寫了信，展開了重要的談話，為自己不能等到一些親友的生日，送上禮物，並寫完了一本札記，裏面包含著智慧和反思。在第三次探訪期間，她花了一些時間放開一兩件仍然令她感到不安的事情，她和她的朋友一起，讓上帝將她從那擔子釋放出來。她死前三天，他們第四次一起禱告，她的朋友將她生命的每一部分，那就是身體、心思和靈魂，都交託給創造她和十分珍惜她的上帝。最後，在她死後不久，她的朋友有機會與其他人一起坐在她的身體旁邊，在上帝面前承認並面對所發生的一切。之後，大家只說了一句話，那就是「真美麗」。那友誼發現了一種能力：當基督徒得以藉好些尋常的方法與那不能測透的相遇時，他們便得著能力。

那些委身於背負彼此重擔的人，發現各種需要之間那些微妙的區別。照顧患病和垂死的人，通常都有一個時間限制——患病的時間，或者，在疾病引致死亡前的那段有限的時間內——但照顧感到迷惘和尋找倚靠的人，卻關乎在時間上能堅持多久。有些情況是時間不能醫治的。但這些情況仍然可以是給教會的恩賜/禮物。在一羣地方會眾中，一位男士有特殊的教育需要，他發覺自己的社會和經濟地位均十分脆弱。教會的成員們聚集在一起，討論怎樣可以最好的服事他。他們確立了某一支持程度和模式，那是他們感到自己能夠應付的，就在這時候，他們將這位男士邀來，讓他參加其後的一次商討，那是關乎究竟有甚麼行動和可能性，是他們可以一起跟他分享的。不過，在其後的幾星期，關於這些談話在多大程度上應該保持祕密，出現了爭論。有些人感到，照顧人的專業的最好踐行方式，是將一切只讓相關的各方之間保密，更不應該讓人知道這脆弱的人存在，以免他受到那些以脆弱的人為獵物的人所惡待。其他人則感到教會生活的核心，是背負彼此的重擔，而從事的方式，要與在其他地方找到的取向不同。當一份文件——這份文件記錄了教會近期的議題、事件和重要事情——提到那個人的名字時，爭論更達到高峯。那些支持保密的人感到震驚，有些人希望有人公開道歉。但沒有人道歉。不久之後，有人聽到，那位男士說，在教會的報告中提到他，他十分欣賞，因為大家都很仁慈，令他感到自己是教會重要的一分子。他是恩賜/禮物，透過他，會眾學懂教會作為專業的關顧者和護理人員，與教會作為教會之間的區別。

另一種有著微妙的分別的背負重擔（burden-bearing），是照顧喪親和沮喪的人。照顧經受這種傷痛的人，可以好像照顧患病和垂死的人那樣——也就是說，這似乎也是有時間限制的（例如，「大約三年後，你便會開始克服這種傷痛了」)；但從受苦的人的角度看來，這卻始終更像在照顧迷惘和尋找倚靠的人——一個沒有盡頭的缺口。人類的所有苦痛，如損失、傷害、疏離、孤單、不能逾越的障礙和意料之外的困難等，都交織在大家的共同生活中。可以給教會參考的，是約伯的同伴：他們「同他七天七夜坐在地上，一個人也不向他說句話，因為他極其痛苦」(伯二13)。對很多人來說，這似乎是最難看到上帝給教會豐富的恩賜/禮物的地方。對很多人來說，這是他們與上帝的友誼中張力最大的時刻。面對缺乏，照顧者的角色是體現豐富；他要提醒並體現上帝所有其他恩賜/禮物；他們要為似乎缺乏那些恩賜/禮物的人提供更遼闊的脈絡；如果他們得使用文字，就使用文字。那可能是又漫長、又黑暗的黑夜，全沒有黎明的迹象。但這更需要回想上帝的呼召：祂要我們持續、執意地敬拜祂(「賞賜的是耶和華，收取的也是耶和華。耶和華的名是應當稱頌的」)，以及恆心持守人和上帝間的友誼(「誰能使我們與上帝的愛隔絕呢？」)，以及在失意挫敗時堅持分享食物(「在我敵人面前，你為我擺設筵席」)。

這便是教會對待很多在醫藥上富爭議性的問題的基礎所在。因為，科技有時是道德混亂的結果，多過是道德混亂的成因。科技往往希望令世界變得更好而毋須令我們成為更好的人。科技永遠不能夠回答以下這等問題：例如，甚麼才足以構成好死(good death)，為甚麼社會不因為人們患病或垂死而放棄他們，以及甚麼環境令受苦變得有價值和有尊嚴等。基督徒羣體的努力，是將患病和垂死的人，感到迷惘和尋找倚靠的人，喪親和沮喪的人，與那些困難比較短暫或不那麼明顯的人，連結成一個身體。這個身體，對那些人的想像力——即其心中的各等預設均由科技帶來的可能性以及由關顧的各種限制所模塑的那些人——將構成可見的挑戰(a visible challenge)。

如果教會希望體現一種羣體，在那裏養育孩子是共同分擔的召命，以致父母很少感到他們的孩子是「他們自己的」，那麼，應否繼續花那麼多工夫，讓夫婦明白那是「他們自己的」孩子？如果教會希望踐行對垂死的人的照顧，以致好像敬拜、友誼和分享食物這些表現出忠心的行為一樣，永遠不停止，那麼，即使到了最後，應否容許病人接受別人幫助以結束自己的生命？如果教會希望展示一種文化，在那裏，所有兒童都得到珍惜和教養，他們都好像恩賜/禮物一樣，會帶來驚訝、意料之外的挑戰和賜福，那麼，應否以傷殘為理由對後期的墮胎視而不見？如果教會不希望以由基因改造、改進的身體來生活，而是以由水禮轉化以及植根於基督的更新身體來生活的話，那麼應否向複製人敞開大門？

基督徒應邀加入公共討論時——關乎諸如生物科技這類問題的公共討論——他們是代表這樣的一個身體：收養人們不想要的孩子，養育不正常的孩子，堅持不放棄瘋狂或有毒癮的青少年，與患了絕症的鄰居為友，繼續陪伴年長的朋友——即使他們已經失去思考能力。如果他們可以指向這羣就好像雲彩般的見證人，那麼，他們便可以帶著權威說話；相反，如果他們不是這樣，或許，他們也沒有甚麼話好說了。

倚靠外人

當我們說，教會倚靠上帝，這可能是沒有爭議的；這畢竟隱含在禱告的觀念、對創造和上帝的照管（providence）的理解以及幾乎任何對基督的主權的解讀中。當我們說，基督徒羣體彼此倚靠，或許是過時的；因為在這時代，一羣會眾往往被理解為不同獨立個體的聚集，而很多教會都不挑戰個人自主性（personal autonomy）這個假設，此外，很多投資都確保公共機構在市民有麻煩時，會為他們提供物質的需要；但原則上，很多人都禮貌地肯定互相倚靠是可行的概念。可是，我們說要倚靠外人（stranger）則是另一回事。或許，我們對外人當負上責任，這也是頗為可能的；但要倚靠他們？對很多人來說，或許是對大部分人來說，這是將事情錯誤地顛倒了。

作為上帝子民的生活的第三個向度，即恩賜/禮物的第三個來源，倚靠外人的確是伴隨著倚靠上帝和彼此倚靠。以色列人的生活的特點，是「不單照顧孤兒寡婦，也要照顧寄居的人」。外人和客旅，再三成為上帝給祂子民的恩賜/禮物。是麥基洗德帶餅和酒去祝福亞伯拉罕。是法老的「肥牛」在艱難的時刻支持雅各的家庭。是巴蘭在面對以色列的敵人巴勒時，祝福以色列。是路得展示出以色列在她的子孫大衛的統治下需要有的忠心和想像力。是迦特人亞吉在大衛和他的追隨者被掃羅追殺時給他們安全的家。是示巴女王獨立地見證所羅門的智慧和興盛。是古列讓猶太人從被擄歸回。以色列倚靠這些外人。外人不單是威脅。他們不全都好像摩西所面對的法老、迦特人歌利亞、亞述的西拿基立和巴比倫的尼布甲尼撒那樣，硬著心腸，充滿敵意。外人，一再成了上帝的手、上帝的腳，拯救、恢復和提醒以色列人，就好像上帝在其他地方自己親手所作的那樣。

同樣，耶穌和初期教會也在外人中間找到信心和憐憫。當耶穌遇到要求祂醫治其僕人的百夫長時，耶穌說：「這麼大的信心，就是在以色列中我也沒有遇見過。」十個得醫治的痲瘋病人中，只有一個撒瑪利亞人回來讚美上帝和感謝耶穌。耶穌發現迦南婦人的適應能力和忠心，她求耶穌醫治她自己的女兒，那時，祂同樣說：「婦人，你的信心是大的！」是哥尼流得到天使到訪，推動教會修訂對外邦人歸信的理解。從撒瑪利亞人身上，耶穌吩咐祂的追隨者，應該看到好鄰舍的榜樣。

事實上，耶穌的比喻提供了一個框架，讓我們看到上帝的子民怎樣看到自己對外人的倚靠。從好撒瑪利亞人身上，他們學到自己才是外人，是寄居的，要倚靠撒瑪利亞人的憐憫——而他們一向是被教導要憎恨撒瑪利亞人的。從不誠實的管家身上，他們學到最重要的人，是欠上帝最多的人。從富人和拉撒路身上，他們學到要關心窮人；這不是為了窮人的緣故，而是為了他們自己（他們永恆的得救，有賴這事）；他們要關心窮人，不是因為窮人配得關心，而是因為他們自身的貧窮（比喻中，沒有討論拉撒路的道德品格）；他們關心窮人，是見證他們對上帝的重視。從最後審判的比喻中，他們得悉窮人是基督的聖禮（sacraments），或許，正是窮人提供每天遇到基督最直接的機會；他們的審判，不是集中在他們定規為敬虔的那些時刻，而是集中在他們視為之理所當然的東西、集中在他們做了甚麼——當他們以為沒有人察看的時候。

最後審判的比喻，將福音的敍事中幾處隱含的事情，明確地表達出來：基督是外人和寄居者。基督是在出生時被排斥的人（「客店裏沒有地方」）；不久又要逃亡（「約瑟……夜間帶著小孩和他母親往埃及去」）；從聲名狼藉中開始其事奉（「拿撒勒還能出甚麼好的嗎？」）；沒有家（「人子沒有枕頭的地方」）；在重要的時刻，沒有朋友（「門徒都離開他逃走了」）；最後，在受咒詛的山岡上死去（「他們來到稱為髑髏地的地方」）；沒有穩當的葬身之地（「約瑟取了身體……安放在自己的新墳墓裏」）。基督成為救主的部分意思，是將自己放在需要拯救的人的地位上。

最後審判的比喻肯定了：匠人所棄絕的石頭，已經成了房角石。被遺忘的外人，實際上是君王。這個比喻，和兇惡園戶的比喻有著相同的主要結構。兩者均肯定一件事，那就是很多人看不見上帝怎樣顯示祂自己，他們的得救亦因而陷入險境。最後審判的比喻的吩咐是簡單、靈巧地踐行憐憫。

> 因為我餓了，你們給我吃，渴了，你們給我喝；我作客旅，你們留我住；我赤身露體，你們給我穿；我病了，你們看顧我；我在監裏，你們來看我。(太二十五35～36)

這六種憐憫的行動體現出上帝的呼召：上帝要祂的子民敬拜祂，成為祂的朋友，與祂同吃。因為它們始於食物和飲料；這些行動構成友誼之手，跨越羞恥、不潔、恐懼和需要的界限，把友誼之手向別人伸出；它們顯明為與基督相遇，因此可以恰當地描述為敬拜。它們將身體的美好踐行，伸展到世界。它們在談話和食物的脈絡下，界定友誼。它們是教會的踐行所必不可少的。

但倘若倫理學變成對外人的責任或者任務，那是不足夠的。它忽略了一個重要的向度，那就是外人是給教會的恩賜/禮物。如果教會忽略了這向度，便會製造出不應該存在的張力。那張力存在於教會的內在生活(inner life)和教會的外在生活(outer life)之間——即在教會肢體間表達的愛，以及他們向外人表達的愛之間。這也可以經驗為舒適和責任之間的張力。但這種張力是因誤解外人所致的。外人是給教會的恩賜/禮物，而不是負累。所有聖經的例子都顯示外人代表了上帝的手，其臨在於教會之中，是為了拯救、恢復和提醒。外人不是缺乏的先兆，而是豐富的聖禮，不是消耗資源，而是帶來恩賜/禮物。照顧外人，分享食物，提供友誼，都不是關乎利他的事；基督徒做這些事，是因為他們單純地相信，在這個人身上，有些珍貴的東西可以支持和建立羣體的生命，即使那恩賜/禮物顯明得十分緩慢，或者難以接受。這是匠人所棄絕的石頭，但它命定要成為房角石。這是被釘十字架的那一位；但祂同時會是榮耀地復活的那一位。

一羣地方會眾接觸到一個遇到麻煩的年青人。他在法庭受審，被控以一百一十七項爆竊罪。教會領袖對他說：「來替我們的禮堂油漆。」後來，他們發現這個年青人在這方面很有天分。他在青年犯人收押所學懂裝修。他與教會的祕書建立了友誼。祕書這份工作只是兼職，但他不時來與這位青年交談。有幾次，他們一起吃三文治。到他要為爆竊罪受審時，教會的祕書與他一起出庭。這位祕書說：「給這個小伙子另一次機會，讓他替我們工作吧。」法官說：「唔，替你們工作所需的開支，一定比把他關在監獄低；但我不認為你們值得這樣待他。」年青人完成了油漆計劃。然後，他與幾個朋友做起油漆的生意來。到了慶祝的時候，要將修復的禮堂獻上時，年青人的母親出現。她只想與一個人談話。那就是教會的祕書。她看著他，慢慢地說話，每一個字都是重要的。「當你去法庭為我兒子求情，讓他可以保住那分工作，你拯救了他的性命。」

即使不同的基督徒羣體均明白到，他們自身實在要倚靠那些可能被視為脆弱或者「有需要的人」；但這些羣體通常也很難看出他們要倚靠兩種獨特的外人——另一信仰羣體的成員，以及敵人。基督徒羣體，與持不同信仰的羣體的成員之間的關係，傳統可分為三種類型，即排他主義（exclusivism）、包容主義（inclusivism）和多元主義（pluralism）。但一旦我們接納了一件事，那就是所有信仰都是信仰之間的（inter-faith），也就是說，所有信仰，都是在「朋友和外人之間追求和平及復和」這種處境下，給踐行出來的。而且，一旦我們預備不單考慮理論問題，也考慮踐行時，問題的真正性質便浮現出來。如果我們視持另一種信仰的人為外人，與此相關的真正對比，應該是在寬容（tolerance）和接待（hospitality）之間，作出選擇（Barnes 2002, 4, 8, 254）。

寬容預設了衝突的存在，但那只是處於休戰狀態，延遲了雙方的敵對罷了（Bretherton 2004, 80～103）。寬容不會帶給我們任何可供指認的社羣踐行，也肯定不帶給我們任何具和合力（cohesive）的模式，使不公義的社會關係得以校正；當差異的接納被轉化為社會政策時，便會出現如下現象：當大家發覺這種寬容事實上並不真的寬容他們時，爭執便會出現。事實上，寬容傾向拆毀羣體，令公共論述沉寂；因為，挑戰別人的觀念，變得愈來愈難；或者，要與比個人的良知更為遠大的羣眾運動產生聯繫，也會愈來愈難。對比起來，接待本質上是羣體性的，它預設了在分享食物中、在初步建立友誼時，正是辨識大家價值觀的來源的合適處境（因而也可辨識各自的敬拜的方向、目的、內容、踐行和含義）。基督徒的接待，預設了外人會給我們帶來恩賜／禮物——因為基督帶來無限恩賜／禮物，而基督是外人——而那恩賜／禮物對基督徒羣體的維持和興盛而言，終將證明是必不可少的。

同樣，問題的核心是缺乏和豐富。寬容預設了接納（acceptance）實際上是有限制的，因此，每一種差異都需要受到監控，以免一種差異會遏制另一種差異。接待則預設了慷慨會帶來補充（replenishment），這種補充來自意想不到的源頭，因而也沒有因為對資源減少或者對純正教義受到污染而感到焦慮。耶穌轉化了接待和聖潔兩者之間的關係。

> 不需要脫離或排擠異教徒，藉以維持聖潔；在耶穌對異教徒、不潔的人和罪人的接待之中，祂自己的聖潔便顯明出來。罪和不潔，沒有使祂受到傳染，反而似乎是耶穌的純潔和公義，不知怎地「傳染」給不潔的人、罪人和異教徒。正如博格（Marcus Borg）所說：「在耶穌的教導〔和踐行〕中，被理解為是有傳染性的，是聖潔，不是不潔。」例如，血漏的婦人只要觸摸到耶穌，便得了醫治，得以潔淨。（Bretherton 2004, 94）

在一間地方教會中，一對夫婦一起渡假。某天，他們找人載他們去一個景點。他們的導遊是伊斯蘭教徒。他們到達了目的地後，便拿出攝影機，在景點面前擺姿勢，從不同角度拍照。正當他們開始想到要繼續前進時，他們發覺已經有一段時間看不到導遊。他們轉了一個彎，看到導遊半伏在地，向他的神獻上禱告。他們感到羞愧，發現自己和導遊的差別——如何花過去的十五分鐘。他們回家時，與會眾分享一個他們覺得有幫助的禱告，那個禱告是這樣的：「如果我為了天國的盼望而愛你，不要給我天國；如果我為了對地獄的恐懼而愛你，不要給我地獄；但如果我單為了你而愛你，單單給我你自己。」會眾對這個禱告十分受落，有些人問這個禱告來自哪裏。當他們發覺這是一個伊斯蘭教徒的禱告時，大家有點迷惘。但那對夫婦指出，正如他們的導遊，曾經成了給他們的恩賜/禮物，令他們從屬靈的自滿中驚醒過來；這個禱告也可以成為恩賜/禮物，或許可以驅走一些關於伊斯蘭教的無知和偏見。

這一章以倚靠敵人結束。倚靠敵人是教會的行事（Church's performance）的高潮，因為這是效法基督的最好方法，也最令人振奮地展示出教會的踐行，倚靠敵人要求恩賜/禮物的所有向度，而這些恩賜/禮物是藉前述的所有的倚靠形式賜下的；而倚靠敵人最終也在預設為缺乏的環境中展示出豐富。

倚靠敵人似乎是荒謬的。因為敵人不是體現損害和污染基督的身體的一切的嗎？倚靠敵人不是混合了偶像敬拜、幼稚和與邪惡勾結嗎？那麼它怎可以成為教會的行事的高潮？要回應這些問題，需要回顧這一章所作的宣稱，並逐步建立論點，最後視這一章所勾畫的踐行為一循環式的（circular）。因此，首先是思想倚靠這個觀念。倚靠本身——正如基督徒的行事的每一方面的特點——是對自主性這個普遍的觀念的公然冒犯。我們對倚靠敵人的恐懼，始於對倚靠任何人的恐懼。他們令你失望，他們剝削你、虐待你、苦待你、操控你並最終拋棄你。事實上，他們確實是這樣。但自主性不是答案。

倚靠始於倚靠上帝。耶穌說：「父啊，赦免他們！因為他們所做的，他們不曉得。」面對敵人，祂仰望祂的父。定時禱告的習慣，以及這些習慣在家庭和羣體關係中的體現，模塑了門徒；而那是藉圍繞倚靠並以此作基礎的自我理解（而不是自主性）來完成這模塑工作的。上帝不是確保自主性的機制；相反，當門徒發現他們倚靠上帝時，他們便明白解放的含義，正在於一種經轉化的倚靠觀念。而這正是彼此倚靠（人與人之間之互相倚靠）開始浮現之處。門徒在平常的生活中學習彼此倚靠；他們也發現一些方式，在其中，這些日常的節奏與倚靠上帝交織在一起；而從那些平常的習慣中，則浮現出一些能夠支撐羣體的踐行，特別是當羣體的成員遇到麻煩時。倘若羣體倚靠上帝，不單倚靠自己，這羣體便知道其維持和興盛，是倚靠來自外面的恩賜/禮物。因此，它重新發現上帝透過外人帶來恩賜/禮物的方式——窮人和脆弱的人和差異極大的人，均可以給予羣體一些東西；而且，若沒有這些東西，羣體便幾乎不能生存下去。但有些外人帶來似乎十分具威脅性的恩賜/禮物，那是很難併合到羣體的生活中的，尤有甚者，這等恩賜/禮物就好像被特別設計來破壞或毀滅羣體生活。

於此，我們需要採取三個行動。第一，是完成那循環，並明白到彼此倚靠和倚靠外人將人引向倚靠上帝。「你們的仇敵，要愛他！恨你們的，要待他好！咒詛你們的，要為他祝福！淩辱你們的，要為他禱告！」（路六27～28）耶穌將問題帶回對上帝的倚靠中。

> 你們若單愛那愛你們的人，有甚麼可酬謝的呢？就是罪人也愛那愛他們的人。你們若善待那善待你們的人，有甚麼可酬謝的呢？就是罪人也是這樣行……你們倒要愛仇敵，也要善待他們，並要借給人不指望償還，你們的賞賜就必

大了，你們也必作至高者的兒子，因為他恩待那忘恩的和作惡的。(路六 32～33、35)

耶穌指出，彼此倚靠並不足夠：我們必須倚靠外人；在倚靠的極致中，使我們明白到，倚靠外人便表示倚靠上帝。第二個行動，是將外人與可能存在於他們心裏的邪惡分開。邪惡的，不是我們的敵人，而是在敵人心裏的邪惡意圖。消滅敵人，可能暫時減輕羣體所面對的危險，但卻不大可能敗壞那邪惡的意圖；而且，更可能引起反效果。當我們説要倚靠敵人，為的是要使倚靠外人的重要含義重新得到應有的注意，從而把該羣體的辨識的焦點，集中於辨識一件事：這外人帶來的，可能是對外人加以接待，即使該羣體可能需要把它的一切資源，用於抵擋敵人似乎會帶來的威脅。這樣提到羣體的一切資源，便帶來了第三個行動——該羣體將它的注意力轉向抵擋來自敵人的威脅時，它將考量它的資源實際上是甚麼。而該羣體找到的是：它的資源正是倚靠上帝、彼此倚靠和倚靠外人這三種踐行。在這些資源中，有否包括以暴力或侵略回應威脅？這些踐行來自其他地方。它們是羣體的踐行——但他們發現，三重倚靠的踐行，並沒有給基督徒他們敬拜上帝、成為祂的朋友、與祂同吃所需的一切；它們雖是門徒的踐行——但他們發現，上帝的恩賜/禮物，在有需要時，是短缺的。教會倚靠敵人，最終是因為敵人給基督徒提供一最終測試，那就是我們是否真的單倚靠豐富的恩賜/禮物——而這些恩賜/禮物是透過上帝、彼此和外人而得以擁有的？又或者，當他們發覺這些恩賜/禮物不足夠時，是否會到別處尋找？

7
恢復
Restoring

我的整個論證是呼籲信徒看到：上帝給予祂子民那些豐富的恩賜/禮物，令他們可以回應祂的呼召，跟隨祂和過復和的生活（reconciled life）。但我明白，教會不單沒有理會這些恩賜/禮物，更積極地以笨拙、有時甚至是醜惡的方式，不去體現上帝救贖的恩典。這一章的主旨，是承認教會的罪，同時勾畫上帝給予教會的恩賜/禮物——這些恩賜/禮物能幫助教會處理它自身對上帝之呼召的違反，即使違反得多嚴重。教會體現寬恕（forgiveness；或譯「赦免」）的能力，或許構成了教會對世界最重要的見證；因為正是在那裏，祭司和先知的事奉最深刻地會合。

說出真相

基督教信仰的核心有三大奧祕。第一個奧祕是：起初為甚麼上帝要費心去創造？第二個奧祕是：為甚麼祂的子民將事情弄得一團糟，上帝仍然繼續關心他們？人類顯出他們的真面目時，祂為甚麼不放棄他們？第三個奧祕或許是最大的奧祕：為甚麼祂的子民漠不關心——為甚麼他們能夠漠不關心？叫人感到可怕的，當然不單是漠不「關心」。基督徒不單忽略了上帝的遊樂場，他們也傷害和苛待其他一起玩耍的人，甚至拆毀遊樂場本身。或許，我們可以辨識出四個層次的失序（disorder）：罪、邪惡、共謀（collusion）和想像力的貧乏。這幾個層次，擴充了我在第一章提出的範疇。頭兩個層次，會將罪看為「逆性」（perversity；或譯「敗壞」），並會把這個觀念加以擴充；最後兩個層次，則會將罪視作「缺乏想像力」，並會把這個描述加以擴充。

罪是全然的叛逆。人藉錯誤處理上帝的恩賜/禮物，將恩惠的恩賜/禮物變成傷害人的武器；將敬拜上帝的機會轉化為偶像敬拜的時刻。在小說《靜物》（*Still Life*）中，拜厄特（A.S. Byatt）敍述了那位受歡迎和充滿魅力的新教區牧師法勒（Gideon Farrar），怎樣帶領年青人外出渡週末，並鼓勵他們探索自己的感受。小組中的男孩，很喜歡這個領袖，因他令他們感到他們所做的事情**是重要的**。一個害羞的成員路得（Ruth）第一次談及她母親的疾病和死亡、父親的再婚和自己希望成為護士。斯蒂法妮（Stephanie）是助理牧師的太太。她與法勒一起時感到不自在，因為他第一次與她談話時，他表現得頗為輕佻。那個青少年週末活動過後，幾個星期之後，在某一個大家沒有想到的黃昏，斯蒂法妮到教會的禮堂去；她發現法勒單獨和其中一個少女在一起，他們在一間細小的辦公室裏，而他雙手放在少女的上衣裏面。「那個蒼白、紮著辮子的女孩，不大說話，顯得沉默，她就是那個想成為護士的女孩」（Byatt 1986, 329～330）。這是關於罪的逆性的故事：一個男人，有恩典圍繞著他——事奉的恩賜/禮物、同工的忠誠、青年小組充滿生氣的熱誠和渴望；在故事中，有一個讓他享受和分享的地方，而教會一切關於慷慨、關於盼望和信任的踐行，都供他享用。但這故事被遺忘，那些恩賜/禮物被忽略，那一刻遭蒙羞，而權力變成背信。好像大衛派烏利亞去送死，然後將拔示巴據為己有一樣，這是將上帝賜予的能力，變為蓄意的傷害。那是罪的奧祕，以及罪的可怕之處。

邪惡是心懷惡意的過程，藉著這個過程，罪的逆性成為了一羣人或一個建制的活躍程序。當我們言說「邪惡」，不單是高聲地說「罪」，而是承認在每一個世代都有令人痛苦的例子，這些例子顯示基督徒怎樣專注於自身的目的，令他們看不見恩典。或許，近年最可怕的例子，是很多教會參與一九九四年盧旺達（Rwanda）的種族滅絕。麥卡勒姆（Hugh McCullum）講述了穆涅舒亞卡神父（Fr Wenceslas Munyeshyaka）的故事，他是首都基加利（Kigali）中部一間大天主教堂的教區神父（McCullum 1995, 44 ～ 49）。有八千個圖西族人（Tutsis）跑到教會尋求庇護，因他們正身處極可怕的環境之中。但揮舞著大砍刀、被稱為國家發展革命運動（*interahamwe*）的民兵，幾乎每天都在搜捕和殺人。穆涅舒亞卡神父有時會帶圖西族人走到教會後面，親手殺死他們。有一次，一百個圖西族男孩在教會外被屠殺。那些在教會裏的人，則成了人質。那是一個精心策劃的計劃的一部分，為要阻止教會被圖西族的軍隊攻擊。在其他地方，麥卡勒姆遇見一位長老會牧者，那個牧者看著自己會眾中的成員——正就是那些他為他們施洗的人——屠殺了他全家。那就好像受苦節時耶路撒冷羣眾的心靈狀態一樣，像野火般擴散，挑唆他們，使他們要求釋放巴拉巴，並將耶穌釘十字架。這是不能解釋的。邪惡好像罪一樣，基本上是不能解釋的，是可怕的奧祕。

共謀，則用以指稱基督徒及其教會那較為被動的參與：有分於逆性之模式（pattern of perversity）；或者，這用以指稱大家怎樣急急從別人的罪中攫取利益。在一系列的議題上，大家已不斷指出，只要善良，甚麼也不做，邪惡便能得勝。世界貿易的現況是其中最明顯的例子。世界貿易的現況，令很多發展中國家的人越發貧窮，以及令地球因為氣候變化而受到破壞。在其中，基督徒往往和其他人一樣，成了這個過程的一部分；而在過程中，幾乎每個人都聲稱自己無能為力。在一間地方教會中，會友以很大的熱誠成立了一個禱告和行動小組，聚會了兩三次，他們感到有很多事情是可供探究和跟進的：但漸漸地，幾乎每個成員都發現，諸如音樂小組、在職男士會所、難於找人照顧孩子、或者要批改試卷和備課等，太多事情妨礙他們；至於公義、貿易和不公平的拘禁等議題，完全不在教會的議程之內。這就好像門徒從客西馬尼園四散一樣，使得耶穌被捕和受審的不公義，可以不受挑戰，繼續存在下去；即使那些最能夠看到恩典和失序之間的對比的人，也説服自己，令自己相信自己甚麼都不能做。共謀往往是關乎忽略——因此，這是被動地參與壓迫和混亂。

麥卡勒姆講述了一件事。一九九四年八月，長老會復康委員會（Presbyterian Committee for Rehabilitation）的二十位成員在盧旺達舉行了一次了不起的會議。這個委員會後來稱為「倖存的教會」（Surviving Church），後來又改稱為「悔改的教會」（Repentant Church）。他們認真地憶記起，教會中所有圖西族人以及那些拒絕和民兵合作的胡圖族人（Hutus）全都罹難。他們想到，那時，為甚麼幾乎沒有一位主教或任何宗派的領袖，站起來譴責種族清洗？他們發覺「教會沒有改變人；反倒是教會被改變，變得軟弱。」那位家人遭屠殺的牧者慢慢地説：「我們失去我們的生命。我們失去我們的公信力。我們感到羞愧。我們軟弱。但最重要的是，我們失去我們的先知使命。我們不能將真理告訴總統，因為我們成了權力當局的諂媚者。」（McCullum 1995, 75）

最後，想像力的貧乏指羣體內的那些笨拙的方法。在其中，缺乏安全感可以變成妒忌，恐懼可以變成殘忍，自憐可以變成懶惰，無力可以變成絕望；簡單來説，地方教會似乎距離國度十分遙遠。

有時，似乎每一羣人，包括會眾，最終都會變成權力鬥爭、成為家庭功能障礙之處、演練和展示沒有恩典的生命那乏味和可恥的邪惡的機會。在一間地方教會中，兩位成員之間發生了嚴重爭執。其中一個成員，接待了一個本地青少年到自己家裏居住，為她提供居所幾個月。另外那個成員則懷疑那青少年是否真的正直可信，在未獲邀請下，向接待青少年的那位成員，提供了很多建議，要對方小心。而這些建議，大多來自一些入門級的專業教科書。當那青少年表示自己從樓梯跌下來引致流產時，意見分歧變成了高聲的爭論。她曾否懷孕？她是否實際上祕密地墮胎？這只是為了吸引別人的注意力嗎？一切都是不清楚的。這是出於愛心而引起的爭執？這是缺乏安全感的人在測試自己剛學懂的社會心理學技巧？而他們表面上表達善意，骨子裏卻自以為高高在上？他們在質疑一位誠實的人的動機嗎？而後者正在嘗試盡最大努力去幫助別人。還是人對自己的教育程度和機會感到內疚，或許因而欺騙自己，並自大地拒絕聆聽別人的建議？——縱然這些忠告可以使他們不再那麼天真愚蠢並膚淺地嘗試幫助別人。抑或，這是處理失望的兩種互相衝突的方法嗎？這就好像門徒爭論誰會在天國佔最好的位置一樣，這些爭論使地方教會往往把「成了肉身的聖言，再次成為言語的一處地方」（用繆爾〔Edwin Muir〕的話來說）；而且那是一種苛刻的言語（引自“The Incarnate One”, Muir 1991）。

失序的這四個向度，不是互相排斥的；它們會互相增強。但我所以在這裏列出這四個向度，是因為於不同類型的失序中，饒恕及復和的踐行可能會如此不同；而且，這四個向度又會共同組成一個處境，於其中，可以表明說出真相（to speak the truth）究竟是甚麼意思。

說出真相，有時實際上似乎是不可能的。在一間地方教會中，有一個家庭經歷了很深刻的悲劇。一位年青、快樂、充滿朝氣的女士死了，遺下丈夫和四個孩子，而這四個孩子都差不多要長大成人了。她惟一的兒子，決定在喪禮上說話。一切都小心地計劃和處理，但在喪禮前一晚，晚上十時，她的兒子還沒有準備好他的講辭。一位牧師在他身邊坐下。「告訴我，明天可能發生的最糟的事情是甚麼？你會哭起來？還是會冒犯某人？」那年青人沉默了很久，然後說：「那是……我不會說出真相。」牧師問：「真相是甚麼？」他說：「她生命中的最後一個星期，簡直有如地獄。」牧師說：「唔，為甚麼不這樣說？」年青人說：「不知怎的，我就是不能。因為每個人都定意要表現得積極和快樂。」牧師冒險說：「或許，是因為這個家庭的每個成員，都在長達大約六十年中，感到事實的真相是難以接受的 —— 自從你姑婆懷孕之後，就正如醫生預測那樣，她死去了；然後，你祖父在很年青時便去世，而從沒有人告訴過你父親那是為甚麼……〔加上另外幾個例子，諸如此類。〕或許，如果你明天站起來，說那就像地獄一樣，你不知道，對多少人來說，這會是做了一件好事。」結果，年青人就這樣做。會眾因為他的勇氣都給嚇呆了。他家裏的每一代人都開始表達哀傷，就好像第一次這樣表達似的。因為，至少有一個真實的故事，讓他們可以圍繞它來聚集他們的憤怒和憂愁。

因此，復和的恩賜/禮物，始於講述真實的故事。只有基於真實的故事，門徒才可以踐行勸誡的工作（admonition）。「倘若你的弟兄得罪你，你就去趁著只有他和你在一處的時候，指出他的錯來。他若聽你，你便得了你的弟兄」（太十八 15）。勸誡，是兩個故事的參差比對：恩典、創造、呼召、基督、教會和成全（consummation）的故事；以及罪的故事，自義、自欺和自憐的故事，這是罪、邪惡、共謀和道德想像力的貧乏的故事。勸誡涉及判斷（judgement），因為判斷指出兩個故事之間的分別。勸誡所倚仗的，是視兩種論述皆為真實的故事。一方面，恩典的福音，必須述說成活生生、迫切的敍事，在其中，十字架和復活的邏輯是透明和令人激動的。另一方面，失序的敍事，必須以這樣方式說出：在其中，主角能面對自己，並意識到自己所看到的一面，是可以得到承認和理解的；然後，他或她看到這種敍事和恩典的福音之間存在著對比，他或她明白到這是多麼令人痛苦的事。當然，這是兩種不同的真相。一種是關於宇宙的本質、定向和目的的宣稱；另一種真相，則是將重要的元素聚集並整理成看似合理的次序。將它們放在一起時，可清楚表明，在勸誡的踐行中，不單要有對現實的判斷，也要有歸信的盼望。第二個故事說：「是的，你可能十分痛苦，但也看看你引致的痛苦吧。大家對基督犯下了嚴重的罪，祂被罪傷害（sinned against），但祂沒有以罪回報別人；如果你的痛苦大得不能忍受，向基督祈求，使你能夠忍受吧。不要將這痛苦轉嫁到別人身上。是的，你可能是受害人，但這不是關於你的整個故事之全部事實。看看你的行為怎樣使別人受害，看看恩典的福音怎樣可以使你和他們脫離這種加害的循環吧。」福音的真實故事，令門徒可以開始講述關於他們自己和關乎彼此的真實故事。

重要的是，需要從勸誡的踐行中，驅走自義的判斷主義之類的觀念。阿奎那（Thomas Aquinas）把像兄弟般彼此糾正（fraternal correction）視為一種賙濟（“kind of alms”; Aquinas 1948, IIa IIae q. 31, volume 3, 1314），實在十分有幫助。尤達（John Howard Yoder）這樣總結馬太福音十八章15至18節的教訓：

a. 「採取主動」，是個人性的，那不是一種聖職的功能。要與犯錯的人接觸，應該是知道那錯誤的人，而不是聖職人員。

b. 這樣做的目的，是恢復性的（restorative），不是懲罰性的。

c. 重大和次要的過錯，是沒有區別的；任何過錯，都是可以原諒的，但沒有過錯是不重要的。

d. 這樣做的目的，不是要保護教會的聲譽，或者教導旁觀者罪是如此嚴重，其目的只是：為了犯錯的人的好處，並希望恢復其於羣體中的生活。

（Yoder 2001, 2 ～ 3）

這樣，上帝給予祂子民恩賜/禮物，令他們能夠敬拜祂，成為祂的朋友，與祂同吃，即使是在面對罪和邪惡的時候。

發現良善

若有人在基督裏，他就是新造的人，舊事已過，都變成新的了。一切都是出於上帝；他藉著基督使我們與他和好，又將勸人與他和好的職分賜給我們。這就是上帝在基督裏，叫世人與自己和好，不將他們的過犯歸到他們身上，並且將這和好的道理託付了我們。所以，我們作基督的使者，就好像上帝藉我們勸你們一般。我們替基督求你們與上帝和好。上帝使那無罪的，替我們成為罪，好叫我們在他裏面成為上帝的義。（林後五 17 ～ 21）

探討悔改、饒恕、復和及恢復的踐行，必須始於坦白地承認一件事，那就是有時它們有效，有時卻無效；或者，至少，有時它們的功效來得很慢。因此，雖然這一節首先突出上帝為了恢復而給予的恩賜/禮物，但這一節其實也指向另一些恩賜/禮物，那就是當全面復和似乎不大可能或不能達到時，我們可能用得上的恩賜/禮物。當復和的恩賜/禮物能發揮效用，實際上新的創造〔新造的人〕

便出現了；而和好的事奉，實際上是教會體現基督的一種向度。但看保羅的話。他自己都坦承這是一個「請求」；換句話說，他自己請求讀者依從與上帝復和的道路，並因而在鄰舍的生活中，他的讀者之同在成了使人復和的同在。即使是保羅，復和仍然明顯是一未能實現的盼望。

如果關於失序的第一個踐行是講述真實的故事，第二個踐行是勸誡，那麼第三個踐行便是悔改（repentance）。在一間地方教會中，一位年青女士去讀大學，期間，她與一個比她年長不少的男子建立了長久的關係。她懷孕時，她希望伴侶給予支持，也希望從他身上得到力量，但她發覺對方無意成為父親。她回到家裏，在迷惑和絕望中轉向父母；她母親認為只有一種解決辦法。不久，她進行墮胎。她為了失去孩子而哀傷，也哀歎周圍的人操控她，沒有給予她所想望的憐憫。她嘗試將整件事忘記，恢復學業，甚至希圖與那個男子重新建立關係，她仍然渴望得到他的愛。她掙扎著要脱離這無力的循環。終於有一天，大學畢業了，她將要開始自己的事業，她回到這羣地方會眾中，向牧者認罪。在預備自己要説甚麼話時，她發覺雖然她意識到自己曾經受到傷害、她自身的存在感也曾經受到重大創傷，但她也感到自己是有罪的，因為她同意做一些她一直都相信是錯的事——無論事前、期間和事後。在講述她的故事時，她沒有再提起所有出賣或壓迫她的人，她只是説出自己做了甚麼，沒有任何藉口或否認。在聽到自己的罪得到赦免後，她感到前所未有的喜樂。她跳起來，盡可能保持克制，走到牧師家的門口，然後又高興地圍著隔鄰的教會跑，而且不是一次，而是兩次。所以如此，不是因為她生命中那股強大的力量不應該受到譴責，也不是她的過去被抹掉，只是，當她發現自己是罪人時，她最終能夠明白自己在多大程度上是囚徒；而悔改帶來赦免的可能。赦免令她能夠區別罪、邪惡、共謀和道德想像力的貧乏。她不單是受害人，她也是罪人。現在她自由了。她脱離自己的罪，現在，她可以著手處理過去的生命，她曾怎樣讓別人擺佈，她開始向他們說出真相。她第一次看到，身為成年人，她所作的決定，怎樣受到「被視作小孩的方式」所影響和模塑。她被關鎖在深刻的無力感中，那是來自她受傷害的童年經驗；她也開始看到，這些經驗，與她身為成年人時的回應有怎樣的關連。最後，她開始得著力量，可以處理童年的創傷和痛苦。但她所以能夠這樣做，是憑藉一股力量，那就是她發現自己同時是罪人，而且更重要的是，她發現自己是蒙赦免的罪人。

米爾班德這樣描述這個過程：

> 必然和無可避免地，受害人得走過那憎恨的一刻，即走過憎恨那些曾經得罪他們的人的一刻……〔後來〕受害人更客觀地記得和重溫自己過去的憎恨，從而對負面的反應以及對自己能力的損害，加以拒絕；同時，透過重新敘述，他能夠將這種憎恨，置於和限制在一更新了的理解之中，即重新理解冒犯他的人所存的欺騙的動機。最重要的是，他給予的饒恕，不單涉及消除自己較早時的憎恨，而是將自己的憎恨驅走，正如他明白……他的負面反應，怎樣屬於一整個系列……的事件，而那大部分是他不能夠控制的。（Milbank 2003, 52, 54）

關於悔改、赦免和表現出悔過（penance）的正確次序，有很大的爭論。但可以肯定的是，重要的是，它們都得到珍惜，被當為上帝給予教會的恩賜/禮物來踐行。由於公開認罪（public confession）已經遭放棄，悔過變得更複雜；但悔過仍然是必要的踐行。在一間地方教會，有兩個學生成了朋友。其中一個，來自一種傳統，那就是強調基督犧牲的惟一性（uniqueness）、強調需要悔改和最終的赦免。另一個學生，則渴望感受到自由，即在前述的故事中發現的自由。兩個朋友一起去戲院看電影《戰火浮生》（*The Mission*）。他們看著電影那充滿張力的開場一幕：這一幕描述一個被釘在十字架上的耶穌會會士，被拋到急流中，衝向並越過巨大的伊瓜蘇瀑布（Iguacu Falls）。這一幕生動地描述了履行和好的職事所要付上的代價。他們看著耶穌會的加布理埃爾神父（Fr Gabriel）在原始森林的中心地帶，和兒童一起，開始了田園詩般的事工。他們看著販運奴隸的門多薩（Mendoza）所愛的女人告訴他，她不愛他，而是愛他的兄弟費利佩（Felipe）。他們看著門多薩謀殺費利佩。他們看著加布理埃爾神父回到市鎮，以門多薩的罪與他對質（謀殺的罪和販運奴隸的邪惡），邀請他選擇悔過。他們看著門多薩背著很重的盔甲，爬到瀑布那陡峭的高處，在悔改的朝聖中，走向上游那些田園詩般的村莊。當門多薩因為他的重擔而支持不住時，第一個朋友，在擠滿人的戲院裏呼喊說：「他毋須這樣做！他已經得到赦免！」迷惑的人轉過頭來，要求他安靜些，但或許，他們也發現在二十世紀後期一間鄉間的戲院中，宗教改革的辯論活躍起來。他們回到電影，看見綁著門多薩的擔子的繩子，被他一心要服事的土人割斷，盔甲掉到瀑布下面遠處，他的赦免顯明出來。第二位朋友和其他觀眾一起發現：正確的次序的重要性，實不如讚美令這種赦免變得可能的那一位。

同樣，尤達總結了上帝在引發衝突的缺乏（scarcity of conflict）中恢復豐富的方法；他用文字示範我的整個論證。

> 成為人，就會處身於衝突之中，冒犯別人和被別人冒犯。按福音來看，成為人，就是在救贖的對話中面對衝突。當我們這樣做，是上帝在這樣做。我們這樣做時，就顯示

> 出，處理衝突不單是一種治標的策略——為生存下去而忍受著，或者為心理衛生著想；這種處理衝突的方式，是一種找尋真相和建立羣體的模式。這在福音中是真實的；這在世界中，在適當地修改細節後，也是真實的。（Yoder 2001, 13）

尤達比較「基督的規則」（rule of Christ）和當代解決衝突的各種行事方式（practices），發覺彼此間有很多共同之處——上帝透過復和及恢復的踐行所給予的恩賜/禮物包括：

a. 這過程在具體冒犯出現的時刻開始，含有真實的問題要解決。
b. 其意圖，不是懲罰，而是尋求解決方法。
c. 其參照框架（frame of reference）是一種價值觀，這種價值觀大家視為能連繫各方的。
d. 我們應該假設這過程不是零和遊戲。調停人相信，大家可以找到雙贏的解決方法，而每一方都會肯定對方的權利。
e. 最初的努力，是要盡量減低事件被公開的機會和威脅；然後盡量增加其彈性，而不需冒那使各方受到羞辱的危險。
f. 在整個過程中，會運用多種角色和視角；這是由能幹、關愛、同時是客觀的介入者執行的。
g. 介入者的技巧和可靠性，可以由經驗證明，並由同事及當事人給予評核。
h. 如果談判失敗，最終會容許公開譴責那拒絕復和的一方；餘下來的，要不是讓不公義繼續下去，就是讓公

民力量以自身慣常使用的方式介入。（Yoder 2001, 12）

要探討為甚麼復和及復原往往如此困難，回到我對罪、邪惡、共謀和道德想像力的貧乏的區分，可能會有幫助。饒恕了第一種（罪）後，仍然要處理其餘三種。而即使是罪的寬恕，也會留下一大堆未能解決的問題，這是眾所周知的：究竟誰應該饒恕？是受害人？還是由罪人和受害人組成的羣體中操主權的代表？對不能償還的東西——「蝗蟲、蝻子、螞蚱、剪蟲，那些年所吃的」（珥二25）——應該怎樣做？受害人應該怎樣對待不悔改的犯罪者？假若犯錯的人死了，那又怎樣？寬恕又是否可無視持續的嫌隙、無視所採取的愚蠢態度？而這種態度，會使將來出現冒犯的可能性增加。這些提問，正解釋了為何饒恕如此難求的部分原因。

同時，對其餘三者——邪惡、共謀和想像力的貧乏——的饒恕，似乎也是不可能的，因為它們各自都抗拒被分解成簡單的事件，像回應第一種——罪——時所作的。例如，要盧旺達長老會的牧者饒恕那些殺了他全家的人，起碼還可以一步步地講述出來，即使不是完全可以掌握；但要饒恕整個種族清洗行動，卻似乎是不可能的——這幾乎是範疇的錯誤。因此，復和這艱難的工作——將邪惡分解成具體的罪行——是十分重要的，這就像南非的「真相及復和委員會」（Truth and Reconciliation Commission）所做的那樣。正如一位觀察者所說：「真相及復和委員會的功能，好像誠實的歷史學家的功能一樣，只是淨化爭論，並縮窄可容許的謊言的範圍」（Ignatieff 1996, 110～122）。即使這樣，也傾向令第三方面——即共謀——在很大程度上，仍然沒有悔改和得不到饒恕。而當其他三方面的事情，仍未做好，第四方面，即想像力的貧乏，常常會顯得瑣碎。那些嘗試表現得十分友善、但裏面卻藏著深深的憤怒的人，卻往往將實際上是罪的事情，裝扮成想像力的貧乏，例如，狠狠的批評，只是不小心；習慣性遲到，只是時間管理得不好。嘗試令所有失序都變成想像力的貧乏，而不確切地指出罪的真實，將面對極大的困難；因為只有當我們指出那真是罪，這罪才可以得到饒恕。只有說出真實的故事，才能夠帶來勸誡、悔改及復和。

因此，饒恕及復和往往那麼難求。但這並不表示失序的這四個向度，構成了基礎性的缺乏（fundamental scarcity），並消弭了上帝的豐富。上帝給予祂子民他們成為祂的朋友所需的一切。上帝的子民之間，沒有總是彼此成為朋友，但這並不表示上帝沒有在復和及恢復的踐行中，給予他們足夠的恩賜/禮物。這只是顯示，他們多麼需要那些恩賜/禮物，他們必須多麼嚴格地演練那些恩賜/禮物，他們必須多麼刻意地踐行那些恩賜/禮物，他們必須多麼敏銳地把那些恩賜/禮物延伸至非教會成員身上。

當復和失敗，並不是一切都失去。我們仍然可以選擇採取多種行動。勸說（persuasion）是第一種可以採取的行動。不義的審判官對自己說：「我雖不懼怕上帝，也不尊重世人，只因這寡婦煩擾我，我就給她伸冤吧，免得她常來纏磨我。」（路十八 4～5）勸說構成持續、重複的提醒，令人記起疏離所要付上的代價，以及記起復和的可能和好處。有些人，就正因為那些誨人不倦的人，使得他們不勝煩擾，最終悔改及復和。警告（warning）和憤怒（anger）是另外一些方法，它們總以不同方式，務求令不願意復和的後果變得更為明顯。還有限制（constraint）和懲罰（punishment）。這裏是對懲罰作出神學陳述的脈絡所在。它是令犯錯的人恢復與受害人、羣體和上帝的友誼的過程的一部分。受害人、羣體和上帝三者，是連在一起的。囚禁（imprisonment）源於把任性的修士限制在他的囚室內，讓他於悔罪時期獨處，並預備與羣體復和。囚禁的目的，是最終的復和。死刑是錯誤的，不單是因為它取去生命；或者單因為如果罪名後來被推翻，生命也不能給逆轉；或者死刑的阻嚇性作用，得不到證實。死刑是錯誤的，因為死刑令懲罰的基本目的，即恢復到羣體中，變得不可能實現。

當勸說、警告和憤怒都失敗，限制或懲罰又無效或不適當時，或許，我們還可以採取兩種行動，而這兩者都是暫時性的（provisional）。其中一種是甚麼都不做。有時，這是明智的牧養回應。倘若受傷害的一方（或各方）和犯錯的人面對面會面時，一定會出亂子的話，甚麼都不做是明智的；特別是雙方對彼此造成的傷害大致是差不多的話，甚麼都不做也是明智的。有時，等候比作出安排更好。另一種做法，是對犯錯的人或受害人，不積極做些甚麼，但鼓勵他們做一些美好的事情——製造出、預留著、從事或創造一些甚麼。沒有了那些由不能解決的罪所構成的遺憾環境，他們便不會看到這些美好的事情；而這些事情，又可以超越那些環境，指向比那罪更大的真理。畢竟，美（beauty）是說出真理的一種方式。這把我們指向禮儀。

因此，我們談及復和時，必須承認，有時復和至少是一條十分漫長的道路，有時緩慢得有點停滯不前。但無論如何，我們永遠都不能以這些痛苦的不完備性（painful incompletenesses）作為規範，並視之為慣常。正如米爾班德小心闡述的，那必定不能發生的是：再沒有人質疑之邪惡——他指的是大屠殺（Holocaust）——成了一種給定（given），那是上帝的恩賜/禮物不能觸及的，並且被完全排除在復和過程以外。

> 談及徹底的邪惡、絕對腐化的意志、永遠都無法補救的沒有動機的罪行等等，虛假地將這種（或許是）最可怕的事件美化了（glamourizes），令它完全不能理解，從而將它絕對化，給它與神明同等的魔鬼地位，最終將它的可怕之處永久化，因為蒙救贖的仍然受轄制。「這邪惡是那麼可

> 怕，如果我們將它描述為負面，便是小看了它的可怖」；這樣的論證，實際上表示這邪惡實在厲害，以致我們賦予它跟良善（Good；或譯「美好」）同等的地位。（Milbank 2003, 54～55）

因此，復和有時會失敗。但這不是因為有些邪惡是那麼可怕，以致它們掩蓋了上帝的榮耀。也不是因為上帝沒有給予祂的子民復和的恩賜/禮物。有時那是因為：邪惡、共謀和想像力的貧乏，不能夠輕易給化作罪行，可以給辨識、承認、予以悔改和得到饒恕。有時那是因為：即使我們可以這樣做，悔改或饒恕都會被阻擋。有時那是因為：即使悔改和/或饒恕的意志存在，但不能夠彌補的傷害其所造成的痛苦是那麼深刻，以致需要時間——很多的時間——復和才能夠發生。而這帶領我們進到醫治（healing）這個課題。

體現美

醫治在基督徒圈子中，只有在與教會其他踐行分離時，才得到壞名聲。醫治的踐行（the practices of healing）與前面幾章探討過的所有上帝的恩賜/禮物有關。醫治的恰當位置是：作為回應「成為上帝同伴，加入和好的事奉」這一呼召的一部分。而醫治也是轉化的一部分，是我們可以期望從稱義和成聖中生出來的。醫治意味著展示更多聖靈的果子，成為豐富的見證人（witness），而不是傳遞著貧乏的傳信者（herald）。

耶穌似乎毫不懷疑饒恕和醫治是連在一起的。

> 有人帶著一個癱子來見耶穌，是用四個人抬來的；因為人多，不得近前，就把耶穌所在的房子，拆了房頂，既拆

> 通了，就把癱子連所躺臥的褥子都縋下來。耶穌見他們的信心，就對癱子說：「小子，你的罪赦了。」……「或對癱子說『你的罪赦了』，或說『起來！拿你的褥子行走』，哪一樣容易呢？但要叫你們知道，人子在地上有赦罪的權柄。」……「我吩咐你，起來！拿你的褥子回家去吧。」那人就起來，立刻拿著褥子，當眾人面前出去了。（可二3～12）

癱子曾被視為罪人。如果他從出生開始便是癱子，他便背負著父母的罪；如果他後來才變成癱子，他便背負著自己的罪。但除了赦免他的罪外，耶穌也以另外三種方式醫治他。耶穌令他回到羣體，叫他回家。耶穌將他由別人的負擔轉化為可以負載的人，由躺在褥子上被載著的人，變成帶著褥子的人；因此，他是可以負載別人的人。耶穌也將他從文士那令人難堪的控制中解救出來，因為對文士來說，他仍然是罪人：他的朋友象徵性地拆去「屋頂」，即擋在天與地之間的東西；現在，耶穌這位天上的「人子」給他除去所有可能以任何其他方式令他癱瘓的東西。整件事，是耶穌對以色列的服事的範式。

當我們意識到拯救與健康所佔的角色時，一切便會變得更清晰。「健康」這個詞彙，與所有與「拯救」（salvation）這個詞彙有連繫的詞彙不同。拯救是教會所有踐行的目標。拯救是一個稱謂，用以指稱國度中的健康生命（healthy life in the kingdom）。拯救是悔改背後的感動（inspiration）、是悔過的安慰、饒恕的目的、是復和的典範、恢復的目的。拯救和饒恕之間的連繫是一目了然的：「你們饒恕人的過犯，你們的天父也必饒恕你們的過犯；你們不饒恕人的過犯，你們的天父也必不饒恕你們的過犯」（太六14～15）；「凡你們在地上所捆綁的，在天上也要捆綁；凡你們在地上所釋放的，在天上也要釋放」(太十八18)。饒恕與復和的踐行，確實是國度的鑰匙，是通往拯救的道路。健康則是言說「預嘗國度生命」的方式(anticipating kingdom life)。醫治則指一個時刻或者一個過程，由此，國度臨在於個人或羣體的經驗中。因此，醫治是終末的果子(eschatological fruit)。

對此，詹森(Robert Jenson)完美地總結：為甚麼饒恕和醫治之間的連繫，不單用來結束這一章，也用來結束本書這一部。

> 罪和疾病，都使人與聖餐禮疏離。當罪人正確地踐行了悔過，而大家又歡迎罪人參加崇拜，但他卻得不到餅和酒；當病人可以得到餅和酒，但他們不能參與其所屬的歡慶。「一個人在兩種情況下的任何一種……都需要教會的牧養關顧。病人或罪人都需要與羣體復和」，也需要與將來的國度復和，並與聖餐禮的歡慶所預嘗的將來國度復和。(Jenson 1999, 264～265；引自Preston 1997, 172～173)

因此，上帝給予祂的子民敬拜祂、成為祂的朋友所需的一切。我們現在發現，藉著與祂同吃而敬拜祂和成為祂的朋友是甚麼意思。這是聖餐禮的恩賜/禮物。

第三部

聖餐禮*作為基督的身體

* 編按：作者所講的聖餐禮，實質是聖餐崇拜，整個崇拜以聖餐禮為中心。故其所講的聖餐禮並非僅指施餐與領餐之環節，而是整個以聖餐禮為中心的崇拜。

8
會晤
Meeting

聚集

聖餐禮（Eucharist）開始的時候，就好像一個樂團在熱身。在音樂會開始前，有人移動家具，樂譜沙沙作響，還有人們調校每件樂器以及令它們和諧時所發出的試驗聲音。同樣，觀眾走到適當的座位，在外衣中翻找東西，喃喃地說出他們的期望。同時，很多中間人進行各種準備工作——出售門票、清潔音樂會會場、安排綵排。而在很早以前，作曲家撰寫樂譜，出版商發行樂譜，並出現了演奏那樂章的傳統。同樣，聖餐禮緩慢地開始。

「會眾」（congregation）這個詞彙（「*grex*＝羣眾」＋「*con*＝一起」）見證「聚集」（gathering）對界定教會的重要性。上帝的子民聚集在一起，好像水流滙聚成河。好像列國登耶和華的殿的高山一樣（賽二2～4），大家放下日常任務，聚集在一起，組成會眾。對一些人來說，聖餐禮始於他們進入教堂或聚會地點的大門那一刻。從那刻開始，直到他們離開那建築物期間發生的一切，都有特別意義。對另一些人來說，聖餐禮始於他們離家的一刻；從那時開始，他們遇到的一切，都是聖餐禮的一部分。對另外一些人來說，聖餐禮始於他們早上起牀的那一刻；他們日常操練的有秩序的禮儀，被參加聖餐禮之需要所模塑——他們以內心、思想、肚腹和力量來領受聖餐禮，並預備接受那將會顯明的奇妙。對另外一些人來說，聖餐禮不是習慣，他們在那天開始的時候，可能不知道自己會否參加聚會；對他們來說，聖餐禮始於受邀請的一刻，或者始於任何構成上帝的照管之巧合的事情，而這帶領他們在那天來到聚會的地方。還有一些人，聖餐禮對他們來說早已開始；他們的召命是在每個禮儀結束時——甚至更早——立即開始另一個禮儀。

要組成聖餐禮，需要所有這些人。他們聚集進堂時，很少是有秩序又整齊的過程。有些人會早到，有些人會遲到；有些人會嘈吵，有些人會安靜。但進堂比任何一切（除了洗禮外），都更能夠給予教會身分認同。那身分認同，由三種恩賜/禮物構成，那就是時間、空間和行動。

首先，聖餐禮給予教會時間。在一星期的一天，主復活的那天，基督徒聚集分享一頓飯。一星期的其他日子，從與這天的關係中找到含義，無論是在這慶祝之後的三天，還是在下一次慶祝之前的三天。一年中的某些特定日子，有特別的重要性。在那些日子，基督徒標誌和歡慶拯救故事中的主要事件，特別是耶穌的出生、死亡、復活和升天，以及差遣聖靈。一年中的某些星期，在跟這些對主要事件的歡慶的關係中，找到含義。因此，那些星期可能是復活節筵席後的五個星期，或者歡慶出生前的三個星期。而每年則在它與上帝的兒子來到世界那一年的關係中，找到終極含義。

聖餐禮基本上是定期舉行的分享的筵席（a regular shared meal）。作為定期舉行的分享的筵席，它給基督徒一種連繫時間的方式。由於它是筵席，它需要預備。食物和飲品，縱然只是餅和酒，也需預先備妥。那些以言語和行動負責筵席的布置和內容的人，以及負責把食物分派給與會者的人，全都需要預備。因此，那筵席需要在指明的時間、在指明的地方進行。食物，是人類其中一種主要需要，這亦防止基督教信仰變成超世、無時間性的理想。由於聖餐禮是分享、集體的活動，那需要預備，這令教會找到固定的歡慶節奏。它不能私下進行，不能只在對個別人士方便時進行。而由於它是定期舉行的，它的節奏為無形的時間提供了秩序。由此，聖餐禮的聚集，變成了一個元素（但是它是主要的元素），也就是變成了分享的行動模式、反思模式、計劃和實驗模式的一個元素。生命不再是一件事接著一件事的線性序列，而是有節奏的一種漲退，不斷把人差派出去，關愛、服事和分享，並不斷回來聚集，頌讚、悔改和祈求。在下一次歡慶開始時，沒有做的事，可以留待將來才做；做了的一切，都得到轉化。每次歡慶，都回顧上一次，前瞻下一次；同時記得逾越節和出埃及、主的晚餐、釘十字架和復活這種種遺產，並預嘗最後筵席的命途。每一次聖餐禮，都將地方教會置於時間中，關連到上帝和祂的子民的故事中那些偉大的時刻。因此，聚集給予教會時間。

同樣，聚集給予教會空間。因著基督徒是彼此需要的，如果基督徒要能夠在聖餐禮的食物中經驗基督身體的恩賜/禮物，他們便不能隨便在任何地方舉行崇拜。由於聖餐禮是體現性（embodied）、集體性（corporate）的踐行，上帝的子民需要在一個地方聚集。在那段時間——如果不在其他時間的話——他們成了可見的羣體。因此，聖餐禮令教會變得可見。在那段時間，教會不是模糊的觀念、了不起的原則、不可見的影響力。藉著在一特定的地方成為一特定的聚集，教會將自己置於空間之中，變得可見。教會以肉身體現（incarnate），成了一個身體（a body），也就是成了聚集起來領受那身體（the Body）的一個身體。教會開放自己，讓人審視、判斷和批評。藉這種顯露所引起的刺激，教會希望確保它聚集的每一方面，都體現和傳達它的福音——上帝無盡的賜福、罪帶來的災難、上帝給亞伯拉罕的召命的信實、祂在摩西裏的救贖的目的、在耶穌裏傾出的愛、聖靈的加力、新天新地的盼望。在試圖令他們的崇拜忠於這福音之時，基督徒希望令自己整個生命，都跟隨同一模式；這樣，聖餐禮形成教會；而跟聖餐禮形成教會的方式不能分割的，是聚集如何令教會成為可見的。

需要安排時間和空間進食，對維持身體十分重要。這是將教會與整個創造關聯起來的關鍵。因為，就像整個動物世界一樣，基督的身體也需要食物。但與動物世界的大部分生物不同，基督的身體視進食最明確的方式為成為上帝的同伴。而成為上帝的同伴的方法，是在特定的地方和時間聚集，一起分享食物。換句話說，食物的主要目的，是令人在聖餐禮中與上帝相會。食物的所有其他目的——生存、享受、歡慶、縱容——都比這個目的次要。食物所以賜給人類，主要是讓他們可以發現成為上帝的同伴是甚麼意思。好像其他身體一樣，基督的身體也需要食物，但作為代表其他所有身體、並有特別目的的一個身體，基督的身體得到特別的食物。因此，一起享用食物、作為教會和上帝在耶穌裏所表達出來的主要目的，這三者之間的連繫是那麼重要，以致它們各自都得到同一個名字——基督的身體。

聚集的第三個恩賜/禮物是行動。基督徒聚集在一起做特別的事情。這特別的行動，即一起進食，給予教會其身分，因為這行動給予教會界定性的踐行（definitive practice）。學習好好實行（perform）這行動，將形成和教育基督徒如何實行所有其他行動。如果聖餐禮是教會的界定性踐行，聖餐禮便是基督徒尋求引導其自身的踐行的第一個地方。讓我提出一個例子。如果一對夫婦想到，他們怎樣可以找到恩典，讓他們可以繼續待在一起，他們可以讓聖餐禮的踐行模塑自己，辨識其關鍵在哪裏。在祂死前的一晚，耶穌給門徒指示，讓教會知道怎樣可以繼續待在一起和記念祂。祂的指示是一起進食（to eat together）。在學習一起進食時，初期教會發現，他們需要學習共同生活所要求的大部分其他技巧。他們需要互相問安；對於眾人的錯誤，彼此誠實相待；為他們得到的歡慶和感恩；緊記真理；禱告並在禱告中進行辨識——他們需要甚麼以及想得到甚麼之間的分別。今天，在聖餐禮中也是一樣。在一起進食時，基督徒重新發現成為教會是甚麼意思。

同樣，一對新婚夫婦，也可能決定要像教會那樣，找出待在一起的方法。一對夫婦一起進食時，他們幾乎學習到關於待在一起所需要的一切。一個人需要作準備和買食物。一個人需要花時間烹調。一個人需要花時間清理廚餘和洗碗碟。如果要浪漫一點，他們會播放音樂，點蠟燭，將燈光調校得柔和。即使不是這樣，他們只想喝一杯茶，他們也可以藉著問伴侶是否也想喝一杯，從而記得他們已經結了婚。當我們今天說要保持聯絡（keeping in“touch”）時，通常是指藉電郵、手提電話、固網電話，甚或是信件。反諷之處是，這一切都不涉及真正接觸任何人。一起進食是人學習彼此接觸（touch one another）的一種方法，或許是最重要的方法。在一起進食時，他們成為彼此的同伴，即一起用餅的人（bread-sharers）。當我們為已婚夫婦禱告時，可以這樣祈求：藉著一起進食，他們可以成為彼此的真正同伴；而他們這樣做時，會重新發現成為上帝的同伴究竟是甚麼意思。

因此，當人們聚集在一起進食時，教會發現它需要在它的崇拜中，併入一系列其他踐行，至少是以基本的形式（elemental form）併入這些踐行。

問安

上帝的同在

有那麼一刻，集會的人發現自身成了教會。聚集大致完成，大部分人都在場；他們從一羣分散的聚集者，轉化為基督的身體。這一刻就是請安（greeting；或譯「問安」）。一個人於集會的人中間出現，向整羣人請安。這時，好些事情發生了。

首先，會眾察覺到，他們進入了上帝的同在之中（God's presence）。上帝的同在是懾人的，超乎任何人的想像力。但可以藉以接近那同在的工具，卻在周圍都可以找到——會眾可能會看到聖經，同樣可能會看到餅和酒，以及聖餐桌，或許，有水和可以施洗的地方。我們所以需要以上種種，是因我們要體認聖靈的臨在並給予這些符號和象徵生命。會眾承載著一個應許：「有兩三個人奉我的名聚會，那裏就有我在他們中間」（太十八20）。他們和保羅一樣，有這樣的經驗：「況且，我們的軟弱有聖靈幫助；我們本不曉得當怎樣禱告，只是聖靈親自用說不出來的歎息替我們禱告。鑒察人心的，曉得聖靈的意思，因為聖靈照著上帝的旨意替聖徒祈求。」（羅八26～27）

聖經的敘事中有一大羣如雲彩般的見證人，他們都只是在上帝之同在那極其強烈的感覺過後，才察覺上帝在那裏。例如，雅各睡醒後說：「耶和華真在這裏，我竟不知道！……這地方何等可畏！這不是別的，乃是上帝的殿，也是天的門。」（創二十八16～17）或許，在這些故事中，意味最深遠的是以馬忤斯路上的門徒。他們彼此思想：「在路上，他和我們說話，給我們講解聖經的時候，我們的心豈不是火熱的嗎？」他們對著其他門徒，「就把路上所遇見，和擘餅的時候怎麼被他們認出來的事，都述說了一遍」（路二十四32、35）。在聖餐禮開始的部分發生的一切，都是要確保教會在上帝的同在那極其強烈的感覺過去前，察覺到這同在。

請安牽涉兩種特別的情緒，即懼怕（fear）和喜樂（joy）。懼怕是由於聖經敘事一貫的見證，都見證上帝的同在是可畏的。正如以賽亞非常清楚地意識到，世人的想像力，根本不能完全理解被上帝懾服究竟意味著甚麼。「禍哉！我滅亡了！因為我是嘴唇不潔的人，又住在嘴唇不潔的民中，又因我眼見大君王萬軍之耶和華」（賽六5）。喜樂是由於我們發現，雖然上帝和祂的子民之間，存在無限的質之差異，上帝仍然渴望祂的子民敬拜祂，成為祂的朋友，與祂同吃。或許，對聖餐禮開始部分的適當態度，最明確的描述是耶穌復活的記述。天使對抹大拉的馬利亞和另一個馬利亞說：「不要害怕！我知道你們是尋找那釘十字架的耶穌。他不在這裏……他從死裏復活了，並且在你們以先往加利利去，在那裏你們要見他……婦女們就急忙離開墳墓，又害怕，又大大地歡喜。」（太二十八5～6、8）

懼怕和喜樂都是期待的形式（forms of expectation）。從聚集到請安之間的轉折，當中必不可少的，是引發期望的氣氛。會眾立時成為上帝在祂子民中的作為那偉大遺產的一部分。祂顯明了祂的目的，呼召了一羣子民，使世界翻天覆地；祂分擔了苦難，要求憐憫，以可見的形式來到祂自己的子民中間；祂給予指示，使死人復活，給飢餓的人食物：今天、現在、在接著的一小時內，祂不會做這些事情嗎？期望，把分享的信仰（shared faith）帶進現在時態（present tense）。上帝採取行動；祂賜下應許；祂渴望令自己為人所認識，將祂的子民從奴役中解救出來：祂今天不會實現這些盼望嗎？

對上帝的同在的定期經驗，可以訓練會眾，讓他們感受到何謂驚歎（wonder）。於此，想像力讓會眾發現設計它的目的，那就是對上帝的創造和救贖目的那無限的範圍，感到驚訝得令人屏息。這裏亦是一切智慧的開端。它是所有知識的衡量。它是所有謙卑的定義。因為創造和拯救的故事(在其中,基督徒非比尋常地發現,自己有角色要扮演)不是關乎他們自身,而是關乎上帝的故事。因此,對基督徒的第一個要求,不是要他們學習扮演(perform)他們在故事中的角色,而是要他們學習一件事,那就是因有這樣的故事而驚歎,而且,他們神蹟地被包括進故事中。

在一間教會中,主持聖餐禮的人習慣在說出正式的問安後,要求會眾簡單和誠實地討論一個問題:今天教會中每位肢體怎樣期望上帝令祂自己為人所認識。會眾兩三個人一組,指出崇拜中的某部分,是他們特別期望上帝的同在可以清晰可見。他們這樣做,彼此間便更能意識到,對於當天在該地方聚集的理解和經驗是多麼豐富。

彼此的同在

第二,會眾中的成員意識到,他們是在彼此的同在中(in the presence of one another)。如果我們說上帝給予祂的子民他們敬拜祂所需的一切,於此刻,這真理要受到的考驗,比大部分其他時刻都更大。有多少教會留意到,空的座位多於坐滿人的座位?有多少羣體,當他們聚集一起敬拜時,那聚集被經驗為集體缺乏(collective scarcity)而不是相互豐富?「如果我們能有這樣一個人,他能夠……」這是大家十分普遍的呼喊以及願望——那是關乎音樂的、模塑兒童或青少年作門徒的、講道的和教會的、交通的,諸如此類。在請安時,會眾再次明白,基督的身體有很多肢體,教會的所有恩賜/禮物,都是為了建立這身體。那些恩賜/禮物是教會所需的一切,卻很少是教會想得到的一切。因此,會眾在請安時,正當肢體向四周觀看,找出誰人在場時,他們會發覺,這聖餐禮,應該由享受上帝給予的恩賜/禮物所模塑,而不是由哀訴著一些教會渴望得到的（即大家認為在『真的』教會中，那些恩賜/禮物應十分普遍）、但上帝卻令人不解地選擇不給予的恩賜/禮物所模塑。正如耶穌拿起餅和魚，從微不足道的資源中造出豐富的晚餐，上帝也從祂給予每間微不足道的教會的恩賜/禮物中，打造祂所要求的敬拜。

有一小羣會眾在一座現代建築物內聚會，他們決定改變聖餐禮安排椅子的方式。過去幾年，他們都看著可說是空白的牆壁聚會。他們決定將椅子排成馬蹄鐵形，以期能彼此對望。他們發現傳統教會安排長椅的方式，使得大家看到其他肢體時，很大程度上，只能看到他們的後腦勺。換句話說，當看到其他肢體時，他們成了崇拜的障礙。但這間教會只有很少美麗的東西可以讓人觀看；他們也不能夠想到，可以有比默想每位肢體所擁有的人的樣式更好的做法。有一次，他們受到考驗：他們要辨識上帝給予他們的恩賜/禮物——作為身體這種恩賜/禮物。一段安靜的時間過後，每個人都要說出身旁的人擁有的一種獨特恩賜/禮物。多年來，好些教會中的成員，都因著認為教會是那麼小，以致他們不能夠做某些事情，因而感到十分遺憾；但這時，當中有些成員開始闡述上帝賜予他們的德行。談到崇拜中的親密，談到每位肢體怎樣發現上帝可以透過他們結結巴巴的口說話時，一位會友說：「你們知道嗎？如果我們的教會更大，我們現在做到的一些事，便不能夠做到了。」這是第一次有人說出，教會不是失敗，而是可以成為其他教會所不能夠成為的教會。

幾乎每一次歡慶聖餐禮時，都會有些大家預期不到會出現的人出現。他們可能表現得好像常客那樣，混在其中。但他們也可能不會有這種表現。請安的時刻，經常出席的會眾可能發現，今天的會眾不一定是他們所想望、所盼望或所選擇的，但這仍然是恩賜/禮物。如果他們將它當為恩賜/禮物來接受的話，他們會遇到上帝的豐富；如果他們將它當為騷擾而鄙視它的話，他們會繼續經驗到崇拜是一種缺乏。等候上帝顯明的那種充滿期待的氣氛的一部分，是警覺到祂可能以一個出人意表的客人這形式來到——例如，一個懷孕的母親，不斷需要到洗手間；一個吵鬧的幼童，需要一個溫暖的地方玩耍；一個不順服的年青人，超越正當行為的界限；一個迷惘的人，在精神不安的洶湧海洋中，尋找安全的海港；來自舊式的國家的訪客或難民，在相同的符號中希望越過語言的限制；一個酗酒的年老女士——雖然時間尚早，但已經受到酒精影響。這些外人會經歷到這樣的請安嗎——那就是「會眾視他們為祝福」的請安？給輪椅使用者的坡道，給聽覺受損者的環路系統，給視力受損者的大字本崇拜禮文或週刊——教會以多種方式顯示，教會相信，耶穌在地上事奉時與祂最親近的人，今天與祂也最親近；這也顯示，教會警覺到，上帝以外人的形式與他們同在。這是聖餐禮成為一審判形式的一種方式。

缺席

第三，教會的肢體察覺到誰人不在場。人們缺席有很多原因。原因可以好像死亡那樣終極，也可以好像患病或外遊這等與環境相關的事，也可能出於不同程度的疏離：由壞了的鬧鐘，到對某些成員或圈子感到羞耻或憤怒，到在傷害、可憐、冷漠或責備的態度中完全拒絕上帝、拒絕一般的教會或地方教會。他們也可能只是從未獲邀請——或者從未聽過那個故事。

有時，缺席是那麼響亮，以致主導了請安。例如，如果牧職或牧養關係遭嚴重破壞，那麼空的座位可能顯示失望、恐懼、哀傷。更常見的是，空的座位，在訓練會眾：記念那些以其忠心模塑了羣體的人、預備好照顧那些患病或遇到艱難的人、分擔好牧人對失喪的人的愛、建立更廣闊的聖徒團契的觀念。因為，藉恆常敬拜上帝而建立起的聖徒意識，令會眾中的成員謙卑地承認，他們與友誼和一起進食這召命是多麼疏遠，而這召命卻是上帝對普世的心意。

一羣地方會眾，選擇透過一個攝影計劃體現聖徒團契的觀念。他們希望以一些著名人物的照片，圍繞著舉行崇拜的地方，而這些人都居住在教會附近，卻沒有在主日到教會參加崇拜。一羣單親母親，每星期都用教會的地方上藝術課，她們找出這些人，替他們拍攝照片，把照片沖灑出來，鑲好，在教會展示。這樣，這羣參加崇拜的會眾，在主日便被他們代禱的對象圍繞。當社區要求政府提供大筆金錢資助市區重建時，突然要找一些照片表達該社區有甚麼優點。教會牆上的照片十分配合這個目的，這些照片得到使用。這樣，一間地方教會，因忠於聚集一起敬拜的觀念，幫助一個社區實現其人文價值。

權威

第四和最後一點是，教會慢慢意識到，有一個人被分別出來主持崇拜。這個人從他們當中出來，現在面對他們，並以歷久彌新的話，向他們請安。這是在教會生活中界定權威（authority）這個觀念的時刻。因為，站在會眾中間的這個人，肩負了五個角色，而這些角色構成教會的權威。

這些角色的其中一個，是將賜給教會的所有恩賜/禮物，帶到會眾面前。「凡文士受教作天國的門徒，就像一個家主，從他庫裏拿出新舊的東西來」（太十三52）。如果上帝已經給予祂的子民他們跟隨祂所需的一切，或許，羣體中擔當最重要角色的人，就要負責確保上帝給予教會的一切，都用來敬拜祂。而權威視乎他聆聽並深刻地與羣體交往，知道眾人的喜樂和憂傷，看到技術能力和建立教會的恩賜/禮物之間的分別。這樣的人，能夠冒險並要求大家鼓起勇氣；因為羣體的成員知道他們被視為以恩賜/禮物建立身體的人，而不是一獨立的個體，為著任何個人的自我發展而攫取權力。

根據當代文化的語言，這是促進者（facilitator）的角色。促進者負責設定集會的氣氛，創造一個可供參與的環境，建立共同的行為規則，准許參加者表達思想和感受；使每個在場的人可以把最好的一面發揮出來，並總是使人聚焦於聚集的目的；留意時間，確保健康的場面和合適的結尾。促進者並不是獨個兒在做所有工作，而是要激活出興盛多姿的文化（flourishing culture），即表達、分享、感知、具洞見和轉化性的文化。這是訊問式（interrogative mode）的權威——提出問題，刺激想像，動搖沒有根據的假設，推翻不必要的階級，取笑高傲、消耗生命的習俗。這是僕人的角色。這種權威的典型象徵是侍應（table-waiter）。耶穌說：「是誰為大？是坐席的呢？是服事人的呢？不是坐席的大嗎？然而，我在你們中間如同服事人的。」（路二十二27）因此，聖餐禮中的權威給界定為：令大家的所有恩賜/禮物都可以帶到桌前，並在桌前侍候，讓每個進食的人都可以得到足夠的食物。

在一羣地方會眾中有頗多小孩子。當中很多都精力充沛，可卻不受約束；他們大都選擇在那天早上，待在家裏以外的任何地方，而那不一定是教會。聖餐禮總是給所有年齡的人的事件，因此，總有任務要實現——將孩子和憤怒的成年人互相追逐的混亂場面，變成一羣敬拜的會眾，體認到自身是基督的身體。因此，慢慢出現了如下的習慣：主持崇拜的人，站在中間，接近聚會地點的後方，並邀請會眾思想他們那天早上期望帶甚麼來到祭壇前，以及希望領受甚麼。然後，停了一會後，有時在分享了一點期望後，是正式的去請安和開始聖餐禮。這是促進性、訊問性權威在發揮作用。

權威的第二個角色是：去說和去做那需要有一個人去說和去做的話和事。這需要有一個人去聚集眾人，並辨識何時開始和作出轉折；這需要有一個人將會眾的注意力集中在主要的時刻，以言語、姿勢或手勢帶引他們；這需要有一個人能看出會眾要有一段安靜的時間、公開禱告的機會，或者以一連串重複的詩歌結束，並意識到以其他方式結束的可能性。這是一種不同、但有補充作用的權威；如果第一種權威是一羣人當中的促進者，那第二種權威則是會議的主席（chair）。由於主席關心秩序是否合適、關心議程、正常的進程、必須下的決定和取得的協議，會議的成員便有自由追逐同樣重要的職位或角色；但如果會議中沒有得到眾成員認可的主席，會議便不能夠開始，不能夠有進展，不能夠實現改變，也不能夠結束。

這是命令式（imperative mode）的權威。它只需安排一下，事情在今天應該怎樣。它給教會的恩賜/禮物是：防止集會無止境地商討一些初步的事情。主禮人不應該焦慮地辯論「上帝怎樣說話？」、「祂今天說甚麼？」、「誰有權宣告上帝今天說甚麼？」、「如果有人認為上帝說了不同的話，又怎樣？」，諸如此類，而應該表達主禮人的權威，只需簡單向會眾請安，並說「願主與你們同在」或類似的話，然後崇拜便開始。同樣，以「平平安安地去」這句話宣告崇拜結束。這是權威的恩賜/禮物（gift of authority）。這種權威的典型行動是擘餅。被擘開的餅，是體現基督死亡的一刻，並同時演示那死亡怎樣給予祂的子民支持——他們需要的一切——的一刻。擘餅的人手中拿著極其重要的轉化性元素，而無論人們怎樣努力促進會眾的恩賜/禮物、思想和感情，都不能給出這些元素。「拿起來吃」。這些話，將教會指向它自身不能夠找到的方向。這些話是權威的話。

在一間地方教會中，主禮人開始關注到，有頗大比例的會眾都習慣了在崇拜開始前一段很短的時間才到教會聚集，或者，會眾往往在崇拜開始了幾分鐘後才出現。換句話說，請安及和好進行的時候，大家仍然在聚集中。他的回應方法是讓大家知道，將來他會在崇拜開始前十分鐘在自己的座位中安靜禱告——因此，聚集的過程，會變成經深思的十分鐘的事件。到了請安時，更大比例的會眾已經預備好開始。藉著過程中介入，「主席」恢復了適當的秩序。

權威的第三個角色是代表上帝向會眾説話。有些事情就是需要説出來——不是作為對過去的事件的回憶，也不是對將來的事情的預期，而是宣告現在有甚麼事情發生。罪，在這裏，在現在，在所有人面前，得著赦免。需要有人這樣説。上帝藉聖經傳遞的話在會眾中得到全新的宣告：由得到認可的人以講道或同等的形式説出來——他們蒙召和得到裝備這樣做。這不是以「這是眾多意見的其中一種」的方式説出，而是作為「上帝今天要説的話」的方式説出。上帝的平安，在分享前先得到宣告。餅和酒獲宣告為承載著永生的恩賜/禮物。祝福得到宣告。這是直述式（indicative mode）的權威。敬拜的這種時刻，不是要求、邀請、指示或禱告；那些直述式的陳述，是關乎國度在敬拜中實現時，「事情就是這樣」（the way things are）的一種陳述。宣告「事情就是這樣」的語言，是先知的語言。

這是在聖餐禮中體現的最重要的權威形式。它是最重要的，因為它在其他地方最不常找到。促進者的角色，提問、説笑、鼓勵，十分普遍。每個體育運動的教練，都希望給予球隊所有技巧，將它的潛能盡量發揮，並比對手佔優。每個指揮，都努力鼓勵和勸導樂團，要運用每種天賦創造超越以前所有表演的音樂。無數管理課程均提出，在工業、商業和各種業務的複雜性中，重現上述這些模式（雖然並非全都明確地指向新約提出的那種對恩賜/禮物和興盛的理解）。而主席的功能性領導，也同樣大致可以這樣理解。而命令式的權威，總可能會引發被動式的不信任、可見的尖刻，或者公然的反對甚至挑釁，因為在命令背後，總是迴響著力量。但社會上仍然有很多角色，要求運用這種能力：警察、醫生、當選的政治人物、教師、小孩的父母，他們都知道說這話是甚麼意思：「如果我們要取得任何成果，今天就一定要這樣做。」

但說「事情**就是這樣**」則頗為不同。在促進者的呼籲背後，可能是一種討好，即在完全自我的表達中，一獨立個體或羣體，可以找到手頭的任務所需的一切資源。在主席的呼籲背後，是對需要或威壓（necessity or coercion）有更為清醒的約束。但這第三種權威只能夠訴諸本身的修辭力量。這種話語，能否以啟發信心、轉化看法、推動順從和鼓勵見證的方式，描述那新的實在（the new reality），即那國度？這修辭力量的關鍵，在於它不單是言語（words）這事實，更在於這些言語其實總是處於明確的踐行模式之下，並示範、體現，以及提供國度的新的實在。而那些踐行的模式，正是聖餐禮。當主持聖餐禮的人以任何方式說：「這是那新的實在」，那新的實在不單是拯救的故事或榮耀的應許，它總也是在聖餐禮的集體行動中得到演示（enacted）、實行（performed）、具體化（enfleshed）的新的實在。而直述式的權威，則在於圍繞它的那些行動的完整性。談到權威，行動比言語有力。聖餐禮不單是一個處境，在其中，講章能以具權威的方式向會眾宣講出來；聖餐禮就是那體現權威的講章，是教會向世界說出的。

權威建基於始禮請安的第四個角色，是代表上帝子民向上帝說話。在禮儀中有三個時刻，是最能顯明這一點的。第一個時刻是祝文（collect）。另一個是代禱（intercession）的時段。第三個時刻，也是遠為突出的，是說大祝謝文（Great Thanksgiving）。（有時，赦罪文〔absolution〕便是這一類禱告。）在很多教會，祝文由全體會眾一起說出，代禱則由會眾中一個成員帶領。這裏，我們會將注意力集中在由一個人說出的大祝謝文，究竟構成了何種權威。這是否歷史留下來的遺產？——因為當時會眾大多不識字，而書本也難求，因而由一個人負責說話，是完全合情合理的；換句話説，這第四種權威，是否與第二種權威，也就是會議的功能性主席沒有分別？還是這有祭司式的權威——即一種祈求式的權威（imprecatory mode）——呼應摩西進入雲彩與耶和華説話（出十九20）？或者呼應撒迦利亞進入耶路撒冷聖殿中耶和華的聖所去燒香（路一9）？

在上帝面前説出大祝謝文的這一角色，是否必須由教會授權的人擔任，是有爭議的問題。重要的是，代表（on behalf of）大家説話的這個角色，不會變成代替（instead of）大家説話的人。爭議少得多的是，經訓練和透過經驗，某些人可以好好地履行（perform）這事奉。就我們在這階段的目的而言，這一點是重要的，因為它揭示對權威的第四種理解。它是一個人所擁有的權威，特別用於關心教會生活中那些最重要的方面；而這人受模塑和訓練，以好好擔當這些職務，並對那角色累積足夠的經驗，以致能夠毫無障礙並自然地履行那角色。這權威的典型性體現，在於將會眾的禱告滙集或集中到大祝謝文的核心話語中：「父啊，藉著你的聖靈，讓你的創造的這些恩賜/禮物，對我們而言，成為我們主耶穌基督的身體和血；將我們模塑成基督的樣式，令我們在你眼中成為完美的祭。」（Archbishops' Council 2000, 199）正是這種權威，最明顯地將一間教會與另一間教會連繫起來。這些人奉命在這主要的時刻，將大家的禱告傳遞給上帝，讓他們在共同的理解中，即對「在某些傳統中，於主教身上體現出來的形塑、操練和目的」的共同理解，能聯合起來。

因此，從會眾中出來，説問安的話，並因而構成教會，將集會變成聖餐禮的人，拼合了上述四種權威。這裏有促進性、**訊問式**的權威——那是具有某種顛覆性的——這些權威是建基於聖靈給會眾的恩賜/禮物，以及建基於要給予會眾允准、鼓勵和釋放之需要。這裏有會議主席的**命令式**的權威，這幾乎是君王式的權威，建基於功能性的需要，即為了體現共同的秩序（common order），某個人便要製訂和履行行為的規則。這裏有先知話語的**直述式**權威，也就是施事性的話語（peformative utterance），它可以透過顯現中的踐行模式言說上帝的真理，而這些踐行是對國度的展示——這是藉著指稱和描述的獨特恩賜/禮物而展示出實在的一個時刻，於其中，充滿著上帝的臨在和轉化活動。最後，這裏也有代表其他人向上帝說話的**祈求式**權威，代表了一種祭司式的角色，充滿奧祕的遺產，但同時強調那個有權威的人需要受到形塑和認可。

每一種權威，都有相應的順服。第一種訊問式的權威，要求會眾全心參與，徹底開放，將每一種恩賜/禮物——精神上、物質上、身體上、靈性上的——都帶到崇拜的活動中，並預備好接受別人帶來的每一種恩賜/禮物，期望在這開放的揭示中，發現自己和別人的新恩賜/禮物。第二種命令式的權威，要求會眾好像一個身體般行事，而不像沒有連繫的獨立個體之鬆散的集會。第三種直述式的權威，則期望會眾成為他們蒙召要成為的經轉化的子民——分享信仰、分享洞見、分擔需要、分享平安、分享食物、分享異象。第四種祈求式的權威和第二種權威一樣，要求深刻的謙卑，承認、尊重別人的呼召和角色，並為此而心懷感激；這是釋放而不是限制一個人的呼召和角色，以及明白到要令崇拜順利進行，預備、訓練和聯合領導（collegiality）是十分重要的。

每種權威都建基於豐富這一概念。促進者假設上帝給予教會敬拜祂、成為祂的朋友、與祂同吃所需的一切：促進者的角色，只是容許這些恩賜/禮物發揮功能。主席也假設，於此，一切是足夠有餘的，並明白在有限的一段時期內，足夠應該比豐富優先。先知式的權威則假設，於任何情境中，上帝均會說話；事實上，沒有甚麼人類的狀況，是在上帝的範圍以外的。禱告的權威，同樣假設教會生活的每一方面，都是朝向被上帝的恩典轉化而開放的。

還有另一種重要的權威形式。關於這權威形式，我們可以說一些正面和一些負面的話。那就是聖潔的權威（the authority of sanctity），即過著明顯良善、智慧和忠心生活的人所取得的權威。這是對幾乎任何羣體中那些生命質素突出的人恰當的尊重——這些有品格的人，將耶和華的律法刻在自己心上（詩三十七31）。請安的說話，並不預設這種權威。我們當然盼望主禮人的形塑、訓練和經驗，令他們心裏有聖潔的柔順泉源；這正如我們盼望定期參與聖餐禮，同樣能模塑會眾的品格。可是，教會的歷史和今天的經驗，卻充斥著這類人：他們扮演了這角色，但他們的生命和品格，卻使別人受損，破壞身體。因此，我們必須緊記，主禮人的品格，並不決定聖餐禮的有效性，正如奧古斯丁（Augustine）面對多納圖派（Donatists）時堅持的那樣。聖禮本身以及上帝的決定是有權威的；祂決定透過禮儀行事，無論參加者的缺點有多大。這種權威往往由主禮人所穿的法衣或袍子而讓人看見。這些法衣或袍子希望將會眾的注意力從穿著這些袍子的人的脆弱，轉向聖禮本身的權威以及轉向榮耀的奧祕，那就是上帝在基督裏怎樣透過聖靈在聖禮中臨在，並透過聖禮行事。如果，聖禮就如它所應許的一切，又如果會眾能全心全意參與其中，就好像上帝對他們的呼召那麼，聖禮便應該可以促進聖潔的生命，而這些生命，正是當我們說教會是一個擁有權威的身體時的部分意思。

和好

認罪的踐行（the practice of confessing sin）作為聖餐禮的一部分，包含四個元素；而這些元素在禮儀中並非總是能夠完全區分的：邀請（invitation）、個人悔改（personal repentance）、集體認罪（corporate confession）和赦罪（absolution）。

邀請

首先，邀請即承認倘若朋友之間的關係破裂了，他們再次見面時，無論破裂是大是小，最適合用以開展談話的話語，都是「對不起」。可是，有時這句話好像不足夠 —— 特別是，如果雙方的關係破裂得十分厲害，又或者，當這句話似乎沒有伴隨著對學習、改變和補償的許諾時。但在未說出這句話之前，這句話那顯眼的缺席，可以掩蓋所有交往互動。同樣，如果聖餐禮真的要成為歡慶，上帝與祂子民關係的破裂 —— 被稱為罪 —— 便必須留在門外。邀請提醒會眾，使他們記得這段關係及其恢復（restore）的方法。在過程中，邀請提供一個恢復所有破裂關係的模式（model）。

首先，主禮人邀請會眾承認他們的罪，肯定上帝的良善，以及肯定人類成為祂的朋友這原初的祝福。基督教的故事，並不是以罪開始，而是以上帝決定與人類及整個造物界建立關係開始。因此，那段關係破裂時，這一破裂，不是被視作必然發生的事，而是被視作他們自己也參與其中的一場大災難。

當然，罪的問題，必須被引入。但引入罪的方式，是十分重要的。上帝至高目的的宣告，先於罪的引入這個事實，正表示罪沒有最先的發言權 —— 它不是給定的（given）；它不是大家必須無奈接受的事情 —— 作為人類境況的悲劇。罪是對原來、可能、能夠恢復的關係一個較後期、次級的干擾。而罪必須在集體的環境中被引入這個事實，在於表示沒有人可以自欺，並否認他們是罪的一部分。自欺（self-deception）包含在罪中。自欺是一種敘事形式，即罪在門徒思想中的一種敘事形式。自欺將貌似可信和沒有根據的論點和請求，交織在一起，藉此講述一個虛假的故事（false story）。當會眾應邀一起承認他們的罪，他們是面對其各自講述的故事的虛假性。他們得到機會，容許福音的真理拆毀他們故事的虛假性。可以有很多原因，令會眾受感動，承認自己的罪，例如，出於對上帝的愛、對過犯感到罪疚、對行動引起的後果感到不滿、對自己的愚蠢或魯鈍感到憤怒；或者，令他們承認自己有分於世界的一些重大的社會缺失，例如，資源分配不均、能治愈的疾病仍普遍流行、環境破壞、少數羣體受壓迫，以及很多其他問題。這些焦慮，可能是合適的，但邀請所要強調的，不在於那些令人遺憾的環境，而是在於那些故事是否真實，即這些環境背後隱含著的故事、使這些環境合理化的故事、伴隨著這些環境的故事，帶來這些環境的故事。罪，不是令人不高興或使人痛苦的事情；罪是一種建基於虛假故事的生命，這些虛假的故事誘使人敬拜別的，而不敬拜耶穌基督的上帝。

因此，邀請是呼召會眾根據真實的故事（the true story）重述他們的生命。講述關乎上帝的真實故事，給會眾提供處境，即必須的環境，讓他們可以講述關乎自己的真實故事。對上帝之真實故事而言，十分重要的，正是祂堅定的愛，祂不住渴望恢復那破裂了的關係。邀請令人記起上帝原本的目的，以及使人記得罪怎樣破壞這分享的生命（shared life）、這滿有福氣的分享的生命。但最重要的是，邀請演練上帝無限的恩典，演練那可怕的旅程，即祂醫治犯錯的人和尋找失喪的人之可怕的旅程，演練祂對那些不再逃避祂的人的堅定的憐憫，以及演練祂的渴望——再次與祂的朋友一同坐下進食。這是邀請宣告的真理，是給門徒自由的真理。認罪（confession）則是關乎與這真理重新配合，並根據這真理，檢視一個人的所有行動。耶穌的比喻中那第三個奴僕，是根據不同的敍事，並以對上帝不同的觀點來過活的：「我知道你是忍心的人，沒有種的地方要收割，沒有散的地方要聚斂，我就害怕，去把你的一千銀子埋藏在地裏。」（太二十五 24～25）文士和法利賽人生活在不同的敍事之中，對他們自身也抱持不同的觀點——當耶穌說：「你們中間誰是沒有罪的，誰就可以先拿石頭打她。」這時，他們漸次離開了那個他們視為罪人的婦人，慢慢散開了

（約八7～9）。

因此，邀請並沒有把某些行動描述成它們本身就是壞的，並要求立即悔改。相反，它描述一個真實的故事，並請求會眾考量他們自身的生命：他們是否如實地反映這個故事？這不是說，根據某種客觀量度，某些罪比其他罪大；而是說，某些生命所建基其上的故事，是比其他故事更暴力地或更強烈地扭曲了真實的故事。那邀請呼籲會眾回到或配合那個真實的故事，並在這樣做時，得以重述——或第一次開始講述——關於自己的真實故事。但這個呼籲建基於一個應許：由於這是上帝而不是人所實現的拯救工作，會眾得以藉其自身誠實悔改的力量，而不是他們的無瑕無辜，站在上帝面前。重要的，不是浪子那結結巴巴的道歉，而是父親那雙伸出的手、奔跑的腿和發自內心的親吻，那戒指、那袍子和鞋子、那宴會和那歡慶的家庭。如果他們敬拜祂，祂會成為他們的朋友，與他們同吃。

悔改

邀請後，是供悔改的停頓時刻。雖然是集體地進行，但這主要是供個人反省的時間。這是以真實故事的榮耀，對照那虛假故事的貧乏的時刻，多於是臚列某些特定的罪的機會。悔改意味指認並脫去使門徒遠離福音的那種恐懼。這脫去是一裸現的經驗（nakedness）。在當代西方文化中，裸露會引起好些聯想。在關乎力量的陳述中，裸露會連繫到健身會；在那裏，人身體的能力，在自我信念的音樂中得到歡慶。在對美的追求中，裸露在情慾的戲院中找到；在那裏，人渴望超越身體的限制。在療養院中，即今天的文化中其中一個最可怕的地方，裸露連繫到脆弱和失去尊嚴。但在悔改的脈絡下，那象徵性的脫去之意義是關乎一種不同的裸現：出生和死亡的裸現。展現真相的一刻，即揭示出「我們沒有帶甚麼來到世界，也沒有帶走甚麼」(提前六7)這個真相的一刻；於認罪中，是有恩典伴隨著的，即明白「我手中沒有帶著甚麼，只緊緊抓著你的十字架」。藉著憶起那出生和死亡的裸現繼而被脱去的，是脱去一種假設，那就是以為人類可以對上帝有任何苛索；也是脱去一種理據，那就是以為受造物在創造主面前的任何光景，不是一完全的裸現。

但最重要的裸現，在出生和死亡之間的裸現，門徒於每個悔改的行動之後都會回到其中的那種裸現，是水禮的裸現。集體認罪中的悔罪(penitence)，是回到水禮所呈現之裸現的謙卑(naked humility)，並回到對死亡展現出來的裸現的脆弱(naked fragility)。水禮是那界定性的一刻，那時，新門徒棄絕將他們置於宇宙的中心的那等故事，並棄絕那些虛假的故事；這些虛假故事，橫衝直撞，為要找尋完滿、滿足、安慰、刺激、保障或榮耀，並視其餘的受造物為達到這些目的的手段。在水禮中，門徒穿上上帝故事的恩典，並找到自身的召命：當他們發現，自己在上帝的故事中有位置及角色時，他們便找到自身的召命了。

再次接觸水禮帶來的轉化，會眾得到力量，探索悔改的邏輯。一旦那些誤導人追尋完滿的故事，其真面目被揭露，門徒便可以找到力量，拆解那修辭，也就是最初令他們喜歡那虛假的想像的修辭。這不是要匆匆尋找言語，以安撫那無可避免的憤怒，而是要小心將最黑暗的思想，暴露於善意的白日那轉化了的日光中。拆解虛假的故事的修辭，讓我們看到空洞的承諾和欺騙的誘惑的虛飾，看到源自和支持這個故事的謊言的迷宮。無論那悔改的停頓所凸顯的，是明顯的小小沉溺，是很大程度上隱藏的妒忌，是笨拙的小小盜竊，還是總體的小小失敗，凡此種種，都是由自欺的故事的模式、自欺的故事提供的承諾，以及自欺的故事要求的謊言所供應和促成的。水禮所給予的，是以自由取代奴役；而會眾在認罪的邀請和認罪本身之間的那一刻停頓，他們要尋求的，正是這水禮所給予的：以自由取代奴役。

在一羣地方會眾中，有一位年長的女士，她一生都居住在那個社區。她參加那教會的日子長得沒有人記得，或許有五十年。教會每一個人，從最野性的孩子到最年長的人，都喜愛和尊敬她。有一天，在崇拜時，有人問她，為甚麼那麼忠心地參加教會聚會。她是行動多於說話的人，她一生都獻身於關心別人而不是聰明才智。她毫不猶疑便直接回應說：「為了我的罪。」大家沉默下來。如果她那麼聖潔，也為了她的罪而來，其他人的位置在哪裏？很明顯，她的喜樂，來自明白上帝的赦免；她的忠心，來自她明白到不能夠在其他地方找到恩典。她死的時候，會眾體會到她象徵了他們所相信的一切。她以自己溫柔的方式，表達了她是由她有分於其中的崇拜所模塑的。

認罪

從個人的悔改，會眾開始能夠表述集體認罪。於其中，使用特定而往往是熟悉的言語，是十分重要的。人們意識到，為罪命名，是教會在多個世紀以來所建立的技巧。這不單是痛苦或微小的個人缺點。這是承認這教會參與了，甚至是在過去一星期也參與了因拋棄上帝的邀請而造成的災難——上帝的邀請是敬拜祂，成為祂的朋友，與祂同吃，這是一永恆的邀請。一個醜聞，一種羞恥出現了，這些人都參與其中；但他們仍然在上帝的恩典之中，在說出這些認罪的話時，他們學習到，他們在羣眾以外沒有任何權利，也不能夠自行取得公義。這些精心說出的話，給靜默的哀傷（silent grief）予聲音：那是當撒拉意識到自己喜笑的後果而表現出來的哀傷；那是當猶大識認到自己與媳婦他瑪同牀時的哀傷；那是當亞倫意識到拜金牛的罪時的哀傷；那是當耶弗他看到自己的誓言多麼愚昧時的哀傷；那是當浪子看到父親時的哀傷；那是當彼得聽到雞啼時的哀傷。這種哀傷，是懾人和使人孤立的，而在聖餐禮期間，認罪這恩賜/禮物的一部分，是給那些在羞恥中沉默的人予言語，並給那些在罪中感到孤單的人予陪伴。

在認罪的邀請中已經意味著要重述世界的故事。對虛假的故事之拆解，在悔改的停頓中開始。在認罪中，令人驚歎的新事物，是我們承諾「不再犯罪」。耶穌對被拉到聖殿的婦人說了兩句話。一句是「我也不定你的罪」。第二句是「從此不要再犯罪了」（約八 11）。一種恩賜/禮物和一個任務。但當我們承諾不再犯罪，並應允停止那些與上帝為伴不相稱的思想、言語和行為時，教會背起一個重擔，是他們不能夠承受的。沒有停止犯罪的決心，不能有悔改；但如果他們不明白，某些形式的試探實在太巨大，他們便不會有自知。因此，認罪是教會發現自由的意義的時刻。自由並不表示倚靠自身的資源和能力，事實上，這些都當在悔改中被揭露和棄絕。自由表示倚靠上帝的恩典。只有在上帝的能力中，人才能夠找到不再犯罪的決心。服事上帝，是完全的自由（perfect freedom）。真理令門徒得自由；而這真理是：靠意志的努力或賺回來的恩寵，並不能夠令人在上帝面前站立得往；只有倚靠上帝的恩典和赦免才能夠。

同樣，這是一集體的行動，這點也是重要的。如果人類與上帝的疏離全都落在一個人的肩頭，那擔子實在大得不能夠擔當。事實上，正是那麼難當，以致令跪下認罪變得異常可怕，以致令將普世的過錯歸咎到個人身上顯得荒謬。如果每個基督徒的悔改都只是個人的事，那誰去關注世界的問題？無數兒童因缺乏清潔食水而死亡，金錢給花費在大量的武器上，全球貿易的不公平條款，對地球的破壞，空氣污染，以及對海洋的剝削？藉著一起認罪，每羣會眾都可以看到，雖然他們自身擔當的角色可能無足輕重，但他們作為一個身體，這卻是含意深遠的——於犯罪和決定不再犯罪之時。

會眾中的成員體認到，使他們與上帝分離的，不單是他們自己的罪，也是每一個人的罪。奴役不單影響一個人，也影響整體上帝的子民。因此，會眾中的成員不單承認自己的罪，也要承認身體的罪。這是擴展那在請安時所確立的事情：這不再是獨立個體之間的集會，它現在是教會，是基督的身體了。他們這樣做時，也是預嘗著當大家彼此分享平安時會發生的事。因為現實往往是這樣：使教會與上帝分離的罪，也是會眾一起犯的罪，或者會眾對對方所犯的罪。

定期踐行集體認罪，是教會學習成為一個身體是甚麼意思的其中一種方式。例如，如果教會的肢體在參加聖餐禮時遲到，錯過了集體認罪的時刻，他們將發現，自己不需要在禮儀繼續進行的當兒，脫離其他肢體，另作個人的認罪，因為教會其他人已經替他們認罪，並代表他們接受赦罪。教會其餘的人，代表他們行動，就好像教父母在水禮時代表嬰孩那樣。因此，集體認罪的踐行，再次成了恩典的體現。

一羣地方會眾在一種社會剝奪（social deprivation；編按：意指將一個人從社羣中隔離出來）的文化中，重新考慮集體認罪的踐行。大家意識到，在社區中，很少人還需要別人提醒他們自己究竟有多失敗。不過，很多人還是需要緊記，自己既不是特別罪孽深重也不是特別無辜，而是毫無保留地蒙愛，並在那故事中並非無足輕重的。於是，在教會的儀式中，他們會邀請兩位肢體組成一「人體雕塑」（human sculpture），這慢慢成為他們的習慣。但往往要停頓頗長時間，才有兩個人走出來。大家大致明白，這表示走出來的人有特別的罪要承認。但大家不會追問細節或者要求解釋。那行動是代表所有人進行的。規則只有一條：不能夠要求其他人作這事，除了要求自己。兩個悔罪的人會挺直地跪下，面對面，將頭放在對方肩頭上，手放在對方上臂上。這人體塑像在宣告一個信息：如果不能與鄰舍和好，便不能與上帝和好，每個鄰舍都跟其他鄰舍一樣，是破碎的和有需要的。對左面的人來說，上帝臨在於右面的人；對右面的人來說，上帝臨在於左面的人。不用說很多話，但成年人和兒童如果想的話，都可以四處走走，觸摸那人形塑像。那儀式是表現恩典的福音，是悔改的呼召，是罪得赦免的保證，顯示真實的故事那解放的力量，並給予羣體盼望。

赦罪

復和的四個元素中，最後一個元素是赦罪。赦罪首先是肯定上帝的憐憫，那是在認罪的邀請中宣告出來的。這要求會眾操練極大的謙卑，並要求會眾使之真真正正成為模塑謙卑德性的機會。因為曾面對罪的可怕、罪怎樣扭曲真理、認罪的迫切性及其機會，會眾中的成員發現，他們沒有能力破壞那個故事——就好像他們沒有能力恢復那個故事一樣。上帝那不斷滾動的照管的河流，將他們沖走。無論他們的罪多麼使人羞愧，罪都不能改變他們的基本身分——他們是上帝所愛的孩子；罪也不能扭轉上帝永恆的目的——上帝要成為他們的朋友，與他們同吃；罪也不能永遠定義被他們傷害的人的命途。如果，甚至連上帝的兒子被釘十字架這事，也可以併合到上帝開展的故事中，而這事的施行者和助紂的見證人也可以得到赦免，而這事那難以形容的結果也可以在三天內給顛倒過來，那麼，教會便必須學懂一件事：教會的罪，並不比上帝的憐憫所能及的，更為深重。

在泰勒（Anne Tyler）的小說《或許聖人》（*Saint Maybe*, 1992）中，主角伊恩（Ian）心裏充滿罪疚，因為他可能傳達了一些引致他兄弟自殺的消息。伊恩的兄弟留下一個寡婦，她要照顧三個年幼的孩子，擔子實在太重。在她死後，伊恩來到一個舉行崇拜的地方，那裏被稱為第二次機會教會（Church of the Second Chance），他向牧師表示，自己渴望得到饒恕。牧師說：「你得不到饒恕」——這令伊恩十分失望。在伊恩尋找寬恕前，他一方面需要找出他在事件中，是否真的扮演著正如他一直所想的那樣的關鍵角色；另一方面，他也要找出自己究竟能否做一些實際的事情，令情況得以改善。他很快便發覺，以前他總以為收留和照顧那三個孤兒是不可能的，但如今他知道這其實是完全可能的。這本書講述他得到的豐富生命，全都源自開始時得不到饒恕。

赦罪使人想起水禮，因為從罪中得赦時，上帝更新了收養（adoption）這來自水禮的恩典。會眾中的成員發現，崇拜以外的其他部分——即他們生活的其他部分——都是可以享受和珍惜的，因為他們由天父收養了，「天上地上的各家，都是從他得名」（弗三15）這句話得到重新肯定。這也是基督徒重新與身體復活相遇的地方。正如在水禮中，身體恍如埋葬般進入水中（羅六4），然後從水中出來，就好像從地裏起來一樣；因此，在赦罪中，認罪時低下的頭和彎下的膝，被轉化成對蒙收養的喜樂之認知，以及被變化成其蒙收養的地位之恢復。

由天父（by the Father）收養，在藉著子（by the Son）而得以稱義中給反映出來。如果認罪和赦罪令人想起水禮，以及想起身體的死亡和復活，認罪和赦罪也體現基督的死亡和復活。正如自由是發現（discovery）而不是擁有（procession），拯救是恩賜／禮物而不是報酬。那稱義端在於被釘十字架的基督的能力，在於相信釘十字架是轉化榮耀和軟弱的意義的一刻，在於確信基督的死亡和復活能確保和體現上帝與創造之間的復和。那稱義的本質和方式，在禮儀較後的環節中分享食物時得以擴大。但稱義的事實，已經存在於赦罪中。赦罪宣告會眾中的成員得到饒恕，他們從他們的眾罪中得到釋放。在十字架上體現和實現的一切，都帶到這一刻——為著信徒曾參與其中的，他們蒙饒恕；從他們過犯的後果中，他們得釋放。

赦罪的行動是三一的行動。事實上，教會透過赦罪的行動，它遇到作為三一的上帝。基督徒由父收養並藉子而得以稱義，且由聖靈使他們成聖。透過赦罪，聖靈在所有的美好中肯定他們和給他們力量。這加力實現了接著下來的禮儀——頌讚、感恩、代禱、平安、分享、祝福。這加力預期差遣（dismissal），因為在差遣中，會眾中的成員明白他們的愛的召命和服事的召命。饒恕得以恢復，伴隨著事情變得更好的機會，是合適的；他們由作為難題的一部分，轉化為解決的元素。正是聖靈如此賜下恩賜/禮物，正是如此重新穿上水禮的袍子，令赦罪得以開始，也令差遣得以成全。

所有這些三一的元素都端在赦罪，這些元素也預期禮儀的其餘部分。但這些元素，在某程度上，全都落在背景之中，因為赦罪最重要的特點是它的最終性（finality）。這些罪得蒙赦免；這些罪被驅除；這些罪沒有被忘記，但它們那破壞和毀滅的力量，它們那永遠發揮影響力的力量，都被除去。我們毋須再為這一切認罪。它們不用再瀰漫在崇拜的其餘部分。事實上，它們一定不可如此。因此，赦罪令敬拜的其餘部分變得可能。會眾已經聚集；而在請安中，他們被轉化為教會。擋在他們和上帝之間的阻礙，也已經被除去。

靜默

頗為恰當的是，會眾現在轉向的第一個行動是頌讚（praise）。（我會在接著的一章思考頌讚這課題。）一旦頌讚消退，接著惟一合適的情緒是靜默（silence）。

有一個故事，提到喜瑪拉雅山的一羣高山搬運工人（sherpas），他們與一羣西方爬山者一起走路和爬山，為時幾日幾夜。經過長時間幾乎不停地趕路後，這羣高山搬運工人頗為突然地停下來，放下裝備，休息，而不是睡覺，但明顯是在等候某些東西或某人。西方人問他們時，他們簡單地解釋說：「我們走了很久，現在要等我們的靈魂趕上我們的身體。」

這是靜默的角色，也就是在獻上頌讚之後它擔當的角色。我們實際上走了很長的路。一羣人聚集，成為一間教會、基督的身體。在這樣做時，他們察覺到上帝，察覺到彼此，察覺到權威，察覺到上帝的所有創造——那些沒有分享到這敬拜機會的創造。他們得到提醒，記起自己在上帝故事中的真正位置，並且因著發覺他們好像活出一個敵對故事那樣行事，他們感到害怕；他們承認這迷惑的存在，並承諾再次活出上帝的故事，他們也得以恢復上帝的同伴這身分。他們從悔疚上升到分嘗榮耀，頌讚那位創造、拯救和加力的上帝，並在歌曲中發現上帝的照管的憐憫，以及發現信仰的可能性。從聚集的廣度到悔改的深度到榮耀的高度；在靜默中，會眾中的成員容許他們的身體趕上他們的靈魂。他們已經在靜默中得到訓練，得到他們已經一起做的事情訓練。

頌讚後的集體靜默時段，或許是整個禮儀中最重要的見證行動。它或許是惟一的時刻，讓會眾中每個人都有意識地安靜。重點不是沒有聲音，靜默是那些尋求安靜和認識誰是上帝的人的共同目的。與聚會中所有其他行動不同，除了敬拜外，靜默再沒有其他附加的目的或利益。沒有建立羣體的歌曲，沒有恢復關係的握手，沒有聯合的行動或分享的食物或合適的教育或小心的表演。這裏有的只是禱告——顯示那在上帝同在中的集體生活，以及上帝的子民在那同在中的恰當狀況。會眾之前在權威、認罪、頌讚中聯合起來；現在，他們在禱告中聯合起來。在這停頓中，他們不用做甚麼實際的事情，也沒有推進地上任何受造物的好處；他們也沒有彼此認識得更深。但他們確實在宣告，他們相信聖靈的工作而不是倚靠人的合作；他們確實在體現，他們發現所有禱告都植根於聖徒羣體的共同禱告；他們確實踐行著傳統，所有禱告基本上都是等候上帝的旨意，都是邀請上帝把他們的品格模塑成祂兒子的樣式。

在一些歡慶中，集體靜默的時段是以禱告結束的，那個禱告將靜默的多種意義和目的，聚集成一個「祝文」(collect)。這祝文聚集子民和他們的禱告。它是一個模範的禱告，向三一的第一個位格說話，作出簡單的祈求，將前面的靜默的禱告併合和聚焦起來，並以向中保基督祈求結束。祝文往往也提到一些神聖的作為或屬性，以及那祈求的目的(Jasper and Bradshaw 1986, 265～267)。祝文給予集體靜默一個合適的結束，但也訓練會眾禱告的那些重要面向。會眾被置於與三一的每個位格的關係中。基督身為中保的特別角色得到肯定。每一個禱告的重要性，也就是上帝在歷史中的拯救行動的重要性，都得到展示。與上帝之信實可靠的不斷相遇，也得到回想。

但對祝文的細節的著重，不應該令我們從之前的靜默分心。這是教會的聖像(icon)。會眾這時往往站立著，蒙召、復原和充滿讚美，「一心一意」(徒四32)。他們陶醉在驚歎、愛和讚美中。他們經驗敬拜上帝和成為祂的朋友是甚麼意思。

當然沒有靜默這回事。有的，其實是作出選擇或辨識，即究竟要視甚麼聲音、行動和感覺為重要的，並委身於一段時間，於其中，選擇不回應任何這些聲音、行動和感覺，或者，選擇擁抱這些使人分心的事，而又不致受到它們騷擾。在這個意義上，祝文前的靜默，概括了描述(description)這一議題——那是在基督教倫理中相當普遍的。界定這靜默的，是它的處境。作曲家凱奇(John Cage)出版了一件名為《四分三十三秒》(*4'33"*)的「聲音組合」作品，那是一件靜默的作品，表演者不會彈奏任何音符。這作品的表演指向祝文前關乎靜默的很多事情。觀眾十分留意那些本來會被忽略的處境和內在的聲音、行動和姿勢。他們建立一種強化了的意識，會十分留意缺席的重要性，或許，第一次留意到，靜默不單是聲音之間的空隙（Giles 2003, 59 ～ 62）。以十分相似的方式，祝文前的靜默令會眾更留意教會的本質。表面上沒有事情發生；但在那「沒有」中，卻有很多事情：對赦免的吸收；經歷到身為基督身體的肢體；在大量頌讚後的休息；期望上帝的聲音透過讀經臨到；經歷到渴望上帝可填補那道由恕罪打開的空隙。這靜默概括教會在上帝面前的狀況。它在頌讚和禱告之前和之後，正如教會所應該的那樣。

9
聆聽
Hearing

在這一章，我將探討上帝子民聆聽祂的聖言，以及發現那聖言是他們跟隨祂所需的一切的四種方式。我以詩篇開始，我視詩篇為頌讚和哀歎的重要形式，也就是教會成員在自己心中找到上帝的歌的方式。接著，我會探討聆聽聖經這踐行。然後，是聆聽傳講的聖言這踐行：講道是體現聖經的一種延續。最後，我認為教會的政治與教會重整時間的方式，會在講道後的辨識（discernment）時段變得明確起來；在這個時刻，教會積極接受上帝細意和豐富地給予教會的東西。

參加詩篇的頌讚

在聖餐禮中體現出來的所有活動模式中，有一個模式，比所有其他模式都來得重要，那就是頌讚。人類——實際上是所有創造——的主要目標，是榮耀上帝和永遠享受祂。正如我們業已指出，主持崇拜的人的一個重要角色是釋放會眾的生命力，引導他們榮耀上帝，即培養那些給予他們的恩賜/禮物，並誘導這些恩賜/禮物，成為讚美的和諧悅耳之音。

頌讚的明確形式，出現在聖經的敘事被用作總結溢美之詞的那些時刻。這便是詩篇、聖詩和讚美詩。會眾跪下認罪。藉著將自己的罪留在門口，在崇拜開始時，先處理好這些罪；會眾得到教導，明白他們的缺點不能夠阻礙上帝的愛那不住流動的泉源。他們的罪，並不決定基督徒故事的輪廓；相反，他們的罪會被敘事超越（outnarrated），被吸收進一個更令人興奮的敘事中。會眾接著站起來榮耀上帝，祂在祂的故事中為他們找到位置。他們保持站立，經驗成為那故事的一部分那種感受。這就是詩篇和聖詩給予他們的。詩篇探討信仰生活的長、闊、高、深。它們是熱情、有信心、神祕、令人驚歎、嚴峻、驕傲、哀傷和絕望的。但它們從來都不是感情用事。詩篇描繪一個世界，在其中，沒有基督徒的思想是可怕得不能夠指明出來；沒有基督徒的感情是可怖得不能夠表達出來。認罪和赦罪，將信徒重新與那為他們預備的天堂連繫起來；現在，在詩篇中，人心可以擴展到充滿整個道德宇宙。

詩篇既延續了認罪，又在預期讀經。因為詩篇重申認罪所肯定的，即人類斷斷續續的努力，只是模仿上帝那持久的愛。詩篇前瞻聖經所宣告的，即上帝那懾人的膀臂仍然擁抱門徒那笨拙的蹣跚。「如果我們想為失業人士、患病的人或理智上有疑惑的人禱告，我們可以在詩篇中找到我們所需的一切」（Herbert 1935, 219）。會眾一再唱頌古老以色列的聖詩集，那不單是學習，也不單從詩篇講述的故事中學習，而是漸漸變成他們所唱頌的，自身變成了詩篇人（human psalm）。詩篇人有勇氣做詩篇所做的一切事——哀歎、臚列傷害和出賣的哀傷、停留在被壓迫的人的迷惑和憂傷中。有時我們必須說「上帝離棄了我」；有時在結束長長的哀歎前，個人還是發覺自己在說：「祂拯救了我的性命」（詩二十二）。在詩篇中找到表達哀傷的文字，正如在詩篇中也找到表達喜樂的文字一樣。詩篇是對豐富的宣告，宣告太多喜樂，即使在絕望中仍然有足夠的恩典。

> 詩篇因此是人類整個宗教歷史的典範：它與敬拜上帝掙扎；它與作為反人性的和非人性的邪惡權勢搏鬥；它承認邪惡仍然是潛存在人類裏面：詩篇因而對自己的罪和不足，以及對事物如此冷漠，感到絕望——甚至可能包括對上帝漠不關心……若默想人類歷史中的每一個時期，詩篇便默想基督和祂的受苦；因為在基督和祂的受苦中，人性和人類的歷史得到總結。但詩篇以各種不同的方式適用於任何獨立個體，只要他進入和分嘗這種在基督裏的人性生命。（Herbert 1935, 219～220）

在一間地方教會中，有一位女士忠心地崇拜了超過三十年，讓詩篇將她的經驗包含到他們的音樂中。經過多年容許自己的生命成為一篇詩篇、一篇歌唱信仰喜樂和絕望這兩面的詩篇後，她再走遠一步。她混合她工作的洗衣店的節奏和她所唱的詩篇的節奏，並找到編寫自己的詩篇的文字，以及找到編寫自己的讚美、抗議、渴望和愛的歌曲的文字。她成了一篇詩，讓其他人看到，怎樣做同樣的事。

赦罪後的時刻，最適合洋溢著喜樂的詩篇、讚美詩（往往是《榮耀頌》〔*Gloria in excelsis*〕）、聖詩或詩歌。奧古斯丁著名地宣稱：歌唱的人禱告兩遍，以言語和以詩歌禱告。詩歌的核心是讚美——讚美生命的美好、生命得以復原、榮耀的創造、創造得到更新。或許，所有教會的詩歌的典範是《逾越頌》（*Exsultet*；編按：在聖星期六燃點逾越節蠟燭時所唱的歌），這在傳統上是在復活節守夜（Easter Vigil）唱的偉大並充滿喜樂的聖詩，它視拯救的故事之寫成是因著上帝創造的目的，它甚至視墮落為快樂的挫折，因為墮落帶來那麼大的復原。會眾在赦罪後，從跪下站起身來，唱一首喜樂的聖詩，這時，《逾越頌》將印在個人和羣體層面中的轉化，置於宇宙性的層面之中。在蒙赦免後歌頌，是一聯合的踐行，因為，如果我們所認的罪在很大程度上是個人性的，那麼，所宣告的復原，則是集體性的。會眾在請安時聯合起來成為教會，現在則在認罪和赦罪中重新與上帝聯合。因此，他們是與天上萬象一起唱頌永恆讚美詩的。

> 歌唱是一個模範，顯示頌讚怎樣可以將平凡生命轉移到更高層次，而又不致失去在其他層次中的美好事物……歌唱也可以將紀律和準確度，與身體、感覺和想像力的更大的解放（liberation）結合起來，漂亮地展示出「清醒的醉酒」是怎樣的，這正是初期教會視為「在聖靈裏」的真正標記。（Hardy and Ford 1985, 15）

這是那些「站住，臉上帶著愁容」（路二十四17）的人重新得力的時刻，也是低垂的眼光抬起來的時刻。在一間教會中，於復活節早上，唱出第一句《榮耀頌》之後，會響起鐘聲、飄揚彩帶、洋溢著哨子聲和呼喊聲，那些在大齋期（Lent）被壓抑的人，終於在復活的喜樂中找到自己的聲音。這可能是跳舞、使身體釋放有序的活力的時候。這一刻，會眾的眼睛，肯定可以接收聚會地點的建築所給出的驚歎：如果那是古老的教堂或大教堂，高聳的圓拱或細緻的表達形式，使石頭本身也會高呼「和散那」，即使眾人不呼喊（路十九40）。如果教會的建築不存在這等明顯的讚美，很多視覺藝術——彩帶、窗戶、掛飾、雕塑和繪畫——其實都可以表達同樣的喜樂。在一個社會和經濟都相當貧乏的社區中的一座現代化教會建築，窗戶經常被打破，門廊長久以來都被一幫理想幻滅的年青「團伙」用作聚會地點。會眾決定動用一筆遺產來加建兩個鐵閘，以保護窗戶，並將團伙排除在門廊外。七年之後，那些年青人長大了，雙方的關係大大改善，會眾中的成員便想到：那些鐵閘有沒有向社區傳遞他們心中的喜樂？經過與原來的捐贈者、本地居民和藝術家討論後，會眾決定將外面的鐵閘轉化為吊在建築物內的大翅膀；當他們崇拜時，懸停在他們上面。一種保護由另一種保護取代。刀劍變成了犁鏵。那建築物最終向上帝的榮耀呼喊「和散那」。

如果喜樂、頌讚和感恩真的是人滿足的表達 —— 如果人類真的為了榮耀上帝和永遠享受祂而受造，那麼，禮儀的這個時刻，應該是基督教人觀（Christian anthropology）的基礎。

> 基調是不斷驚訝的喜樂，期望蒙賜下足夠有餘的，以應付我們的困難，即使困難沒有給全部解決掉……我們整個生命，繼續被拋往空中，並帶著信心，讚美我們的生命會被接住、會蒙福，以及經更新後再歸回。（Hardy and Ford 1985, 76）

人類 —— 按上帝形象受造的人類 —— 的定義是，蒙赦免的罪人，為了更新的生命而讚美上帝。這不單是生命最高限度的定義 —— 即這個定義可以包含聖徒和天使永恆的喜樂 —— 它也是最低限度的定義。

當人類生命的狀態受到質疑時，這最低的定義變得重要。在生命的開始和終結時尤其這樣。人類生命在哪裏開始？頌讚和喜樂在這裏可能是重要的。嬰兒在懂得說話前很久，已經會微笑和大笑，他們甚至可以在母腹中踢腳。這一切都可以視為喜樂和頌讚的一種形式。同樣，有時人會因經歷了極大痛苦而提倡安樂死。但倘若建基於人類受造以榮耀上帝這個對人類的最低定義而言，我們一定會提出質疑：出於對人的憐憫而殺死他們，能否成為對上帝榮耀的頌讚的一種表達。

在一羣地方會眾中，一位女士沒有出席聖灰星期三（Ash Wednesday）的崇拜。由於幾乎沒有人知道原因，大家開始查問，最後發覺她在家中暈倒。她被送到醫院，接著三天，她都要住在深切治療部。她患了敗血病。大家嘗試與她溝通，但沒有效果，直到一個人決定唱一些聖詩，那些在她未及參加的崇拜中他們唱的聖詩。當唱出「親愛的主和人類的父，赦免我們愚蠢的做法」時，她的眼皮閃出最後的認知。星期六，她的掙扎結束了，詩篇二十三篇的話，在她家人經過死蔭幽谷時擁抱他們。聖詩集和詩篇給予她和周圍的人語言，蹣跚地表達最後的愛意——而那語言是頌讚的語言，是在禮儀中學懂的。

聆聽聖經

聖經的書卷在崇拜中得到閱讀的一刻，它們成了教會的聖經。正如請安將集會變成教會，宣告新舊約經文，可將這些話變為聖言。這是聖靈的工作（正如在第三章討論過的）：在「今天！」這詞彙中，給予聖經生命。

差異

聖經的文體和見證的多樣性（diversity），模塑教會思考其他領域的多樣性的方式。例如，這一多樣性提供一個模式，表明教會可以怎樣理解成員之間的多樣性。聖經並不將本身限制於一卷書內，而是以多種方式傳遞一個真理。在一些書卷中，道成肉身這一概念十分明顯，可在其他書卷卻沒那麼明顯，而在另一些書卷中更可說是難以辨認。有些書卷，載有充滿信心、詳盡無遺的敍事；另一些書卷則載有精簡扼要的智慧；還有一些書卷，則零散地收集了不同的傳統和故事。雖然沒有一卷書講述上帝的整個故事，但每一卷都完整地勾勒出祂性情中不可或缺的一面。如果任何一卷被刪去，那麼，教會藉讀經而能與真正的上帝相遇的能力，便會遭大大削弱。在一羣會眾中，情況同樣是這樣。會眾中有些成員會信得十分火熱；另一些則沒有那麼生氣勃勃。有些成員可以倚仗的經驗，可能來自長期忠心作門徒的經驗；其他成員，則可以倚仗其自身所經驗到的戲劇性轉化的一刻；還有一些人，是由具洞見變為被迷惑變為信心薄弱再變成有更新的異象。沒有一個人可以代表整羣會眾，但每個人都為聖經的見證的模樣和含義，帶來了必不可少的視角。如果其中一個成員被帶走，教會會有甚麼事情發生？

同樣，全球教會的不合一帶來很多哀傷和遺憾。但教會的每一多元分支，在體現上帝的故事時，都有其角色要扮演。沒有一間教會或一個宗派，可以宣稱自身包含了上帝的目的的每一個面向。當中每一間教會或宗派，都混合著不同的忠心、操練、受苦、勇氣和智慧。但多樣性與不合一（disunity），並非同一回事。多樣性顯示教會是健康的，只是它反映聖經的多樣性罷了。一旦教會相信它可以不用帶著充滿多樣的「眼睛」和「耳朵」來閱讀聖經，那多樣性便會變成不合一了。這樣，教會聆聽上帝的能力便會嚴重受損。

這正是教會理解平等和包容這等議題的核心所在。但處理這些議題的其中一個方法，是將它們置於禮儀中的聚集的一刻。我們可以引述保羅那段經常被引用的話：「並不分猶太人、希臘人、自主的、為奴的，或男或女，因為你們在基督耶穌裏，都成為一了」（加三28）；這樣，我們便可以說，所有人都是按上帝的形象受造，同樣蒙上帝所愛。我們也可以將同樣的包容性建基於水禮之上；我們可以說，當我們在水禮中成為基督身體的一部分時，每個肢體在上帝的戲劇（God's drama）中的角色，都是平等的。同樣，我們可以參看保羅的勸告，從而將平等的觀念建基於分享食物之上，因為哥林多人竟容許同領聖餐的人吃分量如此不同的食物（林前十一 21）。

無疑，上述每種取向都有很多可稱許之處，但這裏卻沒有一種取向可以傳遞在聆聽聖經時所傳遞出來的。聆聽聖經的踐行所傳遞的，是如果教會要能夠好好閱讀聖經，它需要有一羣多樣性十分大的人存在。這不是因為這些多樣性的人，有「權利」存在；因為一旦他們存在，這種「權利」，對他們應該怎樣行事為人，便不會再有任何實質的東西可以傳遞出來。教會需要一羣多樣性的人，意味著若要讀好這本多樣性的聖經，實在需要——差不多是創造——多樣性的人。

出埃及記講述被壓迫的人怎樣蒙帶領，最終得以自由；如果教會沒有成員曾那樣深受壓迫，教會怎能夠完整地聆聽這個故事？但以理書和以斯帖記講述猶太人被擄的經驗；如果會眾中沒有外來的人、沒有寄居的異鄉人，大家會否以同樣的方式聆聽這些故事？如果會眾中有政治領袖和法官相伴，閱讀大衛誤用權力或所羅門施行審判的故事，不會變得更豐富嗎？如果教會在因病遭社會遺棄的人的相伴之下，一起閱讀痲瘋病人和患血漏婦人的故事，教會不是因而同樣變得更豐富嗎？馬利亞和以利沙伯的會面是歡慶懷孕；如果沒有孕婦在場，很難很好地閱讀這個故事。西面和亞拿的喜樂是歡慶晚年；同樣，如果沒有長者在場，很難完整地聆聽這個故事。雅各和以掃的故事是雙胞胎的故事；哈拿的故事，則是關於沒有兒女的故事；睚魯女兒的故事卻是喪女的故事。這些都是常見、卻不是普遍共有的經驗。這些故事若能深深地與會眾的生活結合，它們便會產生新的意義。那麼，如果教會沒有在本身的共同生活中認識種族區分是如此現實，它怎能夠閱讀彼得與哥尼流，或者耶穌與敍利亞腓尼基婦人的故事？如果基督徒在與彼此的團契中不知道階級差異和經濟不平等的痛苦，他們怎能夠聆聽富人和拉撒路的比喻？如果教會沒有經受性別歧視和女性常常在從屬地位中痛苦掙扎，會眾怎能夠處理撒拉與夏甲之間的關係？因著全球化旅行而出現的頻繁交往，使世界各地的教會，均愈來愈可能從一個或更多羣體中，發現埃及的基督徒閱讀出埃及記是甚麼意思，伊拉克的基督徒閱讀以斯帖記是甚麼意思，或巴勒斯坦的基督徒閱讀約書亞記是甚麼意思。

這不是説，教會應該要對那些遭不公平壓迫或忽略的社會羣體負上責任，因為這反而會將教會置於不恰當地高的地位中，讓它試圖從自身的慷慨施予中服事有需要的人。這裏的意思倒是：如果教會不是由人類存在及經驗的全面多樣性所組成，教會便不能夠聆聽聖經想説的一切話，因為教會沒有反映聖經中那非凡的多樣性。我們可能以為，透過閱讀聖經，教會被推動去服事窮人和有需要的人；但我們可能首先應想一想，如果教會不包括窮人和有需要的人，它便不能夠恰當地聆聽聖經。正因為這樣，在教會中，平等（equailty）不能夠像服事或召命等詞語所傳達的意義那麼有深度。事實上，平等可能仍然傳達教會自身生活之最低理解（那是不能再低的了）；但服事的概念，則建基於一種理解，那就是當一個肢體能把對聖經的一種認知，帶進基督的身體，而那認知是植根於認同聖經處境的話，這個看法便可以建立教會。這種恩賜/禮物令教會成為它以其他方式所不能夠成為的模樣。上帝給予教會閱讀聖經所需的一切，但這些無價的聲音和資源，在教會裏，或者甚至在團契外，往往都被忽略，甚至被壓抑。

在一間教會一個安靜的黃昏聖餐禮中，領袖隊伍的一個成員閱讀聖經。當她讀到約瑟聽到馬利亞懷孕，決定「暗暗地把她休了」這段經文時，她將聖經放在膝上，凝視著前面。過了一會，她靜靜地說：「我在十四歲時懷了孕，被迫墮胎。我每天都在想……給我打掉的，會是甚麼樣的人。」讀經、講道和信經都被擱置了，會眾以代禱繼續敬拜。在另一羣會眾中，其領袖和成員主要都是男性。一位女士站起來閱讀舊約的經訓。經文描述人要找一個好妻子是多麼困難，以及她將要有甚麼質素。那個讀經的人在讀經時明顯在顫抖，她的聲音在顫動，她似乎想哭。她裏面的一切正顯示出一件事，那就是在當代處境中聽到這些話所產生的張力。但她完成那經訓，並在流出眼淚前坐下來。羣體中沒有人再次視那段經文為古怪的牧養性講道。

讀經

閱讀聖經的方式，是模塑眾人怎樣聆聽聖經的一個重要因素。有一羣會眾在崇拜開始時，大家都會鄭重地將一本大聖經帶進教會，並把它放在聚會地點中間，讓在場每一個人都能夠看到。然後，有人小心地打開聖經，之後大家靜默一段時間。那正式的打開行動，象徵打開會眾的心領受聖經；而聖經的位置亦顯示，他們渴望將聖經置於羣體生活的中心。在另一羣會眾中，福音書的宣讀在禮堂上層的一個樓座中進行。會眾轉身聆聽福音，而且要抬頭往上看，因為樓座在他們上面。隨著時間過去，他們視理解（understanding）福音為站在（stand）它的權威之下（under），多於是頭腦上的認知。另一間教會將讀經台放在教會的建築物後方，即靠近大門的一方。這不單表示他們需要轉身去聆聽讀經，而且，因著入口的大門主要是用玻璃造的，他們可以在聆聽讀經時同時看到外面。他們開始用特別的方式來歡迎那些於讀經時才到教會聚會的新朋友和陌生人；而那裏確實也有很多這樣的人，因為很多人往往在建築物外面徘徊。會眾學習接待福音如同接待陌生人 —— 即提出要求、需要接待、需要得到理解、並假設羣體的生活會因他們而改變。同時，教會學習接受每一個陌生人就是福音，即使他們是可怕的文本（texts of terror），就像愛惡作劇的年青人一樣。

在教會讀經的一個重要面向是經課（lectionary）：將聖經經文，小心分布在三年內或類似的循環之中，以保持聖經的重要地位，也令會眾對聖經的理解更加恢宏寬廣。任何教會都會受試探專注於它喜歡的部分，以配合它所選擇的生活方式、詮釋歷史的方法、崇拜的取向等。經課使牧者不必試圖每星期都要傳達整個福音。在那三年間，或者任何構成整個經課循環的時期，整個福音將會呈現出來，並因講員的質素而得到擴大；或者，雖然講員質素不夠好，這也可以得到擴大。教會年的節奏和韻律（cadences），從經課的次序中呈現出來；而這某程度上也模塑了經課的次序。這些節奏和韻律，影響崇拜的色彩和質感，即顯示出節期情感變代的那些花朵、裝飾和法衣。將臨期和復活節的蠟燭，主顯節的香，棕櫚主日的驢和棕櫚，五旬節的火焰和橫幅，收穫節的餅和農產品，這一切都體現教會生活的禮儀模樣（liturgical shape）。在上一章，研究聚集怎樣給予教會時間（time）；在這裏，我們值得停下來研究教會曆和經課，怎樣給予教會時機（timing）這相關課題。

時機反映禮儀年的節奏。例如，將臨期和大齋期是悔改和反省的節日。它們傳統上是在禮儀和羣體踐行中戒除舖張慶祝的時候。禮儀中沒有哈利路亞。大家會鼓勵考慮結婚的人把婚禮延遲到一年中更具歡慶氣氛的時間才舉行。正如傳道書指出：「凡事都有定期，天下萬務都有定時⋯⋯哭有時，笑有時；哀慟有時，跳舞有時⋯⋯懷抱有時，不懷抱有時。」相反，復活節是五十天歡欣的舖張。對一些人來說，歡欣好像大齋期的艱難一樣，是一種操練。經課和教會年曆的時間安排，是教會學習分辨其生活中其他方面的時間安排的方法。例如，教會與猶太人的關係，總是十分重要的議題。因這議題凸顯了上帝是否忠於祂的應許、耶穌的含義、基督教與其歷史來源的關係，以及更晚近對以色列國存在的回應等。但教會應否積極向猶太人傳福音？對在大屠殺後的下一個世紀的很多人來說，這是時機的問題。我們有傳福音的時間，也有不傳福音的時間。有喜樂和迫切地分享復活節信仰的時間，也有悔罪和反省，承認犯了罪和造成可怕損害的時間。今天很多迫切、有爭議或緊迫的議題，都提出了類似的問題——無論是關乎世界貿易的平衡，同性戀者在教會中的角色，或者氣候改變的速度，對大地、空氣和海洋造成的破壞，以及生物多元物種的消滅。對某些議題而言，那時刻（moment）可能是將臨期，等候國度的來到；對另一些，那時機可能是受苦節，為神聖的事物受苦；對另一些，時間可能是五旬節，即在聖靈能力中更新變化並充滿活力的契機（*kairos*）。

敘事

隨著讀經的模式在經課的循環中確立起來，教會明白聖經那廣闊的敘事性質。這裏有一個故事。這個故事始於創造並承認罪的毒害、追溯對族長的呼召、往埃及的旅程、被奴役和出埃及、頒布律法、進入應許地；它又指出王國的建立、耶路撒冷和聖殿的興建、王國的分裂、被擄到巴比倫、歸回、第二聖殿；它又宣布耶穌的來臨、祂的事奉、祂的死亡、復活；描述聖靈的差遣、向外邦人宣教、初期教會的模式和危機，並以期望上帝的掌權在歷史的高潮中完全實現來結束整個敘述。它並非完全是敘事——有很多律法、詩歌、預言和警句。但大部分非敘事成分的經文，都有背後的敘事支持，或者以背後的敘事為處境，而當中很多都明確指向以色列歷史中的重要事件。

上帝的賜福和拯救以敘事的方式來到這一看法，在會眾間建立一連串敘事技巧。正如出版社採納或建立一種內部風格，會眾中的成員也在聖經中看到一種內部風格。他們學習觀看作者如何工作。他們留意到敘事的特點。這裏有啟示的奧祕模式，引起畏懼和極大的喜樂：「耶和華真在這裏，我竟不知道！」（創二十八 16）「在路上，他和我們說話，給我們講解聖經的時候，我們的心豈不是火熱的嗎？」（路二十四 32）這裏有隱藏著的上帝的照管，以及上帝決定不讓人類之硬心有最後的決定權：「從前你們的意思是要害我，但上帝的意思原是好的」（創五十 20）；「窯匠用泥做的器皿，在他手中做壞了，他又用這泥另做別的器皿。窯匠看怎樣好，就怎樣做」（耶十八 4）；「他們竟把他掛在木頭上殺了。第三日，上帝叫他復活」（徒十 39～40）。這裏有翻天覆地的王國和上帝帶來這王國的方式：「素來飽足的，反作傭人求食；飢餓的，再不飢餓」（撒上二 5）；「他用膏膏我，叫我傳福音給貧窮的人；差遣我報告被擄的得釋放，瞎眼的得看見，叫那受壓制的得自由，報告上帝悅納人的禧年」（路四 18～19）。這裏有上帝的慈悲憐憫，祂也渴望給予祂的子民這些德行：「我的百姓在埃及所受的困苦，我實在看見了；他們因受督工的轄制所發的哀聲，我也聽見了。我原知道他們的痛苦。我下來是要救他們脫離埃及人的手，領他們出了那地，到美好寬闊流奶與蜜之地」（出三 7～8）；「所以你們要憐愛寄居的，因為你們在埃及地也作過寄居的」（申十 19）；「他向你所要的是甚麼呢？只要你行公義，好憐憫，存謙卑的心，與你的上帝同行」（彌六 8）。這些是聖經作者的內部風格。藉著聆聽上帝在聖經中所說的話，教會學習在其他談話中辨識上帝的聲音。藉著追溯作者在聖經中的特別作為，教會學習在上帝今天榮耀的劇院中追遡上帝的特別作為。

教會在聆聽聖經時學習的另一個敘事技巧，是認出開始（beginnings）和終結（endings）的能力。故事在模糊中開始——亞伯拉罕在哈蘭，大衞在伯利恆，尼希米在書珊，馬利亞在拿撒勒，約翰在拔摩島。它們始於上帝那懾人、眩目、也往往是人們沒有尋求的恩典：「從你的家鄉去」；「我未將你造在腹中，我已曉得你」；「撒迦利亞，不要害怕」；「掃羅，掃羅！你為甚麼逼迫我？」「他對他說：『來跟隨我。』」上帝接著給那些祂呼召的人跟隨祂所需的一切，即使他們的認知，總帶點猶疑。日間藉雲柱，夜間藉火柱給予指示；每天賜下嗎哪作食物；以律法引導生活的每個細節；在釋放的應許中；在知道「我常與你們同在」中；在差遣聖靈中，祂「引導你們進入一切的真理」。這些就是故事開始的方式。如果故事以恩典開始，它們便以祝福和應許結束。上帝告訴挪亞：「我不再因人的緣故咒詛地（人從小時心裏懷著惡念），也不再按著我才行的滅各種的活物了。地還存留的時候，稼穡、寒暑、冬夏、晝夜就永不停息了」（創八 21 ～ 22）。摩西死了，應許地在望。保羅到達羅馬，「在自己所租的房子裏住了足足兩年。凡來見他的人，他全都接待，放膽傳講上帝國的道，將主耶穌基督的事教導人，並沒有人禁止」（徒二十八 30 ～ 31）。約翰結束他的異象時，得到耶穌的保證：「是了，我必快來！」（啟二十二 20）藉著見證上帝的故事怎樣開始和結束，教會學習分辨上帝的靈在世界中的作為，學習觀看上帝怎樣播下種子和收割，學習觀看上帝甚麼時候行新事，並學習深信上帝對每一頑抗的靈魂或灰心的事奉者，祂要作的都仍未結束。

聆聽

聆聽聖經，是教會明白啟示的權威與啟示的意義的方式。基督徒總是很可能以為，聖經是他們要閱讀的東西，但實際上，是聖經閱讀他們。聖經發現他們和認識他們，從遠處閱讀他們的思想。聖經顛覆抽離的學術的所有習慣。細心的學者是冷漠的觀察者，他們留意拿破崙（Napoleon）怎樣在滑鐵盧（Waterloo）戰敗，或者留意鹽溶於水中時有甚麼事情發生。以這種精神，細心的學者於處理讀經這課題時，會想到：這個奇怪的故事，能影響他們自身的故事，或者能影響現代那統攝一切的故事嗎？但聖經宣稱、命令和質疑，並在過程中，拆毀抽離，邀請甚至要求參與。「我就常與你們同在」;「彼此洗腳」;「你們說我是誰？」在一個層面上，這些是陳述、命令、問題。「要知道我是上帝」;「愛你的仇敵」;「你們不能警醒片時嗎？」這些是指示、祈使、詢問。但在另一個層面上，它們是車的前燈，基督徒是被它們逮著的兔子。他們漸漸停止問這個故事與他們和他們的時代有甚麼關係，並開始畏懼地想到，根據這個故事的真理，他們的生命和他們的世代，是否顯得毫無意義。

在一羣會眾中，有一位女士私底下總視耶穌為一個英雄，體現出她的機構所支持的大部分價值觀——耶穌談及公義，很可能相信平等機會，但祂對健康和安全的議題，倒不是十分強硬，但祂肯定支持個體——特別是少數羣體——對抗整體的大系統。她甚至會因而禁不住閱讀聖經，因為聖經宣揚好些價值觀，而她相信價值觀。但直到生活壓力弄垮了她的精神健康，而她在信仰羣體中找到支持和力量，她才逐漸明白，讀經並沒有給她帶來釋放，事實上也不會這樣，直到她容許聖經閱讀她：在聖餐禮中，藉著其他好像她那樣的人的相伴，她聆聽讀經，找到讓聖經閱讀她的勇氣。

於聖經面前，學習踐行專注和坐下來，是基督徒學習聆聽的重要方式。聆聽最簡單的意思，是留意別人說出來的話。但廣義上，例如進行輔導時使用這個詞彙，聆聽則表示接納對方在整個溝通過程中所發出的所有信息。因此，接受上帝在整個溝通過程中所發出的所有信息，不單意味著聆聽其所說出來的話，同時表示要留意其說話的方式——於姿勢、迫切、靜默、呼吸間隱含的信息；對剛才的對話的迴響；與聆聽者及環境的互動程度。聆聽也表示把一些觀感區隔起來，藉以專注在其他觀感之上。它表示延遲作出判斷，不冷眼旁觀，減少分心，以及有時不理會外來干擾。它亦表示能如此放鬆，以致容許說話者引導談話內容，但同時又要有足夠的警覺性，以接收說話者的每一個信息。所有這些習慣，都適用於聆聽聖經，也源自聆聽聖經。在某意義上，崇拜的第一部分，其設計的主要目的，是令會眾成為可以聆聽上帝在聖經中的話語的會眾。請安、認罪、歡慶和靜默，均適切地預備會眾好與上帝交談——成為祂的朋友。現在，他們預備好完全接受上帝。這意味著聆聽關乎祂作為的記述——祂模塑宇宙，祂解救以色列人，祂呼召大衛，祂差遣祂兒子；這也表示發現這些作為在聖經其他地方將作如何解釋——在詩歌中，在預言中，在榜樣中，在敬拜中。它表示在每一趟讀經中，留意到更廣闊的敘事脈絡(即整體的聖經故事)。它表示留意到讀經時的禮儀脈絡，以及留意到讀經時的禮儀脈絡與在同一崇拜中的其他閱讀之間的特殊關係。它表示甚至要透過上帝所呼召的人那些三心兩意的反應，以看出上帝的旨意——拿單向大衛宣告「你就是那人！」之時；當第三個僕人說「我知你是忍心的人」之時；當左邊的人說「我們甚麼時候見你餓了或渴了？」之時；當彼得聽到雞啼時。但它也必須表示，我們聆聽的方式，是與讀經的人說話的方式相似：我們在他們的表情、聲調、驚歎和敬畏中，尋求聖經所給予的轉化。

在一羣會眾中，讀舊約的人跪在地上說出聖經的話。聽眾大約有六十人，他們圍繞祭壇，圍成半圓形，讀經的人在祭壇面前，向著他們跪下，讀經時給他們看一些與經文有關的實物象徵，以說明那個故事。讀經開始時，教會的一個成員坐在離其他人稍遠的地方，他要求讀經的人大聲一點，讓他聽得更清楚。讀經的人卻說那段經文的性質和那些象徵的敏感細膩，要求他用比較細緻的聲音，這表示聆聽的人要比平時更努力一點。那教會成員感到憤怒並表示：他確信這一切，都必須總是為了幫助那些因任何原因而聽覺受損的人。但讀經的人則堅持聖經要求會眾要努力聆聽——那不是供即時消化的消費品，而是要與之搏鬥的陌生聲音，這可能要求聆聽的人移動身軀，如果他們要聽得更清楚的話。

聆聽傳講的聖言

讀經構成一枝箭——誦讀舊約和新約，構成箭的兩個角；福音書的閱讀，構成箭的杆。如果閱讀這三者，共同構成一枝箭，那麼，三種閱讀之交滙點——講道——必定構成箭尖（the point of the arrow）。當這三種閱讀是固定的，會眾會學習怎樣聆聽和閱讀福音：也就是基督徒一方面，在以色列的故事這一脈絡下閱讀耶穌的故事；另一方面，他們也在初期教會的經驗這一脈絡下閱讀耶穌的故事。福音總是一源自猶太人的消息（news），而那些稱為教會的子民的人，則發現福音是真理。回到箭的比喻，以色列的故事和初期教會的經驗，澄清了福音的重點（the point of the Gospel）。

講道所宣講的，是在以色列的故事中行事的上帝，祂在耶穌裏來到，活在初期教會中，今天也活著和積極行事。因此，講道訓練教會，使教會不單成為一個傳統的一部分，同時也要留意那個傳統怎樣在他們眼前變得有血有肉。講道是一件事件（an event），不是報告。它不是講述講員在某年某天因身處聖經註釋書堆和適時的軼事而認識到的真理。它不是對某段經文之洞見的結集，並由努力的研究者向抓破頭皮的會眾提出。那是天堂來到地上的一刻，是當上帝在歷史中行事這一真相——祂是如此渴望與祂的子民恢復友誼——跟人類那不讓步和脆弱的努力這一現實，面對面的一刻。在這時刻，基督徒面對面看到上帝是誰，從而重新發現他們自己是誰。那是地上來到天堂的一刻，人在罪中是甚麼這一真理，被人在基督裏是甚麼這一榮耀重新描述。那是道以肉身體現的一刻，上帝的神性（divinity）在說出的話（the spoken word）中與我們的人性（humanity）相遇，會眾發現祂成為我們之所是（what we are），讓我們可以成為祂之所是（what he is）。那是復活的一刻，罪、死亡和邪惡那明顯的給定，都被除去；在新的創造中，人性之可能性（the possibilities of humanity）得到轉化。當會眾開始崇拜，想到上帝今天準備做甚麼時，他們應該可以在講道中發現他們所期望的榮耀。講員和會眾之間的相遇，應該反映上帝與祂子民相遇的相應強度。上帝給予祂的子民他們所需的一切。講道的目的，不是四處找上帝的作為的一些模糊痕迹。它是回想和描述上帝的賜福和救贖的目的之狂濤巨浪，並為免會眾淹沒在恩典的豐富中，將那狂濤集中和引導到特定的時刻——當下；以及集中和引導到上帝的存有（being）和作為的特定面向——那是可以轉化當代之存在（contemporary existence）的某一確認的向度。

講道是啟示的一刻。它是關於面對面遇見上帝。這裏的上帝，是曾經採取行動去拯救祂子民的上帝、是會再次行動好給他們自由的上帝。這不是祕密的知識。這不是神祕密碼，打開一道門，讓剛開始進入的人得到引導，走上一條迷宮般的路，以拯救他們脫離神祕的災害。那是先知式的信念與確信：當教會被形構起來的時候，罪得到承認，榮耀得到歡慶，聖經得到閱讀，上帝說出話語——透過帶權柄的講員所解釋出來的話語。這啟示是與上帝在聖經中啟示出來的性情一致的，但同時也充滿全新的驚訝、讚歎和憐憫。如果人與上帝疏離的核心是無知（ignorance），講道便會是教育的時間，但事實卻不然。無知、愚蠢和誤解，無疑是一種疏離的向度，而教育在模塑門徒品格上的確是有其角色的，但這主要不是出現在聖餐禮的講道中。因為人疏離的核心是罪，人需要的，不單是教育和培育，而是啟示和悔改。

如果講道要由福音模塑，講道就必須是「大喜的信息，是關乎萬民的」(路二 10)。換句話說，若果講道是資訊(information)，便必須是別處找不到的資訊。在重述上帝過去的行事之故事時，講員重新描述當下的實在(present reality)。藉著表明：上帝怎樣行事——是理解歷史的關鍵無論是隱藏或可見的，講員清楚表明：上帝的作為是理解現在和將來的關鍵。因此，講道是模塑會眾的品格和理解的資訊。講道是啟示而不是教育，是好消息而不是知識，是模塑而不單是資訊，是拯救的真理而不單是智慧。

回到箭這幅圖畫。如果講道是箭尖，箭尖朝向的方向，可以是不同的。在很多情況下，它會指向上帝的心懷之深處，那就是啟示，即在基督裏啟示出來的上帝的性情的一個面向。但有時它會指向信仰羣體的生活；而會眾會感受到那枝箭鋒利的雙角(誦讀新約和舊約)是其自身生活的一個面向，並在靈和真理中被福音啟示出來。有時，那箭尖更會概括地指向更廣闊的社會，並朝向那些俘擄著國家或國際的想像力的神話。在其他時候，這枝箭會深深地指向自我(self)，啟示的箭尖會觸及欺騙和轉化，這些欺騙和轉化都寫進了教會每個成員的習慣和質地內。

或許，講員最重要的角色是將會眾置於時間之中。上帝在創造中揭開了那齣戲劇的帷幕，在以色列中宣告了祂的目的，在基督裏完全啟示祂自己。祂最終會在終末將整個故事帶到落幕的一刻。講員的角色是將會眾置於這些給定之間(between the givens)，重述那個故事，讓創造、以色列和基督的恩賜/禮物完全被接受，終末這一恩賜/禮物得到合適的理解。耶穌和終末之間的時間就叫做教會(Church)。這便是當我們說世界需要教會的大部分意思了——如果世界真的明白成為世界是甚麼意思的話。因為正如講員所描述的，教會是由一羣人組成的身體，而他們知道自身生活的空間和時間，均由耶穌的升天和回來的界限所界定。講員提醒會眾這時間的性質，而這時間怎樣由創造、以色列和耶穌賦予特點，以及由習慣和踐行賦予特點——這些習慣和踐行，裝備基督徒，使他們在稱為教會的時間下生活。因此，會眾中的成員會將自己細小的故事配合進上帝更大的故事中。

棲居在福音所啟示的空間和時間中，講員著手描述那個透過國度的鏡片看到的世界之實在（reality）究竟如何。講道的能力，不單可以令上帝與祂的創造可能出現的——因基督而可能出現的——新關係，變得更活潑；在那新關係的力量中，講員也可以再描述（redescribe）人存在的那些明顯的給定（givens of human existence），並將它們重新描述為恩賜/禮物。這是道德描述的力量。「也不是這人犯了罪，也不是他父母犯了罪，是要在他身上顯出上帝的作為來」（約九3）。當耶穌這樣說時，祂令全新的道德描述模式變得可能。無能的給定（the given of disability），給轉化為潛在的上帝榮耀之聖殿——在破碎和瘸腿的基督中，大能的上帝和無能的脆弱經驗之間的分隔被除去。透過敘事、反諷和逆轉，講員可以推翻關於「能力」（ability）和「無能」（disability）的傳統觀念，並透過福音的驚訝轉化無能的觀念。耶穌問：「或對癱子說『你的罪赦了』，或說『起來，拿你的褥子行走』，哪一樣容易呢？」（可二9）——耶穌這樣提出問題時，祂拆除了關於疾病和罪之間的傳統給定。透過醫治及和好的故事，講員可以指出，被假設為罪的許多缺點，實際上可能是疾病；而一些被視為疾病的苦難，實際上可能需要人悔改。耶穌說：「要愛你們的仇敵，為那逼迫你們的禱告。」（太五44）這樣說的時候，戰爭和暴力的給定，被轉化為敬拜的時刻。透過描述智慧和愚蠢、描述巴拉巴巨大的吸引力和十字架及復活的耶穌的真正能力，講員可以質疑戰爭的必須，並重新敘述那表面上是不可避免的暴力。耶穌對馬大說：「我不是對你說過，你若信，就必看見上帝的榮耀嗎？」（約十一40）耶穌這樣挑戰她時，祂挑戰了死亡的給定。透過類比、闡釋和具勇氣之誠實，講員可以將死亡的可怕之處，置於耶穌的復活和天國的脈絡底下，把甚至是最持久的給定〔即死亡〕再描述為恩賜/禮物。因此，講道藉著模塑道德想像（moral imagination），界定了對道德的描述。

辨識上帝的聲音

就好像聖餐禮的第一部分一樣，聖餐禮的第二部分，以一段靜默的時間結束。但這是一種不同的靜默。祝文前的靜默，主要思想此前的重大事件——成為教會、得到赦免、在頌讚中心靈得以提升。講道後的靜默，主要在感受箭尖，那就是聖經的見證以及其於當代生活中那鋒利的雙角。講道的角色是確保會眾可以發現，藉著聖經以及透過思想聖經中的經驗，他們能與上帝面對面。在接著的靜默中，教會有機會辨識這一相遇於現今所要求的生活模式中，到底是怎樣的。雖然整個禮儀都在描述一種新的政治（new politics），但在這一刻，教會可能發現，在豐富的脈絡下，關乎辨識（discernment）的政治，與面對缺乏時關乎分配（distribution）的政治，兩者的區別何在。

較富裕的當代民主，其主導的精神是：生命的福祉就是為自身尋求保障，而國家的角色，則是保證個人能夠將對自身的保障、財產、能力和經驗最大化。其結果是，國家愈來愈生活在持續的現在時態（present tense）之中，而與重要的共享的過去（shared past）有較少的連繫，對有意義的集體的將來（corporate future）則投射得更少。同時，重視貪婪的個體文化，侵蝕那些社羣交往中的中間形式（intermediate forms）——中間形式能促進社會共享的福祉和踐行。承載著共同語言和共同目標及踐行——藉以建立集體渴望——的羣體，正在式微。在這種文化中興盛的教會，卻傾向不帶批判地反映這種文化。於此，這裏給教會的挑戰是要體現一種另類文化，那是基於正在增加的共同語言(common language)——即共享的福祉和共享的踐行的共同語言——而同時能保持其現在時態，不完全掉進過去(懷舊)，也不落入將來(烏托邦)的桎梏。

還有另一個政治觀念。政治，不單是人類之缺失那令人疲累的後果，它是持續的談話，也就是關乎怎樣在羣體中帶出眾多不同恩賜/禮物，以及給這些恩賜/禮物加力的那種持續談話。政治也不是關乎大家口袋裏那有限的金錢，而是關乎大家心中、思想、靈魂和身體中那無限的潛能。它是關乎怎樣運用相關的所有力量，以及關乎怎樣辨識和體現那構成美好生命的東西。它可能並非總是快樂、美麗或豐富的，但如果羣體可以表達這種政治觀念，它便能夠經歷一種美好，那是其他羣體——帶著他們貧乏的政治——只有羨慕的分兒的。

在讀經中，會眾有機會重新發現：上帝藉著給予祂的子民他們跟隨祂所需的一切，而令這第二種政治變得可能。辨識，主要不是關乎道德努力。它也並非關乎短缺(shortage)——即上帝的美好、知識、智慧、資料、啟示的短缺——以致福音使得基督徒要再三使勁並拉緊美好的每一根肌腱，以克服種種短缺。辨識，主要關乎道德想像。只有透過想像，才能令人明白上帝已經給予教會太多，而不是不夠多。只有透過想像，人才能開放內心接受上帝豐富的恩賜/禮物，而不是假設這些恩賜/禮物是不足的，並到其他地方尋找。只有透過想像，才能容許一個人被上帝的恩賜/禮物懾服，而不會任讓自己極力拒抗那些恩賜/禮物，致使一個人幾乎不能再察覺到這些恩賜/禮物。

如果上帝藉祂給予教會的豐富恩賜/禮物懾服教會，祂也給予教會運用這些恩賜/禮物所需的所有方法。教會的踐行，特別是聖餐禮，正關乎這事。這些踐行，給教會的政治予形式；而細心的考慮，即細心考量怎樣才能最好地運用上帝這些豐富的恩賜/禮物，則為教會的政治提供了處境。

大部分教會的禮儀都忽略了講道後的靜默。有一羣地方會眾，他們在黃昏舉行聖餐禮時養成了一種習慣：在第二次讀經後，牧者習慣邀請會眾以一種特別方式，與一段聖經經文連繫起來，由此思想他們自身的經驗。他們所以要安排這樣的機會，並不是要尋找正確或錯誤的答案，只是邀請肢體將他們的經驗和聖經的描述放在一起。那邀請可能是「你們曾否見過傷殘人士」，或者「你們認為真正管理國家的是誰」。接著的講道，通常都會將部分回應交織進聖言之宣講以及對上帝的性情和教會的踐行的洞見中。有時，會眾中的成員會在聚會結束時會加入一些觀察。有一次，牧者對自己心裏想說的話感到特別高興，因而忘記了邀請會眾分享他們的經驗。第二天上午，一個憤怒的會友去找她。他說：「昨晚你向我們講了足足十五分鐘的話，然後便停下來。沒有給我們討論的機會。」牧者帶點防衛並諷刺地說，如果這名會友到城中幾乎任何一間教會崇拜，甚至很可能在參加世界大部分教會的崇拜時，他每個主日都可能會經驗到這種事。但這人既活在一個匱乏及被剝削的社區，透過再三踐行著聆聽和辨識，他以為他個人的經驗，理所當然地是宣告上帝話語的一部分，而他在上帝的故事中，是有位置的。這一假設是他信仰的一種形式，而這是禮儀習慣教曉他的；這禮儀習慣，幫助他看到他的教會可以給這個社區獨一無二的機會——在上帝的故事中找到自己的故事。

有一羣會眾，總是與每一位在場的成員——嬰孩、兒童、青少年和成年人——一起歡慶聖餐禮。他們習慣讓主禮人跪在地上，用木造的人像、毡造的墊子和各種其他工藝品，以展示聖經經文。講故事的人的眼睛，停留在人像而不是會眾身上，並溫柔地講話，又刻意和親切地處理那些物料，由此，展示（presentation），最終變成默想（meditation）多於表演。有一次，他們要展示好牧人這課題。他們將詩篇二十三篇、路加福音十五章和約翰福音十章的主題連結起來，呈現出安全的羊欄、美好的草地、使人抖擻的水和可能會使羊走失的危險地方。會眾分享他們對教會和社區的經驗，以及各人是否感到安全、美好、抖擻或危險。對一個孩子來說，教會好像使人抖擻的水，因為他的家是危險的地方。一個成年人說教會是危險的地方，因為她和其他人在崇拜後離開時，曾經有人向他們擲石頭。最後，注意力落在羊身上。羊用不同的木造成。講故事的人說：「我想，如果羊是以不同顏色製成的，會不會有甚麼不同。」一個比較年長的孩子立即堅定地回應：「那完全沒有分別 —— 我們對這些羊都應該一視同仁。」講故事的人仍然不滿意，進一步說：「我在想，甚麼令這些羊完全一樣。」沉默了很久。在場的大約三十個人都沒有任何回應。最後，靠近後面的一個六歲小童低聲地說話。她指向講故事的人肩頭上的一隻木製的羊塑像，說：「因為它們都有同一位牧羊人。」

這件事顯示教會的政治在運作。關於好牧人這個主題的展示是一篇講道，因為它是一件事件，描述聖經的遺產正是今天的拯救真理。但它不視講道的結束為上帝今天對祂的子民要說的話的結束。他們相信上帝會藉著會眾的經歷（即此刻之前的經驗），與他們溝通，而且祂是具體地在對話中（即在是次展示和會眾此前對上帝的經驗之間的對話）藉著會眾的經驗與他們溝通。展示提供了很多時間（或許是十或十五分鐘）讓對話開展，並容許靜默成為對話的一部分。而對話的體裁（genre），則是琢磨（wonder）。其所作出的陳述，很少是對沒有爭議的事實的直接陳述 —— 除了有人說出自己的經驗的時候；而即使那時候，那經驗也是作為一種恩賜／禮物獻給會眾，而不是作為一種給定（given）提出來。大家從來都不會以直接的提問來尋找回應，因為若是這樣，大家可能會預期一些正確或錯誤的答案，並因而製造出知識和資訊所慣常出現的層級結構。(以「我在想」〔"I wonder"〕開始的句子，並不以問號結束。)透過真正開放的琢磨，邀請大家提供意見；在其中，說話的人可以確保，他們永遠不會邀請大家進入一個他們已經知道「正確」答案的範疇中。例如，「我在想，那牧羊人留下那九十九隻羊時，牠們是怎樣的」;「我在想，牧羊人照顧羊羣，有否感到沉悶」。這種琢磨，容許會眾探討啟示，而毋須害怕「弄錯了」。在這個處境下，一個六歲孩子的洞見，和古老的智慧或受過良好教育的人的學識，同樣彌足珍貴。

而這不單是神學反思的問題：「我在想，那些羊是否都知道牧羊人為牠們所做的事」;「我在想，羊羣有時經歷危險會不會是好事」;「我在想，牧羊人能否做甚麼令『死蔭的幽谷』沒有那麼危險」。這也有關乎政治的事：「我在想，如果更多羊來到，牧羊人會怎樣做」;「我在想，有沒有足夠的草地給所有的羊」;「我在想，那水怎樣保持新鮮」;「我在想，那些羊彼此談論甚麼」。這是真正的政治，涉及會眾的每一成員，他們都在根據上帝豐富的恩賜/禮物和福音的恩典，思考他們共同生活所需的物資。

一個可供比較的過程，有時在社區之社會和經濟革新中發生。在一座本地的公眾建築物中，建造了一個社區模型，這模型就好像一個房間那樣大。一些本地羣體應邀在模型的四周走走，彼此談話和分享記憶、夢想和思想。他們被鼓勵要與羣體中那些他們通常不會與之談話、甚至不會遇上的成員交往。藉著向模型說話而不是向彼此說話，居民建立了對共享的將來的共同遠象，那不單是關乎物質環境，也關乎居住在那裏的那些生活形態。這個過程稱為「計劃真實」(Planning for Real)。這是地方政治的一種動態形式。這是真正地思考共享福祉。我描述的琢磨併進了許多出現在計劃真實中的好處，但琢磨的獨一無二的向度(unique dimension)，是它的主題是一個故事，而那是一眾參與者視之為啟示的。他們在故事前「坐下」,「站在」它的權威「之下」,同時在按才幹受託要賺取銀子的僕人的精神下,為了他們今天之共享的存在(shared existence),他們一起與故事的意義、意涵並模塑能力搏鬥。

這種對話的政治向度,在卡德納爾(Ernesto Cardenal)所描述的羣體辨識的踐行中(the practice of communal discernment),變得明確。卡德納爾,於一九六六年在哥斯達尼加邊境附近的尼加拉加湖(Lake Nicaragua)一個羣島的一個小島上,建立了一個稱為索倫特內姆(Solentiname)的基督徒社區。他以對話作為了解福音的主要形式,他放棄傳統講道的方式。他選擇在閱讀福音書後,或者在彌撒後舉行的集體午餐後,在一間茅屋中讓會眾進行集體評註(corporate commentary),而他只不時加插釋經和其他觀察。

有一次,他們讀到馬太福音六章24至34節,而對話轉向「所以不要憂慮說:『我們吃甚麼……』」一個成員馬塞利諾(Marcelino)回應說:「它並非表示不要工作,而是不要憂慮。」弗朗西斯科(Francisco)補充說:「在窮人中,存在著很多自私。我認為我們是貧窮的,因為我們自私。」但埃斯皮諾薩(Jose Espinosa)反對說:「不,那些剝削我們的人才是自私的……我種稻田,收成很好,但價錢卻十分差。」其他人同意。但費利克斯(Felix)同意弗朗西斯科的講法:「你需要接受上帝的旨意。我們貧窮是上帝的旨意。」埃斯皮諾薩十分堅定地說:「不,上帝的旨意是要我們戰鬥,祂會站在我們這邊,為我們戰鬥。」藝術家撒母耳(Samuel)想到,基督是否想消除進步:「我們會回到原始人的經濟嗎?他們或許是快樂的,但對經濟的關注、競爭、野心,正是(我稱它為動機)進步所需要的……而我們可能會破壞經濟。」但科羅內爾(Coronel)視馬克思式和福音的經濟系統「比資本主義更現代」,他說:「這些很好的話,會帶來很好的經濟。」馬塞利諾總結說:「上帝的國是愛。而公義也一樣。讓我們嘗試帶來這愛和公義的社會,這樣,便不會再有剝削。每個人都得到豐富的供應。我們不單會有食物和衣服，也會有學校、診所、醫院，足夠的房屋，即我們需要的一切。」(Cardenal 1977, 221 ～ 237)

卡德納爾於開始時說：他的書的作者，正是參與這些對話、談論和說出重要的話的人——他列出其中一些人的名字：保守分子潘喬(Pancho)、平等的辯護人邁雷納(Julio Mairena)、不能閱讀但說話很有智慧的貝納(Tomas Pena)等等。但接著，卡德納爾糾正自己的話，他承認：

> 真正的作者是感動(inspired)這些註釋(索倫特內姆的農民〔*campesinos*〕十分清楚，是聖靈令他們說話)的聖靈；而感動福音的，也是聖靈。聖靈，是上帝灌注於羣體的靈，而奧斯卡(Oscar)會稱之為羣體合一的靈，亞歷杭德羅(Alejandro)稱之為服事別人的靈，埃爾維斯(Elvis)稱之為將來的社會的靈，費莉佩(Felipe)稱之為無產階級鬥爭的靈，胡利奧(Julio)稱之為平等和財富的羣體的靈，勞雷亞諾(Laureano)稱之為革命的靈，而麗貝卡(Rebeca)則稱之為愛的靈。(Cardenal 1977, ix ～ x)

10
回應
Responding

教會以多種方式回應上帝的聖言。但我在這裏檢視三種禮儀性的回應（liturgical responses），在很多教會中，這都是小心有序地進行的。信經、代禱及平安禮跟在啟示後，可能是因為它們代表信、望和愛。上帝的豐富，不單給予祂的子民他們所需的一切啟示，也給予他們一個忠心回應的模式（a pattern of faithful response）。

認信

會眾在聖經和講道中與上帝的聖言相遇後，他們以長長的「阿們」這種宣告信仰的方式作回應。信經描述了那位在聖經中給體現出來、並在讚美詩中受到稱頌的上帝，這位上帝，為祂的朋友建造了一個遊樂場，讓他們棲居其中；祂亦親自進入故事中，經歷極大的痛苦並取得無限的榮耀；祂以永恆的膀臂擁抱人類；祂定意永遠與我們分享祂的生命。而會眾說出這些話，以雙目注視著十字架；十字架乃揭示愛的代價和上帝國度的特點的具體形式。會眾在聖餐禮這種環境下一起誦讀《尼西亞信經》(Nicene Creed),可以在好些方面使基督徒得到模塑。

較早時,我們看到聖餐禮怎樣給予基督徒特別的空間:藉著要求他們在特定的時間、在特定的地方聚集,藉以一起實行那些給體現出來的踐行(embodied practices),而這些踐行是不能單獨和分開地演示的,例如,分享食物。信經則給予基督徒那可以與之相比的語言空間(verbal space):藉著定下一系列界限,在其中可以實行概念性的踐行(conceptual practices)。信經這份文件見證著教會歷史中真理那界定錯謬的本性(contested nature)。公元三二五年尼西亞會議(Council of Nicaea)的故事、召集這個會議的處境、亞流(Arius)和他的支持者的論據、四世紀期間神學晴雨表之擺動、亞他拿修(Athanasius)那跌宕的事業,以及公元三八一年君士坦丁堡(Constantinople)的總結,在在都見證了教會在熱烈的辯論中,怎樣掙扎著要辨識神聖的真理。那是針對感情用事的重要警告。關乎信經的成文過程,沒有敬虔的傳奇。據說,《七十士譯本》(Septuagint)的七十個譯者努力工作了七十天後,完成了完全一樣的翻譯。但《尼西亞信經》卻沒有這種故事。教義的真理,總是政治性的;而隨著政治而來的是激情、權力遊戲和權謀。在一起宣告信經時,基督徒承認這是教會在最初幾個世紀的努力成果:嘗試闡述上帝怎樣既在基督裏、但仍然是一(one)。同時,這啟發他們盡自己最大的努力,闡述道成肉身和三一怎樣置於其時代信仰的核心位置。當我們站立,誦讀信經,便將基督徒置於一些人秉持的歷史傳統中;這些人,既繼續與這些問題搏鬥,同時又接受尼西亞的建構是決定性的。這信經在多大程度上被視為對啟示的總結,它在多大程度上也就好像聖經那樣,成為講道的主題——同樣,這需要聖靈的工作,以給它生命,並將它寫在會眾的心上。

或許,更重要的是,當我們一起誦讀《尼西亞信經》,便劃出了好些神學界限，而聖餐禮則在這些限限內進行。在聖餐禮中遇到的上帝是聖三一（Holy Trinity）。聖三一稱為父、子和聖靈。父是所有存在之創造者；子與父是一，萬物都是藉著祂造的。祂道成肉身、被釘十字架和復活；祂升天、掌權，並再來。聖靈的地位與父、子同等，祂透過先知說話。教會、水禮和復活，也列在信條之中。因此，這些界限，圍繞著聖餐桌。對聖三一的聖經信仰，具體並明確地在耶穌基督裏給反映出來：祂完全是神又完全是人；普世教會都相信祂；祂在聖禮中體現出來；祂身處時間之中——啟示之後、終末成全之前。

基督徒一週復一週地一起誦讀信經，使他們能確立一些規則，讓他們知悉該怎樣談論上帝。而當中的第一條規則，可從信經的結構看出來。信經的組成部分，幾乎完全是關乎上帝的陳述，而不是人類存在的宣稱。藉著將上帝描述為三一，信經暗示所有交談都反映了這一基礎性交談——即三一內之交談（the inner-Trinitarian conversation）。這規則的含義，在於它認為神學論述是交談，在其中，真確的聲音超過一把；而人可以繼續對話（dialogue）下去，而又不表示要認為較早時的信仰建構並不充分。源自這規則的另一條規則是：神學交談，必須開啟對話，而不是關閉對話。信經不是在崇拜結束時出現。它不是最後及最終的。它出現於聖經的啟示之後，並出現於藉分享食物而體現出來的同伴關係之前。它好像船的桅杆，令這兩帆協調。如果它不能令分享食物變得可能，它便沒有使教會保持在和平的合一之中。在這個意義上，信經代表了教會的所有其他規則，而這些規則旨在使藉聖經啟示所賜下的信仰，能在分享食物中給體現出來。如果，那些規則令分享食物的可能性減低而不是增加，我們便可以質疑那些規則究竟是否好的規則。

在講究禮儀更新的時代，有一條規則變得十分明顯：我們體認到信經是教會的信仰，而不一定是任何個體的經驗或見證。真理和虛假、信仰和懷疑，主要不在於獨立個體的良心，而在於聚集的羣體和教會整體。在任何境況之中，會眾中的一個成員的信仰，可能是堅強和有活力的，而另一成員的信仰則可能是脆弱的。後者並不會因為感到信經的一些部分較難理解，而錯失它們；前者則承認他們有責任承載後者的信仰，直到後者的信仰變得清晰和明晰。學習信仰的人，是那些一起誦讀信經的人：倘若個體在集體的見證中保持沉默，這將沒有任何裨益。而這一切，都在信經開始時的「我們」(we)這個詞彙中清楚表達出來。每當聚集的人以「我們」開始，說出他們的集體信念時，總會有些人比其他人更強烈地感受到那信念的力量。但那是強處而不是弱點，因為對「我們」的使用，令會眾中的成員能促進及滋養彼此的信心——透過聆聽、分享、教導、鼓勵和榜樣。同樣，誦讀信經，是向仍未相信的人談論信仰的一種演練——在工作間，在家裏，或者在別人要求時，我們可以跟他們談論信仰。信經是人心存盼望的原因——但那共享的信仰，總是「我們的」而不是「我的」。

因此，信經在禮儀中的位置，在兩方面是重要的。一方面，正如已經提到，信經處於讀經之後和分享食物之前。這確保了對神學性的真理(theological truth)的深思，並總能察覺到其社會處境。在沒有公平分派食物的地方，不可能充分承認信仰。另一方面，若說得更準確，信經的位置是在講道之後和代禱之前。換句話說，信經繫於啟示和禱告。信經看似一連串命題——就像一堆堆疊起來的神學磚塊，但事實上，它是一個禱告，以阿們這個詞彙結束。它向所有不以禱告形式來表達的真理形式發出挑戰。

在很多教會中，會眾都習慣站立一起誦讀信經。為信經站起來，呼應為《榮耀頌》的站起來。因為《榮耀頌》把聲音給予赦罪後「復和的喜樂」；而信經則把聲音給予講道後那對啟示的驚歎。而正如《榮耀頌》的喜樂，帶來祝文前那禱告般的靜默；信經的驚歎，則帶來代禱的應答禱告（prayful litany；編按："litany"指一種連續性的禱文「連禱」或者「啟應禱文」）。前者是一羣人的休戚與共（solidarity），身為蒙赦的罪人而站在一起；後者是一羣人的團契，他們站在一起，承認自身被包括進上帝的故事之中。稍後，會眾會站在一起分享平安（share the peace；編按：即「平安禮」），並為了「大祝謝文」而懷著禱告的心——他們站立，同樣體現了一羣人的合一，也就是進入上帝生命的核心的人的合一。站起來敬拜的人、站起來成為上帝朋友的人，在預備與祂同吃時，也會站起來。

信經是聖餐禮和水禮之間必不可少的連繫。正如認罪和赦罪，呼應著水禮隱含的決志、委身和釋放；認信（confession of faith）則呼應著披戴基督，也就是以信、望、愛的袍子，穿在新的基督徒身上。當會眾中的成員一起誦讀信經，他們就再次在水禮的水前面站立一會；這時，罪的全部影響力在他們後面，而國度則在他們前面。信經識別出那惟一能夠救贖他們的上帝，並顯示「上帝的決定甚麼都不是，除了成為在基督裏為我們的上帝」所能衍生的豐富含義。

在一羣會眾中，有一位婦女在預備水禮時面對信經的實在。當聖禮那使人敬畏的本質臨到她身上，信經的文字的大能瞪著她，就好像壓在她頭上的巨浪一樣。幫助她預備接受水禮的人，留意到她的憂慮，就問她：對這些毫無妥協餘地的語句，你有甚麼感覺？她十分謹慎地回顧五十年來自己如何逃避上帝，之後說：「我發覺，實際上，這完全關乎順服。」

如果，信經是會眾在禮儀中學習神學地思考的時刻的話，它也是基督徒學習勇氣的德性（virtue of courage）的地方。在福音書中，當別人挑戰門徒，要他們指出他們所信的究竟是甚麼時，問題非關乎他們有沒有足夠的知識或理解，而是關乎他們有沒有勇氣面對其後果。馬大在伯大尼的路上遇見耶穌時，耶穌說：「我是復活，我是生命！信我的人，雖然死了，也必復活。凡活著信我的人必永遠不死。你信這話嗎？」(編按：譯文與《新標點和合本》稍有出入)馬大其後的認信，預告了幾乎立即在她弟弟生命中出現之轉化(約十一25～26)。在該撒利亞腓立比的路上，耶穌問門徒祂究竟是誰，這時候，彼得的認信引發了耶穌的回應，並揭示祂彌賽亞身分的本質，以及揭示彼得身為門徒的身分之重大危機(可八27～33)。當彼得聲稱「我就是必須和你同死，也總不能不認你」(可十四31)，他已在為自己接受雞叫兩遍後這一審判設定時間。十字架上的強盜說「耶穌啊，你得國降臨的時候，求你記念我」時(路二十三42)，那一刻，他的價值觀與另一強盜的價值觀出現了斷然的區分，同時亦明確陳述了面對死亡所表現出來的信仰——不單他自身的信仰，也包括耶穌的信仰。

因此，會眾應邀站起來承認他們的信仰時，他們問自己的問題是「我敢誦讀信經嗎？」如果，聖經的見證已清楚指出「宣告信仰」及個人危機及代價之間的連繫，會眾能夠面對誦讀這些話的後果嗎？在教會歷史中，有很多例子顯示誦讀信經會構成這種政治行動。當二十世紀的〈巴冕宣言〉與納粹黨的宣稱較勁，它在公開陳述基督的主權。卡瓦諾(William Cavanaugh)指出，在皮諾徹特(Pinochet)管治下的智利，當中的施虐者，根本是已經得悉要從受虐犯人身上中取得的資料；他們虐待犯人的目的，只是要配合皮諾徹特政權及其對世界的看法的應答禱告——《尼西亞信經》以外的另一種選擇——罷了。卡瓦諾描述智利的基督徒怎樣刻意製造機會，演示及實踐自發而真實的應答禱告和禮儀，以指認誰是施虐者和識別施虐的地方；然後，這些基督徒營造這樣的一種氛圍：在其中，人可以再次聽到《尼西亞信經》宣告的所有政治含義。這是充滿非凡勇氣的行動(Cavanaugh 1998)。

代禱

如果上帝給予祂的子民他們跟隨祂所需的一切，代禱(intercession)的踐行即既承認那需要、又祈求那需要得以滿足。代禱使誠實和謙卑——對其自身之需要之誠實與謙卑——與對期待的信心和盼望，取得平衡。期待(expectation)是盼望的核心。如果會眾成為充滿盼望的羣體，那麼，會眾中便會不斷瀰漫著期待的空氣。代禱代表盼望，就好像信經代表信心，平安禮代表愛一樣；而透過聖經、講道和那段辨識的時間，這三者均是辨識對上帝的作為和性情之彰顯的有效回應。但期待正是會眾體現其所信的方式：它相信在歷史中行動的上帝，今天也會行動。

代禱教導基督徒並讓他們明白他們是有需要的子民。但同樣地，代禱在禮儀中的位置也是非常含意深遠的。眾人的需要，並不等同他們進入聚會地點時，他們察覺到的自身的需要。崇拜開始之後所發生的事情，以四種重要的方式改變他們。而每一種方式，都顯示崇拜怎樣模塑品格。

首先，他們在上帝面前，承認自己的罪。而且，他們這樣做時，學習到痛苦(pain)和罪之間的分別。認罪不足以指出一切的缺失；這裏會有切身的傷害、要忍受的失望、真切悔悟的錯誤、經歷到的誤解、失去的愛；這裏會有地震和洪水、先天缺陷和出生後受傷、神祕病毒和不幸；同時，這裏也有綿延的掙扎，在職場上的、在家庭中的，以及因面對死亡而生的。認罪，可以除去貪婪、自私、懶惰、慾望、妒忌和驕傲的罪，但也會留下很多痛苦——而那些痛苦是不能怪罪於任何人的——這就是代禱的工作。學習痛苦和罪之間的分別，教導基督徒甚麼是憐憫(compassion)；而具備憐憫的質素，意味著可以在別人身上體認到人類的共同經驗——人類的需要和痛苦。

第二，他們為自己的罪接受赦罪。當他們這樣做，便開始區分醫治和饒恕。饒恕將罪責、懲罰和恐懼的重擔，從罪人身上除去；但醫治卻為罪的種種〔即前述所說的因罪而來的罪責、懲罰和恐懼等〕及其後果命名，而這是需要花更多時間才能好好修補的；同時，醫治也指出創造的墮落的這些向度，會繼續妨礙信徒羣體的健康。饒恕需要認罪，但醫治需要代禱。饒恕除去那毒害，但醫治使身體復原。饒恕結束戰爭，但醫治帶來和平。與上帝和好，是只有上帝才可以給予的東西，它適合放在崇拜開始的時候。但羣體中的修補、復原、重置和最終得以興盛，其過程往往十分緩慢，但卻是一大羣人可以共同參與的——例如，朋友、家庭、醫護人員、法律工作者、提供專業照顧的人、其他門徒、教師、同事；而這訴求給置放於與平安禮（the sharing of the peace；這標誌那得以復原的羣體）相近的地方，也是恰當的。

第三，會眾中的成員，從聖經和講道中得聽福音的宣告。這樣做，便開始將苦難（suffering）和邪惡（evil）分開。正如並非所有痛苦都是罪，事實上，並非所有苦難都是邪惡的。祈求上帝的憐憫，即渴望上帝介入，結束苦難。但祈求上帝的公義卻有點不同：它渴求上帝介入，推翻邪惡及壓迫。有些加利利人在彼拉多手下受死；西羅亞樓塌下，壓死了十八個人。當有人拿這兩件事作比較，並以此來探問耶穌，當中的分別也十分明顯。前者是一壓迫性的邪惡，後者則是不該受的苦難。當十字架上的強盜因著另一個強盜對待耶穌的態度而與他意見相左時，也是區分苦難和邪惡。因此，他說「我們是應該的，因我們所受的與我們所做的相稱，但這個人沒有做過一件不好的事。」而崇拜中的整個禮儀，均體現了一個進程：上帝正視邪惡、轉化邪惡、以敍事超越邪惡並推翻邪惡；代禱是會眾將特定和普遍的苦難帶到上帝面前的時刻，但這不是因為會眾察覺不到祂的公義，而是他們希望尋求祂的憐憫。

第四，那些參與代禱的人，在講道及其他參與崇拜的人的生命和見證中，停下來，辨識上帝的聲音。當他們這樣做時，開始留意自己需要甚麼和自己想望甚麼之間的分別。整部舊約聖經都記載以色列人發現成為上帝所愛的人是甚麼意思，以及那關係應該怎樣模塑所有其他慾望。身為上帝所愛的人，以色列人每天只需要收集足夠一天食用的嗎哪（出十六章），因為上帝給予祂的子民他們所需的一切。身為上帝親密的同伴，以色列不需要好像列國那樣，擁有自己的君王（撒上八），因為上帝是以色列的君王。在福音書中，這種對聖約的深深靠倚，焦點則端在於門徒該渴想甚麼：「你們知道，外邦人有尊為君王的治理他們，有大臣操權管束他們。只是在你們中間，不是這樣。你們中間，誰願為大，就必作你們的用人」（可十 42 ～ 43）。他們的需要是他們的天父最關注的事情：「所以，不要憂慮說：『吃甚麼？喝甚麼？穿甚麼？』這都是外邦人所求的。你們需用的這一切東西，你們的天父是知道的。你們要先求他的國和他的義，這些東西都要加給你們了」（太六 31 ～ 33）。根據這種精神，耶穌應許說：「你們祈求，就給你們；尋找，就尋見；叩門，就給你們開門。」（太七 7）上帝的子民需要甚麼，這個問題必然與身分的問題相關；因為，他們身為上帝所愛的人，上帝的子民已經得到他們所需的一切——耶穌、聖靈、國度、聖經、水禮、聖餐禮，教會的所有踐行。在代禱中，指出我們需要的是甚麼，能夠使我們開始分辨甚麼是真實的需要，甚麼是或許可體諒、但仍然是邊緣的想望（want）。將一籃子想望，帶到上帝面前，可以是誠實、透明和開放的，但卻要冒將上帝變為偶像的危險——我們向祂尋求的，不是實在（reality）的轉化，並使之配合上帝，而是想望環境（circumstance）的改變，以配合我們的需要。因此，代禱者甚至不是想望別人得到他們所需的。因為，在國度的新的實在中，個人所需的，是所有人所需的；因為，如果他們要更完全全成為教會，大家便需要彼此的興盛——閱讀聖經、分享食物、發現和探討信仰，並以所有這些方式與上帝相遇。當教會努力成為只有它才能成為的，此時，教會所需要的，正就是每一個人都可以擁有的。當教會體會到這一點，它便會發現需要和想望之間的分別。代禱是上帝的豐富對教會的慾望進行教育的地方。

因此，我們將代禱模塑成宣告，也就是對痛苦、苦難、需要以及渴望得醫治的宣告。而這種模塑的特點，在很大程度上，端在於這些宣告在禮儀中的位置。但這位置在禮儀中的意涵，不局限於其之前出現甚麼，也包括其之後會發生甚麼。在代禱後，不久便是奉獻的時刻（offertory）——當餅、酒和金錢，都放在祭壇上。在這脈絡下，代禱作為祭獻（oblation）的行動，獻上倚靠，呼求上帝給予祂子民他們跟隨祂所需的一切。代禱連繫到認信；兩者都承認所有真理、所有拯救和所有美好的事物，均出於上帝；但代禱也連繫到連串的奉獻行動；因為，兩者都見證：除了上帝已經給予他們的東西外，會眾的成員沒有甚麼可以獻給上帝。由代禱構成的奉獻，展示信仰的具體踐行。這奉獻體現信仰的頑強，堅定地演練祂按名字呼喚有需要的人、病人、垂死的人、迷惑的人。這奉獻體現詩篇的哀歎——「耶和華啊，要到幾時？」——這個令人苦惱的問題，記載人類的悲慘和創造的歎息。這奉獻至少暗示在盼望破滅和不義暢行無阻背後的憤怒、對上帝的榮耀和人類的殘忍之間那不協調的狂怒；而在為這憤怒命名時，這奉獻卻又強調：教會要多麼緊緊倚靠上帝。在為世界的渴望的每一方面命名時、在窮盡創造的呼喊的每一個脆弱的心跳時，代禱表達了西門彼得那些語帶傷感的話：「主啊，你有永生之道，我們還歸從誰呢？」（約六68）因此，經常提說建制的領袖的名字，小心開列患難中的朋友的名單，以及趕緊找出出現周期性危機的地點，均會象徵性地與餅和酒一起升到祭壇上，尋求相類似的轉化——從受造物的需要那種屬地的物質性

(materiality),變成對上帝憐憫的豐富那種屬天的驚歎。

代禱不單教育教會當渴望甚麼,也不單構成其謙卑的奉獻,也以特定的德性模塑教會,而其中有三種德性最為突出。第一種德性是忍耐(patient)。重複不斷的代禱、不斷叩響天國大門的這種踐行,教導基督徒,讓他們明白上帝的時間跟他們的時間不同。在上帝的時間中,所有壞事都會結束。在上帝的時間中,不會再有眼淚。在上帝的時間中,不會再有死亡,不會再有哀歎,不會再有痛苦。上帝為那些愛祂的人預備的,是他們不能理解的。雖然基督徒仍然未看到這應許的榮耀,「但我們看見耶穌」(來二9)。這異象描述基督徒特有的盼望和忍耐,而我們可以藉定期的代禱發現這種盼望和忍耐。

第二種德性是堅持(persistence)。身為會眾中的一員,當他們回顧多年來每週所祈求的是甚麼時,他們可以看到改變真的在南非出現了,某種和平確實來到愛爾蘭,必定是上帝的憐憫臨到巴勒斯坦/以色列。堅持,並非表示當基督徒重複獻上代禱時,便會變得更擅於此道,亦因而他們的代禱會更為有效;堅持,其實只是令教會圍繞世界的痛苦、苦難和需要來模塑自身的生命。堅持,改變教會的模樣:不是「常有窮人和你們同在」(可十四7),而是透過代禱,即使不是透過日常經驗,你總會與窮人同在。這種休戚與共,最終會重新界定,當教會言說「貧窮」時,那究竟是甚麼意思,因為,教會的禱告,以及那些使得代禱能豐富教會的禱告的各種行動,正對普遍見諸於貧窮中的孤立與隔離發出挑戰。

第三種德性是謹慎(prudence)。有這樣一個故事。有人在一間教會崇拜地點的旁邊開了一間夜總會。教會中的成員感到十分害怕,但亦因而帶來很多不同的態度和習慣,而這些態度和習慣是與普遍教會的踐行和信念有張力的。在定期舉行的代禱聚會中,大家開始心照不宣地提出關乎夜總會能否生存下去的問題:敵意,正以敬虔作為掩飾。一天晚上，夜總會被燒毀。老闆想控告教會，因為他留意到很多會友在祈求發生這樣的事情。但他們否認牽涉其中，並對這位老闆表示，他只應該因為橫禍（act of God）而向保險公司索償，這明顯不是他們的責任。當會眾中的成員學習只祈求那些他們得到後懂得處理的事，謹慎便浮現了。謹慎幫助基督徒看見以下兩者的區別，那就是上帝能夠做甚麼，以及他們相信祂的性情令祂會做甚麼，這兩者的區別。因此，如果忍耐教導基督徒上帝怎樣在時間中行事，堅持模塑基督徒更有根有據地禱告，從而真切認識他們的禱告對象，那麼，謹慎則鼓勵基督徒發出更美好的禱告，更配合上帝在世界的行事方式。

在一羣地方會眾中，一位經常參加主日晚堂崇拜的婦女，開始參加教會在週日期間舉行的成人識字班。大家都可以看到，她從沒有學過怎樣好好閱讀。為了幫助她建立信心，大家要求她每月在第三個主日讀經。他們鼓勵她並告訴她，她只需要跳過那些較長或她不熟悉的詞語或名字，專注於那些她可以有信心讀得好的文字上便成。她的辭彙漸漸增加。最後，大家要求她帶領禱告。她感到自己不能夠好像某些人那樣，不必作甚麼準備便能夠這樣做，於是，在那週期間，她要求大家寫下代禱事項交給她，她小心地用文字處理器將代禱事項記下來——她是在成人教育班學懂使用這種機器的。她亦從中加入了一些從禱文集抄出來的句子。對她而言，帶領禱告是她參加教會多年以來的高峯。她明白到，在這個時刻，她好像耶穌那樣，要帶領大家站在天父面前。也好像在預期她死亡的時刻，她會與上帝面對面站著，上帝會問她：「其他人都在哪裏？」——她可以回答說：「在這裏，在我的禱告裏面。」一天，帶領代禱的人不在場，讀過信經後，大家便靜默下來。其實大家心裏有數。一輪沉默過後，她說：「我不介意帶領代禱。」然後她以結結巴巴的句子，在自己裏面體現了代禱的核心：需要、盼望和轉化，她容許自己發聲，成為當天忍耐、堅持、謹慎的禱告。

代禱的恩賜/禮物，總結了教會要帶到祭壇上的一切。代禱的特質由認罪和赦罪、聖經和講道、信經和奉獻模塑。但它也由接著的大祝謝文所模塑。因為，經由週復週、年復年獻上的忠心代禱而形塑的忍耐、堅持和謹慎，在在教導基督徒好些觀念：上帝的照管、祂的時機、祂的廣闊、祂在歷史中敞開心扉、祂的憐憫、慈愛和目的。基督徒傾出他們的愛、渴望、恐懼、憐憫、祈求、熱誠和盼望，直到他們再沒有甚麼可傾出時，他們就只剩下感恩。他們所擁有的，都是祂給予他們的；沒有甚麼地方他們可以找到更多，只能夠到那位已經給予他們那麼多的上帝跟前——祂已經給予一切。在這種氛圍下，會眾既由代禱的踐行模塑，並發現他們自身基本上是建基於感恩，他們便差不多準備好去迎接聖餐禮禱文（Eucharistic Prayer）了。但此時必須先總結對上帝的聖言的回應，那也是給上帝的奉獻。會眾藉信經獻上信心、藉代禱獻上盼望；之後，便是在平安禮中獻上愛。

分享平安

藉著與上帝和好，基督徒預備聆聽聖言。他們在分享聖經前認罪和接受赦罪。同樣，基督徒藉著與彼此和好，為分享食物作好預備。正如聖經和聖禮是禮儀整體的兩部分、是與上帝相會的兩方面，與上帝和好及與彼此和好，則是一次饒恕之活動的兩個向度。

就好像代禱一樣，平安禮的意涵，很大程度上可以由它在禮儀中的位置揭示出來。或許，意義最深遠的是，平安禮在會眾承認自己的罪和與上帝和好之後出現。換句話說，那些在場的人，由憐憫和恆忍這些德性所模塑，這些德性所倚仗的，是會眾知道自己也犯了罪並且得到饒恕，他們也透過有建設性的批評而得以成長，他們也有情緒、怪癖和偏見。他們在謙卑和誠實的德性中成長，這些德性建基於一種認知，那就是明白基督徒的生命不是關乎如何達至完美，而是關乎沿途中那些有趣的錯誤。平安禮在與上帝和好之後出現，這表示集體和好（corporate reconciliation）是以謙卑的精神進行的。會眾中的成員尋求彼此間的和睦，藉以體現他們與上帝找到的和平。他們不能從自身找到支點，他們亦不能站在道德高地來締造和平；他們只是以蒙上帝赦免的罪人這個身分站立，從而被聖靈感動，彼此給予和經驗恩典。

一羣地方會眾脱離了區會。當天有一應答禱告落在負責的人身上，那應答禱告是關於教會事奉某方面的抱怨、焦慮挫敗和無助感的。到了舉行聖餐禮的時候，平安禮以無言來表達——話可能已經説得太多了，會眾只握握手和眼神接觸一下，藉此表達信任、委身及和好。經過那麼不愉快的一天，會眾能夠分享平安，並發覺他們可以無懼地説出真理。

此外，平安禮亦在聆聽聖經和講道中的聖言後出現。聖言宣告和好基本上是基督的作為，而基督確實帶來和好。

> 若有人在基督裏，他就是新造的人，舊事已過，都變成新的了。一切都是出於上帝；他藉著基督使我們與他和好，又將勸人與他和好的職分賜給我們。這就是上帝在基督裏，叫世人與自己和好，不將他們的過犯歸到他們身上，並且將這和好的道理託付了我們。所以，我們作基督的使者，就好像上帝藉我們勸你們一般。我們替基督求你們與上帝和好。上帝使那無罪的，替我們成為罪，好叫我們在他裏面成為上帝的義。（林後五 17～21）

聖言在講述這樣一個故事，於其中，充滿植根於人類缺點的挫折，也充滿源自殘忍、妒忌和怨恨的疏離。但那故事卻教導基督徒，他們對真理毋須有任何恐懼。可以發生的最壞事情，已經發生了，但上帝仍然將最壞的事情轉化為生命和盼望之源，而這正是復活的意思。認識這真理叫基督徒得以自由（約八 32）。

在誦讀信經時，基督徒學習怎樣按啟示出來的真理（revealed truth）而活。而平安禮則在認信後出現。這令他們明白，不能不讓人認識真理。如果真理叫他們得自由，他們便可以培養不含怒到日落的習慣；他們也可以培養另一種習慣，那就是直面怨恨，並視之為模塑新關係的第一步，而這關係是以醫治和饒恕、而不是以寬容和佯裝不見為基礎的。或許，近年這類自由的最生動例子，是南非的「真相及復和委員會」。這個委員會的路線是「藉著將敵人變成朋友而消滅敵人，而這是十分艱巨但同時又可以得到最終極回報的路線」(Tutu 1999, 138)。醫治及復和是受害人和加害者都需要的，這是對經轉化的故事一種全新的感受。委員會用口號吸引大家參加會議，他們在那裏講述自己的故事，並聆聽別人的故事，希望糾正不義和醫治記憶，承認謊言，處理仇恨，走向復和。那些口號包括：「揭露就是醫治」（Revealing is Healing）、「真相：通往復和的路」（Truth, the Road to Reconciliation）和「真相傷人，但沉默殺人」（The Truth Hurts, but Silence Kills）（Tutu 1999, 81; Forrester 2003, 64 ～ 79）。

平安禮，在代禱後出現，並以憐憫為特點，模塑締造和平的踐行。代禱澄清痛苦和罪、醫治和饒恕、需要和慾望之間的區別。但考量到平安禮的這一思想，代禱也闡明何者較好（或較壞）和當中只是存在差異這兩者之間的區分：究竟那是對是錯、還是有點奇怪罷了？某個問題，基本上可以歸因於與上帝的疏離？人與人之間的溝通方式和他們彼此間的關係均破裂了？還是，這問題基本上是因為欠缺寬容或者對差異欠缺理解？這種問題，由定期在禮儀中踐行認罪、代禱及分享平安而得以重新闡述。因著平安禮的位置與代禱是如此接近，便使平安禮置於憐憫的脈絡中：體認別人的故事、別人的痛苦、別人的愛——但不知道怎樣好好去愛。它有助區分惡意和誤解。它向會眾肯定和好不在於他們自己的能力。

平安禮是置於與上帝和好、聆聽聖言、認信和代禱之後，平安禮同時是在分享食物之前。以下的經文，或許是對此最深刻的迴響。

> 所以，你在祭壇上獻禮物的時候，若想起弟兄向你懷怨，就把禮物留在壇前，先去同弟兄和好，然後來獻禮物。
> （太五 23～24）

這是聖餐禮構成（constitutes）教會的一個重要方法。不單在基督那破碎的身體中，教會能與上帝和好；這也不單是聖餐禮令教會成為一個身體；這是因為教會不能吃「一個身體」（one body），除非它真是「一個身體」。否則，教會便是吃喝對自身的審判了（林前十一 29）。這製造重大的迫切感。在羣體內，用來處理衝突的時間，實在有限。於此，要不是聖禮不再繼續，就是未和好的各方為自己招來審判。基督徒在這裏發現，他們不能夠站在上帝面前而不是蒙召為他人負責，即那些正在或者應該與他們站在一起的人。

因為，平安禮主要是關乎成為一個身體。這體現在沙庫爾（Elias Chacour）的經歷中。在加利利一條稱為伊賓利（Ibillin）的村莊的早期事奉中，他嘗試把教會大門鎖上。一九六六年，沙庫爾神父成了這條村的麥爾基派（Melkite）神父。他發現這個羣體受到分歧折磨，因著仇恨四分五裂。他面對會眾，給他們上帝的祝福時，他再次發現，他們的分歧是多麼嚴重，並且充滿怨恨。眾人之間有那麼多怨恨、憎恨和閒言閒語，他似乎甚麼都做不了。有一天，聚會結束時，正當會眾準備離開之際，沙庫爾神父走去將教堂的大門鎖上，並將鎖匙放在口袋裏，他說：「你們有三個選擇。你們可以互相殘殺——我會免費為你們舉行葬禮。你們可以殺死我。或者，從現在開始，你們找方法一起生活。」接著，大家靜默了十分鐘。沒有人有任何行動。然後，一位在當地為以色列警方工作的警察站起來。他穿著制服。他承認自己憎恨和傷害了三個弟兄。他請求饒恕。他的兄弟擁抱他。然後大家一個接一個站起來，講述他們怎樣彼此傷害、欺騙和詆毀。一小時後，眾人衝出教堂，開始與鄰居、同事和死對頭修好。那是棕櫚主日，但沙庫爾神父宣告，他們會當那天是復活節那樣來加以慶祝，因為那羣體從死裏復活了（Chacour 1992, 30～33）。

另一個著名的記述是關乎多諾萬（Vincent Donovan）的，他澄清了為甚麼平安禮正好在禮儀的這個時刻發生。多諾萬生動而詳細地描述他在一九六〇和一九七〇年代在坦桑尼亞的馬賽族（Masai）傳福音時的經驗，並且描述了馬賽族人怎樣在彌撒模塑他們的共同生活，以重新發現彌撒的意涵。彌撒開始時，這個神父駕駛他的越野車進入村莊，小孩蜂湧前來接受祝福，長老們從牛羣中抬頭觀看，哺乳中的母親則被驚動了。但在很久之前，彌撒的意識已經開始充滿村莊。它並不限於一座特定的建築物：它始於有些長老在神父到來前生起一堆小火。在他進入村莊前，多諾萬會彎腰挖起一把草，準備送給最先歡迎他的長老。草對馬賽族來說是神聖的，因為他們的牛倚賴草，而他們則倚賴那些牛。因此，草表示和平、快樂及健康。如果發生爭執，獻上和接受一把草，可以保證不會再有暴力事件發生。因此，多諾萬會以獻上一把草給最先遇到的長老開始，而這個長老會將草交給家人，然後他們會將草交給鄰居的長老和家庭，然後傳遍全村。這就是基督的和平。

多諾萬描述彌撒怎樣在全村進行。一個修理自己房子泥屋頂的婦女，會視這是她奉獻的一部分。一位當地長老，會向他簡述他指導預備接受水禮的人的情況。然後，他們可能會去探望一個患病、發燒的婦女，按手在她身上，答應稍後給她帶聖餐禮的餅。舞蹈小組會作好準備。多諾萬會與村中的核心基督徒領袖一同坐下，點著燈籠，教導他們聖經。到他們完結時，天氣會變得寒冷，這時，大家便會移近火堆，歌唱的人也會加入。一位婦女講述她的信仰，由於沒有人要給它甚麼改進，於是那就成了當天的信經。另一位婦女可能為患病的人禱告，她的禱告內容，也會包括氣候乾旱、畜牧和運送水的問題。其中一位領袖會講解他們較早時接受的教導，而每個人都會加入討論。但大家從來都不肯定聖餐禮會否從這一切中浮現。那是否真的獻上他們整個生命——家庭、擠奶、畜牧、歌唱？有沒有自私、憎恨或不饒恕——那把草有沒有停下來？有沒有人拒絕接受它？這些問題，決定彌撒會否出現。但有時眾人銳意克服羣體的缺點，請求聖靈將它轉化為基督的身體，讓他們可以把他們面前的一切——人、牲畜、農田、家和整條村的整個生活——視之為基督的身體（Donovan 1982, 124～128）。

沙庫爾和多諾萬的論述均顯示，平安禮與作為一個身體的關係。每當使用身體的語言時，水禮和婚姻這些踐行便變得重要。當婚姻或水禮在聖餐禮的脈絡中進行時（這正是它們歸屬之處——為了分享平安），婚姻和水禮均是教會在其中得以體現的不同方式。水禮和婚姻在前面已經討論過，但於此，可以把它們強調為：基督徒羣體可以踐行忍耐和勇氣的主要方式。這些德性，不單帶領他們透過死亡和復活的鏡片、透過恩賜／禮物而不是擁有的鏡片看所有關係；這些德性也幫助他們，使他們再次嘗試面對富挑戰性的關係，並於嘗試和好中甘冒被拒絕的危險。

平安禮將和好的踐行，建基於禮儀中特定的一刻。但和好絕對不限於在場的會眾。這締造和平的行動，象徵範圍廣闊得多的和好。它不單包括個人的怨恨，也包括集體的敵意。這是演練愛仇敵這個呼召的時刻。

> 你們若單愛那愛你們的人，有甚麼可酬謝的呢？就是罪人也愛那愛他們的人。你們若善待那善待你們的人，有甚麼可酬謝的呢？就是罪人也是這樣行……你們倒要愛**仇敵**。（路六 32～33、35，強調為引者所加）

我們在禮儀中體現和學習平安禮的踐行，為要把平安擴展到更廣泛的關係中，包括遠和近的。會眾中的每個成員都可以問：在鄰舍的生活中，可以怎樣成為一和好的同在（reconciling presence），從而將代禱的需要和缺乏，轉化為分享食物的豐富和豐裕。在緊接著的分享食物的脈絡中，分享食物也是體現對外人的愛的時刻。

> 你擺設午飯或晚飯，不要請你的朋友、弟兄、親屬，和富足的鄰舍，恐怕他們也請你，你就得了報答。你擺設筵席，倒要請那貧窮的、殘廢的、瘸腿的、瞎眼的，你就有福了！因為他們沒有甚麼可報答你。到義人復活的時候，你要得著報答。（路十四 12～14）

比這更廣泛的是，這關係到和平的國度（peaceable kingdom）的宣告。這是關乎人類與他們的環境和整個創造和平共處的宣告。平安禮，加上接著進行的奉獻禮，是對創造的正確次序的歡慶，好預備我們參與天上的筵席。那是新娘預備迎見新郎。瓊斯（James Jones）指出（Jones 2003, 50），單單馬太福音便提到二十七種動物；平安禮體現以賽亞書十一章預言的和諧：

> 豺狼必與綿羊羔同居，豹子與山羊羔同臥；少壯獅子與牛犢並肥畜同羣；小孩子要牽引牠們。牛必與熊同食，牛犢必與小熊同臥；獅子必吃草，與牛一樣。吃奶的孩子必玩耍在虺蛇的洞口；斷奶的嬰兒必按手在毒蛇的穴上。在我聖山的遍處，這一切都不傷人、不害物；因為認識耶和華的知識要充滿遍地，好像水充滿洋海一般。

平安禮，直接處於奉獻禮之前，這不單在清楚表明：如果這裏沒有平安，奉獻便要留待到和平出現時才進行。在一間地方教會，崇拜充斥著怨恨，但大家不肯承認哀傷存在，因此，表面上看不到這些怨恨和哀傷。他們的牧師感到非常困擾。在那間教會，崇拜的主禮人習慣在主領崇拜時戴著十字褡（chasuble；編按：牧師主持崇拜時所穿的無袖外衣）。有一個人提議牧師將十字褡留在祭壇，直到和平得到真正分享後，即只有在和平真正實現時，才穿上那法衣，繼續進行祝謝禱告。雖然大家均認定聖餐總是恩賜/禮物，不應該受到那種時刻影響和支配，但這個建議卻感動了會眾。

平安禮的時刻，也顯示出教會要獻給世界的恩賜/禮物——分配從上帝領受的恩賜/禮物——是教會的和平、上帝的和平，因為

> 你們從前遠離上帝的人，如今卻在基督耶穌裏，靠著他的血，已經得親近了。因他是我們的和睦，將兩下合而為一，拆毀了中間隔斷的牆；而且以自己的身體廢掉冤仇，就是那記在律法上的規條，為要將兩下藉著自己造成一個新人，如此便成就了和睦。既在十字架上滅了冤仇，便藉這十字架使兩下歸為一體，與上帝和好了，並且來傳和平的福音給你們遠處的人，也給那近處的人。因為我們兩下藉著他被一個聖靈所感，得以進到父面前。這樣，你們

> 不再作外人和客旅，是與聖徒同國，是上帝家裏的人了。
> （弗二13～19）

會眾彼此之間的和平、他們與外人之間的和平、他們與敵人之間的和平，以及他們與整個創造之間的和平，只是標誌上帝與祂的子民那統攝一切、在基督裏帶來的和平。這是上帝給予教會的恩賜/禮物，並透過教會給予世界的恩賜/禮物，它在禮儀的這一刻體現出來。

以平安之吻親嘴問安，在新約聖經中十分普遍——五封書信都以它來結束——但在聖經中的一處地方，它卻有上面所描述的重要性、拯救性和幾乎是禮儀性的向度（Bailey 1976, 158～206）。那是慈愛的父親和他兩個任性的兒子的故事。「相離還遠，他父親看見，就動了慈心，跑去抱著他的頸項，連連與他親嘴」（路十五20）。這個故事的很多特點，在這裏看來都是很有意思的：父親好像受苦的僕人那樣走到村外，為了別人的罪忍受公開的羞辱（奔跑被視為是不體面的）。但就我們現在的目來說，即討論這位父親和他的親吻，這個故事有兩個特點最為突出。首先是親嘴（並包括擁抱，就如故事所清楚描述的）。親嘴就好像握手一樣，是平等的人際交往。無論是握手還是親嘴，雙方都必須站著，或者至少擺出同樣的姿勢。平安禮的和好，是恢復地位的和諧——無論第三者是否認為這種恢復是值得的。第二，對這本書的主題來說，關係最密切的，是故事中父親表現得十分高興。雖然在故事開始時他的財產被分成兩半，最後有一半不見了；雖然他經過了飢荒；雖然他與最吝嗇的兒子分享一個家；雖然他不單經歷了一個兒子要求分家產這種私底下的羞辱，還經歷了另一個兒子拒絕參加宴會這種公開的羞辱；雖然他甚至要宰殺肥牛，為數以百計的人舉行宴會——換句話說，雖然他放棄了財產、失去了尊嚴、心也傷了，但這位父親從始至終都仍然體現豐富。小兒子的揮霍，對比父親的豐富；但這揮霍只在於他將所有資源都浪費掉，而故事卻敘述他的罪怎樣得以贖回——因而那是能贖回的（redeemable）。對比起來，大兒子的吝嗇卻污染了他的所有關係。當他編造故事以解釋為甚麼不參加宴會時，他需要虛構關於弟弟（他將錢浪費在外邦妓女身上）、關於自己（財產並非已經屬於他的）和關於父親（他想得到的，是奴隸的服事，而不是兒子的愛）的故事。可是，故事的敘述卻指出，甚至是這樣的罪，也是可以贖回的；但故事卻沒有敘述這罪得以贖回。大兒子的罪的核心，是他不相信這一點：即使在他父親家中，也是有足夠的——甚至故事中的一切都已清楚表明，他父親在哪裏，那裏便總是足夠有餘。

那親吻是故事的象徵中心（symbolic center），因為它體現了那重要的一刻，那就是父親**找到**他失去的兒子那一刻；而正是這一找到——而不是兒子的回來——才是舉行宴會的原因。故事結局的張力，是大兒子是否願意和好，接受父親的親吻，並參加宴會。那親吻是宴會的入口，正如平安禮是聖餐禮的筵席的入口。但那親吻，只是在表明故事一直都在宣告的，那就是上帝豐富地獻出祂子民跟隨祂所需的一切；而這獻出，從來不會有比在平安禮中臨在的更為深刻。

11
分享
Sharing

我們來到禮儀中有時被稱為聖餐（communion；編按：含「相交」、「共享」之意）的部分。這個稱呼是合適的，因為它指出，在此會眾分享上帝的生命；但如果因此假設聖餐不是整個禮儀的特點，那便是一種扭曲。在這裏，我將描述分享食物所涉及的七種踐行。這些踐行始於獻上禮物（offering gifts），而這一踐行關乎使創造得以重整（reordering）。接著有三對踐行。祝謝（give thanks；或譯「感恩」）和舉心（lifting hearts；或譯「獻心」）總結了大禱告（the great prayer）的第一部分。記念（remembering）和邀請（inviting）描述禱告的第二部分。最後，是擘餅（breaking bread）和分享食物（sharing food），這將我們帶到聖餐禮整個行動的高潮：透過基督受苦恢復的友誼，得以進入上帝的心懷，並透過分享食物體現這同伴關係。

獻上禮物

聖餐禮的第四部分是整個禮拜儀式（service）的縮影。餅和酒被拿起來、祝謝、擘開和分享，就好像耶穌被拿、祝謝、擘開和分享一樣；以同樣的方式，會眾作為一個整體，從它日常的追求中被拿出來，得到「赦罪與聖經」的「恩典與真理」之福氣，在代禱、締造和平及分享食物的操練中被擘開，藉愛和服事之差派到世界與人分享。在禮儀的這一刻，藉簡潔的用語，餅和酒被獻出、轉化和接受：而在整個禮拜儀式中，會眾，以及整個創造藉著會眾，都被獻出、轉化，然後得到接受。

在奉獻禮（offertory）中開始成形的，是人類社羣之再模塑（reshaping），以及整個創造的再召聚（reasssembly）。會眾中的每一員，都將不同的東西獻到桌前，這構成了社羣之再模塑；但到了適當的時候，每個人也從桌前再接受同樣的東西。會眾中的成員為教會的事工和宣教所作的金錢奉獻和捐獻，其奉獻的金錢數目可以有差異，而確實也有差異；他們的工作和事奉都各有不同，這由奉獻袋裏的金錢體現出來；他們習慣吃不同的食物，因此餅和酒的象徵意義對他們來說也各有不同；他們信心的恩賜/禮物、他們理解的程度、他們委身的層次也各有不同。他們有不同的社會地位——他們的性別、他們的種族、他們的階級、他們的取向、他們的身體健康和能力、他們的精神健康和能力、他們的社會閱歷和犯罪紀錄都各有不同。所有這些事情都如此不同，但當他們站在祭壇前，他們每一位都加入一個偉大傳統之中——也就是把一些東西獻給上帝的人所形構的偉大傳統；而在他們獻上的東西中，他們獻上了自己所有的一切。他們與偉人同行：亞伯和他頭生的牲畜、亞伯拉罕和他寶貴的兒子、哈拿和她等候已久的孩子、大衛和聖殿的人的獻祭、約瑟和馬利亞以及他們二人帶給西面的嬰孩。這使社羣得以重整；在其中，會眾中的成員獻上一切他們獨一無二之所是，從而學習領回每一個人都可以擁有的。他們將上帝給予他們的一切獻給上帝時，上帝給予他們跟隨祂所需的一切。

奉獻不單使社羣開始得以重整，也開啟了創造之再召聚。如果上帝的子民受造，是要敬拜祂，成為祂的朋友，與祂同吃，那麼，當上帝的創造被包括進這轉化的過程中，創造將發現自身的目的。對人類與創造的關係的傳統理解，是視人類為管家。但這描述是不充分的。對這關係的聖餐禮式理解（Eucharistic understanding），視世界就好像人類一樣，要成為讓上帝與祂子民相交的地方。因此，聖餐禮就好像耶穌的復活一樣，成為美好和榮耀、來源和終結、創造和終末之間的決定性的一刻。聖餐禮不是要控制或者要征服創造或「自然」的行動，而是將創造帶至完滿、揭示創造的目的的行動。人類與創造的關係，不單是確保創造的興盛，更不是單單阻止創造之消亡，更絕對不是要對其加以宰制，而是要將創造帶到由聖餐禮所體現的那種向上帝發出頌讚和感謝的關係中。

其中一個富爭議的地方，是認為如下的想法：會眾有甚麼恩賜/禮物是可以配得獻予上帝的，究竟是否恰當——事實上，在聖餐禮中獻呈的所有禮物（gift-giving），都是上帝給予祂子民的，這是否全然是恩典的行動？在這裏，區分禮物（gift）和奉獻（offer），或許會有幫助。禮物這一觀念，很快會向一意義領域開放：即包括交換、相互性、期望回報和一連串約成俗成的關係。奉獻卻不同。在戲劇上的即興語言中（language of theatrical improvization），「給予」（offer）指演員所做的任何事情，而這等事情，是可以解釋為令故事繼續下去的，如對白、面部表情或姿勢、行動、甚至沉默。可是，其關鍵不是那姿勢的質素，而是其給出來的可容許別人回應的空間之真誠。回應有三種。一種是「妨礙」(block):這表示否認給予的前提,從而阻止故事繼續下去。另一種是「接受」(accept):這表示保持構成給予的行動的前提,從而令故事能夠繼續下去。第三種是「過分接受」(overaccept):這表示接受前提,但卻將給予置於一個參照框架或者敍事之中,而那是比提供給予的人所能想像的要大得多的(Wells 2004, 103～142)。這正是在聖餐禮中的奉獻時刻發生的事情。會眾中的成員,不是在給予上帝一些有相當價值的禮物,希圖藉此説服、勸誘或操控上帝,使上帝善待他們。相反,他們呈獻的餅、酒和金錢,構成了給予,也就是全心全意容許上帝過分接受他們的禮物,並轉化這禮物——這轉化是藉著將這禮物置於一敍事中,而這敍事是超越了包含這一給予的敍事的。大地每天的果子和人手卑微的工作,將會成為與上帝為伴時享用的飲食。並非子民將他們的生命傾倒在他們的奉獻中,然後形構成可接受的祭(acceptable sacrifice);而是那祭形構了上帝子民的積極接受(active acceptance)——接受上帝將在他們當中所做的工。

視餅、酒和金錢為一種奉獻,將轉化基督徒看待自身所擁有的一切的方式。他們所擁有的一切,都是來自上帝的恩賜/禮物;在他們將其奉獻給上帝的一刻,他們邀請上帝轉化它,讓它可以成為一個浩大得多的故事的一部分。在聖餐禮中的奉獻行動成了典範,不但是上帝應邀如何在其創造中顯明自己之典範,也特別是上帝應邀如何重複在耶穌身上所揭示的模式之典範。因為耶穌確實過分接受人類肉身的給予,並將它轉化為神聖的榮耀。所獻出的每份禮物、每份財產、每個責任、與上帝的每段關係,均是邀請上帝過分接受個人生活中的每一個面向,均是邀請上帝重複耶穌的生命、死亡和復活在每一領域中展現的模式——即將個人的整個世界,都併合到聖餐禮之中。

禮儀前面的所有部分，我們均可視之為對會眾帶到壇前的東西的模塑。藉著認罪和得赦免，會眾從所有奉獻都沾有的悲觀中得著釋放。藉著獻上頌讚，會眾發現他們奉獻的處境。藉著聆聽上帝的聖言，會眾辨識到在實行上帝的故事之時（以及在聖餐禮的戲劇之中），上帝和祂的子民所扮演的角色之間的分別，以及各自的含義。藉著代禱，教會根據他們自己身為受造物的需要，替他們的奉獻定位。藉著平安禮，他們容許上帝除去妨礙祂全面轉化他們共同生活的最後障礙。現在的問題是：是甚麼妨礙他們，使他們不讓生活的每一個面向均被上帝過分接受？——那是在接著的禱告所體現的超越榮耀中被過分接受的。

多諾萬講述坦桑尼亞的馬賽族的彌撒時，帶出了當中的含義。當一羣人明白他們文化的某些面向與福音不相容的時候，會發生甚麼事情？在禮儀中的這一點，答案浮現出來了。松喬族（Sonjo）是舞蹈專家。在他們手中，奉獻成為一種踐行，羣體透過奉獻，辨識甚麼是美好。

> 他們將他們的音樂，直接帶到稍後餅和酒被祝福的地方，在那裏，他們小心謹慎地進行表演。他們的音樂，其中有一些肯定是世俗的。羣體中的長老向我指出，這過程的目的，是為要對他們生命中一個十分重要的領域施行實質的判斷。聖餐禮的時間，是判斷的時間。他們在自己的生命中，不以那種舞蹈為恥，因此，他們希望自己生命中的這個部分，能於聖餐禮中一併獻上。此外，有些舞蹈是他們羞於帶進聖餐禮的。因著這一事實，他們要對這些舞蹈加以判斷，而這種舞蹈完全不應該再成為他們生命的一部分。對這些舞蹈而言，聖餐禮成為一種判斷。（Donovan 1982, 125）

不屬於聖餐禮的東西，也不應屬於任何地方。不能夠獻給上帝讓祂轉化的東西，不應該保留。因此，把禮物獻在祭壇的踐行，不單模塑基督徒思考財產的方式，也模塑他們思考每種恩賜/禮物、天賦、責任、熱望和關係的方式。

舉心

在聖餐禮禱文開始時，帶領崇拜的人吩咐會眾舉起他們的心。「舉心」在模塑基督徒羣體的生活方面，有兩重意義：其中一個向度是感受（feeling），另一個向度則是被邀參與（participation；或譯「有分」）。

這是在禮儀中會眾惟一獲指示要保持一種特定感情質素的時刻。要參與接下來的祝謝、歡慶和轉化，他們**必須**舉起他們的心。正如在奉獻禮中，會眾發現他們需要將生活的每一方面，都帶到祭壇上，因此，在舉心（Sursum Corda）中，會眾發現他們必須將其心、靈都置於同一操練之下。那邏輯是相似的。為甚麼人類必須與受造的秩序有正確的關係？那是為了讓人類可以在祭壇前將創造的果子帶至完滿，並從而全面歡慶聖餐禮。那麼，為甚麼上帝的子民必須學習好好操練他們的心、雕琢他們的靈魂、模塑他們的感情，以致他們不會屈從於懷惡意的情緒、邪惡的激情或脆弱的情感？那是為了在他們來到聖餐禮中那轉化的重要時刻時，他們能夠不受阻礙地舉心。參與聖餐禮，需要用心、靈魂、思想和力量。那不單是「經驗那些動作」——而且也是「經驗著驚歎」、「經驗著沉思」和「經驗著激情」。

感官的倫理行為（ethic of the senses），正植根於禮儀中的這一刻。對慾望的教育，首先在於一起向主舉心。這是集體的過程，而幫助其他門徒舉心的輔導員，也可以在這裏看到他們事奉的目的。一個人過量使用有毒物質是錯誤的，在一定程度上，這是因為它污染聖靈的殿，也就是污染人的身體；但主要的原因是，它減弱門徒的能力，即減弱他們在這重要時刻舉心向主的能力。貪慾的凝視、游移的眼睛、偷偷摸摸的照片均是錯誤的，在一定程度上，這是因為它們操練心靈上的姦淫，視另一個人的美麗為貪慾和可擁有的對象；但主要原因，是它們減弱門徒的能力，即減弱門徒以他們每一種感官專注於聖餐禮的祝謝、歡慶和轉化的能力。但同樣，除去慾望、除去意志上之鐵腕式紀律、施加了無生氣的順從，也是錯誤的——如果它們意味著在禮儀的時刻，當上帝準備給予祂子民跟隨祂所需的一切，門徒卻不能從內心找到熱情的渴望湧流。我們的心所以受造，最重要是為了一個目的：在主以轉化的恩典來到時，舉心向祂。

關乎禮儀中的這一刻的第二個重要向度，是與一個信念相關的，這信念就是確信當門徒回應耶穌「如此行」的命令時，祂的旨意就行在地上如同行在天上。這若非實現門徒所渴望的，就是一種有紀律的行動，為使會眾的成員舉心向主；但這樣做的重點卻是：這是進入天堂的一刻，而在這一刻，上帝令祂的子民與基督一同活過來，使他們與祂一同復活，令他們「與基督耶穌……一同坐在天上」(弗二5～6)。在聖餐禮禱文中選讀啟示錄四章(「聖哉！聖哉！聖哉！主上帝……全能者」)和馬太福音二十一章(「奉主名來的，是應當稱頌的」)的會眾，特別有能力識別一件事，那就是上帝的子民升到天上，就好像上帝的兒子來到地上一樣。

禮儀的這一刻，是在地上演練天堂（rehersal of heaven on earth)。上帝所有目的都實現了——祂的子民敬拜祂，成為祂的朋友，準備與祂同吃。上帝的子民成為祂的朋友，以及與祂同吃所需的一切，都已經得著供應。他們成了一個身體，罪得赦免，和好得以達成，和平得以恢復，上帝的聖言得到宣告和辨識，信心得到肯定，需要得到聆聽。上帝的目的，已全然傳達給祂的子民，全然在他們生命中體現出來。地上和天上之間的幔子被拉開，分享食物這簡單的行動，預期永遠與上帝一起的生命那種美好的簡樸。這是啟示的一刻；因為眾聖徒真正的生命是「與基督一同藏在上帝裏面」（西三 3），但現在這卻變得清楚明白。基督藉拿起、擘開和分享餅及酒而得以顯明，「基督是我們的生命，他顯現的時候，你們也要與他一同顯現在榮耀裏」（西三 4）。

如果，這樣瞥見天堂，是慾望最強烈的時刻，那麼，它也是最痛苦（aching）的時刻。因為這正是教會至關重要的位置（location）——仍然被擄、遠離天堂。基督將會透過聖靈來到他們中間；但真正的團契、基督的身體真正與它的頭重新聯合，則要在天堂才會出現。故此，這舉心同時是通往天堂之途，以及為天堂而進行之演練。這是預嘗初熟的果子，同時也是預期（anticipation）完滿的筵席。它提醒教會，他們就好像一隊足球隊，在遠離家鄉的客場作賽，他們可能會遇到敵對的羣眾和諸多陷阱；但有一天，當它會回到家鄉主場的草地上，當他們終於找到自己那真正無瑕的流麗足球時，眾聖徒和天使便會唱出他們的名字。禮儀中的這些時刻，指明了教會之所在——教會身處一個被上帝充滿的世界，但那裏仍然未能夠稱為家。我們可以在此歡慶聖餐禮這一事實，正好描述了稱世界是好的是甚麼意思；同時，亦沒有聖餐禮可以擁有天上的筵席所擁有的一切，這又說明了為何不能稱世界為家。

教會痛苦，不單因為它遠離家鄉，也因為它不是一（one）。它不能夠全然舉心，因為它的心是破碎的。教會不合一的耻辱，基本上是關乎聖餐禮的。如果教會不能夠在上帝面前成為一，它便不能全然接受上帝透過聖餐禮要給予它的一切。上帝希望祂的子民敬拜祂，成為祂的朋友，與祂同吃。但當他們不能一起進食，他們便不能夠全然成為朋友，因此，他們也不能夠全然踐行敬拜。不過，由於天堂是一，舉心向天堂，必定是基督徒尋求恢復合一的一種方式。如果他們真的盼望與上帝坐下來同吃，他們便要作好預備，他們或許會被安排到他們意想不到的同伴旁邊。

祝謝

福音的撮要，在這裏再次得到演練——在引入認罪、講道和信經後，現在，在祝謝（thanksgiving）中，拯救的宏大敘事（grand narrative）得到召喚並圍繞著轉化這重要時刻。上帝的子民圍繞桌子聚集，準備與祂同吃。現在，在上帝故事的核心這最後演出中，他們的態度主要不是悔罪或尋求真理或信仰(雖然這都是存在的)，而是榮耀和頌讚。

禮儀的這一部分，繼續在奉獻禮時段開始的事情。如果奉獻再召聚創造，使創造圍繞桌子，而上帝的子民在那裏與祂同吃；那麼，祝謝便使那些人的生命得以重整，令他們視這祝謝為界定所有其他工作的基礎性工作（fundamental work）。教會所做的一切，都是設計來使所有人類，實際上是所有創造，與上帝成為同伴，而在祂的桌前分享食物，則把這一同伴關示範出來。因此，所有工作都是這界定性工作〔指「祝謝」〕的類比（analogy）。這工作並非一共同創造（co-creation），而是恰當的參與，讓人有分於其中：也就是我們既身為上帝的同伴——敬拜上帝，成為祂的朋友，與祂同吃——能恰當地參與尋索自身的位置、角色和完滿，並令別人也可以這樣做。祝謝並不窮盡關乎工作所要說的話。因為，要到差遣（dismisal）這個環節，才會特別提到召命（vocation）的問題，亦即我們該從事**甚麼**工作的問題。這個問題在大祝謝文中找到其定義，但那並非關乎**甚麼**（what），而是關乎**怎樣**（how）。

這種對工作的理解，始於感激(gratitude)。能參與聖餐禮是榮耀；即能在服事人和羣體的精神和靈性層面的需要(敬拜)、情感層面的需要(成為祂朋友)和身體層面的需要(與祂同吃)，扮演類比角色(an analogous role)也是榮耀。能擁有精神、靈性、情感和身體等各方面的能力，並可以藉由幫助人和羣體的興盛，使這些能力得以表達並找到其目的和完滿——這正是在我們自身裏發現到的十分寶貴的質素，而這些質素應被視為恩賜/禮物，好好珍惜。正如在聖餐禮中基督徒發現他們最明確的工作形式是祝謝；反過來，在生命的每一方面，一個重要的感恩形式是工作。工作培養和操練從上帝而得的恩賜/禮物，好應付別人在精神、靈性、情感和身體等各方面的需要，並從而滿足自己好些類似的需要。

那些需要是甚麼？聖餐禮同樣訓練我們，讓我們明白到我們所需要的是甚麼——狹義來説，那些需要是敬拜、友誼和食物；而廣義來説，則是羣體、饒恕、喜樂、靜默、真理、在真確的故事(truthful story)中的位置、信心、盼望、愛以及和好、獻出個人恩賜/禮物的方法、整理慾望；換句話説，即聖餐禮帶來的一切。聖餐禮訓練基督徒，使他們好像上帝那樣看待需要。倘若會眾習慣了上帝的供應，隨著時間過去，他們會開始需要那些上帝信實地賜下的，並圍繞這種對自身需要的明確整理的認知，模塑所有想望和慾望。在一起同吃這一範式中，聖餐禮給所有工作提供一個目標：一個豐富、和諧的目的，以及與上帝和彼此的關係的目的。藉著這種目的，或可判斷某些特別的工作的價值。

工作會反過來澄清成為教會是甚麼意思。工作總是頌讚和感恩，但稱教會的生活為工作，正好提醒基督徒一件事：他們應該期望教會是艱難的。它是艱難的，因為教會需要有紀律，以應付任務、應付大家的共識、應付同工——同工正是其他人向其發出命令的人，同工正是別人從他那裏接受命令的人，同工正是別人與其一起工作的人——而他們也正是我們要與之一起嘗試完成任務的人。雖然這是艱難的，但以任務為導向的紀律，仍然是恩賜/禮物，因為我們很少感受到無目的的自由是一種恩賜/禮物（無目的的紀律也是一樣）。紀律源於需要，無論是處理原料時遇到困難，克服物流的障礙時遇到困難，應付人類性格弱點時遇到困難，還是面對強烈敵意和壓迫時遇到困難。這些需要，構成所有人類活動——聖餐禮的頌讚和感恩，以及營銷新的電腦軟件，或者在下雨前收割要銷售的農作物。雖然對很多人來說，聖餐禮表達安息日的生活，但如果聖餐禮要在我描述的所有層面中均成為轉化性的社羣踐行，它便一定會是艱難的，會要求紀律，並且會具備普遍見諸於工作的特點。工作——和聖餐禮——不會總是復活的經驗，有時，兩者都可能是有血有肉的人性中平凡、不那麼興奮的經驗。有時，兩者都可能是十字架的經驗。這正是令聖餐禮保持人性——因而也歡慶基督的人性——的原委。

聖餐禮中的感恩禱告以另外兩種方式引導基督徒對工作的態度。一方面，當工作變得過度時（too much），大祝謝文給我們提供平衡。例如，工作可能取代家庭——當一個人排除真正的家庭關係，將所有情感都投放在繼續受命於某機構。工作亦可能變成另一間教會——如果它希望成為一完美之理想羣體之標誌，或者要求它的成員攞上他們的靈魂，或者，一心要擔起匡正整個社會的任務。工作也可能變成福音的敵人——當一種意識形態接管了團隊或整個行業的思想，並創造出新的靈丹妙藥，而又沒有人可以挑戰這些靈藥的效力時。或者，工作也可以變成上帝——當它真正成為一切，變成個人生命中的決定性和宰制性的力量時。大祝謝文能辨識出所有這些扭曲，並指出它們都是偶像崇拜——因為祝謝容許基督徒將他們最深的需要配合上帝豐富地給予的恩賜/禮物，從而帶來自由；而上述的種種扭曲，卻是在回應那可以使人成為奴隸的需要。

另一方面，當工作變得太微小(too little)、而不是過度時，大祝謝文亦向基督徒發出挑戰。當組織中的成員對組織朝哪個方向走或怎樣運作，沒有多少或者完全不尊重，工作便變得太微小。這或許可以形成一種健康的懷疑態度，因其成員經常探問：該組織是否能夠以任何重要的方式對世界的靈性、情感、精神或身體需要，作出貢獻？甚或該組織令大家的生活變得更差，而不是變得更好，並由此進一步強化了這些需要？但倘若我們繼續留在該機構中而不致力帶來任何改變，很快便會形成一種犬儒心態(cynicism)；這種心態將蠶食該組識的身體，毒害它的血液。此外，當一個組織的成員雖然尊重系統，但卻不尊重同事，以一些隱藏的方式浪費開支或顛覆該組識的結構時，工作也變得太微小。一個人經歷失業，工作也變得太微小——雖然有比失業更糟糕的事情，但很少有其他服事方式可以完全取代工作，作為表達人類感恩、並因而表達滿足的主要面向。大祝謝文藉著描繪基督徒明確的工作規範，處理缺失的感恩(flawed thankfulness)；這缺失之感恩，在工作變得太微小時出現。對失業的人來說，大祝謝文重新肯定他們的真正身分可以在身為上帝的同伴、圍繞上帝的桌子、敬拜、成為祂的朋友、與祂同吃中找到。對機構抱懷疑態度、或者懷疑自己在其中的角色的人，大祝謝文展示真正工作(true work)的榮耀和目標；藉著這工作，上帝透過聖禮和故事給予祂的子民他們跟隨祂所需的一切——當他們感恩地將他們從祂那裏得到的所有恩賜/禮物都獻給祂，並用以使羣體和個人生活得以重整。如果這感恩和頌讚的祭沒有真的在聖禮中獻上，它就斷非聖餐禮；如果感恩和頌讚的祭不是恰當地在工作的地點獻上，工作便由大祝謝文的類比退化為戲仿(parody)，也就是偶像崇拜或剝削的戲仿。

記念

記念關乎行動（action）和言語（words）。在聖餐禮中，上帝的子民記得轉化世界的拯救事件，以及記得他們在其中的位置；他們重演（re-enact）那些事件。言語和行動都是重要的。

記念的言語將教會置於時間中。那些言語令人回憶（recall）最後晚餐，從而界定歷史的關鍵事件（the hinge of history）：基督的受苦和復活事件。在回憶最後晚餐時，這些話使人記起，這一餐本身令人回憶起之前的另一餐——逾越節——及其相應的拯救事件：出埃及和立約。上帝施行作為，將祂的子民從奴役中解救出來，帶領他們到應許地得享自由，向他們保證祂的同在和信實，並給他們引導，以保持他們的自由。現在，在耶穌裏面，上帝再次行動，這次是決定性地解救祂的子民，使他們脱離奴役他們的一切，給世上所有人生命，那就是永遠與祂一起的生命。

因此，首先，記念意即承認歷史的關鍵事件已經發生。這句簡單的話，對倫理學是很重要的。因為它將倫理學的核心置於具普遍意義的特殊事件中（particular event）。這與人們一般理解倫理學的方式有好些分別。這樣的倫理學主要不是關乎甚麼被發現（being discovered），它是關乎甚麼被揭示（being revealed）。它主要不是關於現在（now），它主要是關於那時（then）：那些構成歷史的關鍵的事件，發生在第一世紀。它主要不是關乎我們的作為，它主要是關乎上帝在耶穌裏所展示的作為。它主要不是關於我們現在的決定可能會帶來甚麼結果，它主要是關於上帝永恆的決定的終極含義。它主要不是關乎我們現在要採取甚麼行動，以免最壞的事情發生；它是關乎最壞的事情——上帝的兒子被拒絕和死亡——真的發生時，上帝採取了怎樣的行動。它不是關於對事物的本性之理解，並就它們固有的素質採取正確或錯誤的行動；它是關於視所有事物的本性為已被基督轉化。它不是關於在一給定的世界（a world of givens）之中發揮影響力，它是關於在一切都業已成為恩賜/禮物的世界中，持守忠心。

聖餐禮將教會置於歷史的決定性事件——創造、約、基督——發生之後，但同時卻將教會置於完滿成全（full consummation）來到之前。聖餐禮記念和預期。它體現歷史承傳（heritage），又體現命途（destiny）。「在他死前的一晚……」這話標示那回顧；「從今以後，我不再喝這葡萄汁，直到……」標示那預期。因此，它體現了教會或基督徒的每一個行動，怎樣類似地置於決定性（decisive）和終極（ultimate）之間、歷史的決定和超越的未知之間——在上帝啟示出來的性情和祂同伴最後的榮耀之間。倫理學界定：教會希望體現由基督帶來的轉化，並希望指向最後的榮耀中應許的成全；而這體現的明確並決定性範式，正是聖餐禮本身。這就是希望令整個世界成為聖餐禮的意思：要努力使創造的每一方面都井然有序，而這秩序是按著在基督裏的轉化和在天堂中的成全來加以安排的。

記念耶穌於設立聖餐時所說的話（institution），即耶穌指自己將來會在教會中臨在，就界定基督徒怎樣理解記憶。最後的晚餐成了棱鏡，基督徒透過這棱鏡觀看過去。這表示教會的記憶永遠都不能脫離它與猶太人的親密連繫，因為，最後晚餐的特點是回憶上帝在出埃及中的拯救目的、祂忠於西乃的約、祂應許結束他們漫長的被擄。這又表示教會的記憶永遠都不能夠忽略它與苦難的連繫，因為，基督的身體在破碎時最能被指認出來。這表示教會的記憶永遠都不能夠把自身的罪忘掉，因為，猶大的出賣以及彼得和其他門徒那麼快便破壞承諾所引起的痛苦，在敘事中迴蕩。記憶的決定性時刻，是一羣有瑕疵的猶太人發現基督的身分和使命，並發覺在基督的受苦中，存在上帝更新的約以及他們在祂面前地位的更新。此後，界定歷史的每一刻的是：對基督的身分和使命揭示的程度、上帝透過基督所立的約的性質和體現、跟十字架的範式相關的苦難和罪的轉化，以及透過這些拯救事件而成為可能的新生命和羣體。

這是記憶的言語模塑教會的倫理的一些方法。至於我所說的記憶的**行動**，是指拿起來、祝謝、擘開和分派這四重動作（Dix 1945）。這些動作（gestures），當然是在重演耶穌在最後晚餐的四重行動：

> 他們吃的時候，耶穌拿起餅來，祝了福，就擘開，遞給他們，說：「你們拿著吃，這是我的身體。」又拿起杯來，祝謝了，遞給他們；他們都喝了。耶穌說：「這是我立約的血，為多人流出來的。」（可十四 22 ～ 24）

從耶穌自己的故事來思考，這四個行動的意義變得更為清晰。祂在道成肉身中取得人性（human nature），而祂的肉身（human fresh）以物質形式承載神聖的性情（divine character）。在祂的事奉中，透過智慧的言語、問題和命令，並透過從事憐憫、挑戰和神蹟的舉動，祂賜福人類和整個創造。在祂那痛苦的死亡中，以及這死亡所包含、對人類的罪惡那惱人的揭露中，為世人的生命，祂破碎了。在祂的復活中，以及或許更特別的是，在祂的聖靈來到中，祂將新生命給予所有相信祂的人，並與他們分享這新生命。因此，那四重行動體現了耶穌的生命怎樣在教會中臨在。

復活的顯現 —— 在以馬忤斯、在樓房、在加利利海邊 —— 強烈暗示，正是在這關乎食物的四重行動中，目瞪口呆的門徒知道復活的耶穌的身分。這成了一連串具界定性的行動，以識別基督的出生、事奉、死亡和復活，並肯定祂身為教會永活的主，與教會同在。因此，這一連串行動界定教會對預言的理解。預言是踐行，而這踐行是藉上帝在過去的啟示，以界說祂當下的作為。「凡文士受教作天國的門徒，就像一個家主，從他庫裏拿出新舊的東西來」（太十三 52）。先知從上帝故事的寶庫中帶出對啟示的新發現，而那是為了現在。這可以藉言語的形式進行，但也可能藉行動或動作這些更生動的形式進行。聖餐禮是明確的先知式行動（prophetic action），因為它確認基督的整個生平和工作，以致可以在今天宣告基督活潑的同在。聖餐禮示範上帝怎樣給祂的子民他們需要的一切：因為一切都被拿起、祝謝、擘開和分派。一切就這樣更新了。

倘若羣體的動作能回指（point back）基督的死亡和復活那轉化性事件，並指向（point forward）上帝應許的終末實現，那麼，每當他們如此行，他們的行動便可以被描述為先知式的。先知式行動的重點，不是改變世界，而是顯示世界怎樣被上帝改變。因此，例如，在一九四〇年代，維希政權（Vichy regime）統治法國期間，尚邦（Le Chambon-sur-Lignon）村莊的村民，接收從中歐逃亡出來的猶太人，殷勤地接待他們，並找方法將他們送到瑞士；那是充滿危險的旅程。重點不是這些行動能夠結束大屠殺或使誰贏得這場戰爭，而是這些動作顯示上帝在基督裏啟示出來的捨己之愛，讓人預嘗在天上才得以完全的團契（Wells 1998, 134 ～ 140）。同樣，正如我們在第十章看到，在皮諾徹特統治下的智利，亞韋塞多的反施虐運動（Sebastian Avecedo Movement），實行即興式的街頭禮儀，大家跑到他們知悉進行過虐待的地方聚集，背誦施虐者和受害人的名字；同樣，重點不是直接結束這些虐待行為或推翻政權，而是使得認同被壓迫者的勇氣由此體現出來，並表達上帝對施加壓迫者的憤怒，指向那日子的真確性（the truthfulness of the day）——那時，所有祕密都會顯明出來（Cavanaugh 1998, 273 ～ 277）。在更為溫和的層面上，英國一個貧窮社區的一間地方教會，發覺教會吸引兒童的比例，比成年人多三倍——根據當地的文化習慣，兒童往往在沒有父母陪同下出現。於是，教會決定將主要用來舉行崇拜的地方，讓給兒童使用，讓成年人到旁邊的房間聚會。同樣，重點不是對兒童的教化（或者使他們歸信），藉此解決該社區的社會問題，而是溫和地提醒該社區和當地的其他教會，上帝廢掉有能力的，並抬舉謙卑的。

聖餐禮的先知式宣稱是：生命中沒有任何部分——完全沒有任何部分——不能夠被帶進這拿起、祝謝、擘開和分派的拯救循環中。這個宣稱源自一個更熟悉的宣稱：生命中沒有任何面向，是不可以併合進基督的出生、事奉、死亡和復活之中的。預言，正顯示出這併合怎樣發生。聖餐禮相對於預言的重要性，是聖餐禮令預言在行動中給體現出來——而不是單單在諸如言語上的批評（verbal critique）中體現——並保持預言的基督論性；在其中，那四重行動完全專注於基督的位格和工作。因此，對所有預言作「聖餐禮式」（Eucharistic）測試，是該預言是否指向具體的社羣踐行，以及該預言是否完全圍繞那上帝在基督裏所揭示出來的模式來形塑？

邀請

如果記念的言語和行動，令教會能夠在聖餐禮中辨識耶穌的同在，那麼，相應的祈求時刻——懇求聖靈降臨（invocation）——則令基督徒能夠辨識聖靈的活動。這是成為上帝的同伴的決定性時刻，因為它是對基督的身體的三種理解合併起來的時刻：耶穌、教會和聖餐禮的餅。教會聚集，藉以在分享食物的轉化性踐行中，發現耶穌。這是教會的過去、將來和現在聯合起來的時刻。最後晚餐、終末的筵席和地方性的歡慶，在聖靈令道成肉身的耶穌和將來的主於分享食物之時臨在，三者合而為一。

懇求聖靈降臨的禱告，請求聖靈在教會中作耶穌在迦拿所作的事。在迦拿，當耶穌將水變為酒，祂將簡單和屬地的，變成非凡和屬天的；祂拉開死亡的幔子，有一刻，讓人一瞥神聖的榮耀；祂拯救祂的子民脫離缺乏和不足，給他們豐富；祂預期天上和地上的婚姻，顯明上帝直到末時的拯救目的。祂體現「以馬內利」—— 上帝與我們同在 —— 所表達的一切。懇求聖靈降臨所祈求的，是聖靈將作這一切事，並以餅和酒這形式，以及在與上帝為伴的分享食物中，將天堂帶到地上。

這是基督徒發現聖潔的含義之處。聖潔的定義涉及好些向度，而每一個向度，都可以源自聖餐禮的這一刻。

聖潔不是人自身擁有的一種質素，它是聖靈的恩賜/禮物。那不是一種靜止的狀態，而是透過肉和血的物質彰顯上帝。正如在禮儀中，聖靈降臨是上帝的彰顯，而這是透過餅和酒的物質得以成全的。聖潔不界定自身，而是從它與基督的生命、事奉、死亡和復活的事件的關係中取得其意義，正如在聖餐禮中揭示那樣。正如基督拿起、祝謝、擘開和分餅，祂也拿起和祝謝人性（human nature），祂被擘開，從而將祂的生命分給世界；同樣，聖潔的生命，是上帝拿起藉以賜福、擘開藉以分享的生命 —— 為著世界的生命。根據聖餐禮的定義，聖潔不是一時一刻的狀態，而是領受的恩賜/禮物，那是透過重複並忠心地踐行認罪、頌讚、研經、代禱、和好、締造和平、祝謝和記念，以及向聖靈的轉化開放，而得以領受的恩賜/禮物。聖潔的目的，是成為好人（good people）多於有好行為（good actions）。聖潔也不是個人的追求，而是同伴的關係；正如聖餐禮聚集了一羣充滿差異的人，而我們在懇求聖靈降臨的禱告中所渴望的，是聖靈不單會令餅和酒聖潔，也令接受餅和酒的人聖潔，以致聖潔可以透過教會的合一顯明，在和平的連結（bond of peace）中的合一中顯明。聖潔不單是內在的狀況；懇求聖靈降臨的禱告，是教會成為祭司的國度，即成為一集體的見證，有分於世界與上帝的和好。最終，聖餐禮所以界定聖潔，在於聖餐禮提供特定的踐行——分享食物——從而體現我們的渴望，即渴望與上帝在一起的生命。聖潔基本上關乎豐富，因為它是關乎門徒在上帝之美好那全然的榮耀中，忘記對自身自戀式的自我著迷。

這也是基督徒發現能力（power）究竟是甚麼意思的地方。如果聖潔或許代表一種對督教倫理的「敬虔的」（pious）理解的誇張模仿（caricature），那麼，能力便或許能標誌對紀律的「實在的」（realist）理解。雖然這區分可能是不合法的（illegitimate），但這裏的重點是：兩者都在禮儀的這個時刻中，找到各自的範式。

對能力的神學理解的重要時刻，是五旬節那天。門徒得到命令「留在城中」，直到他們「領受從上頭來的能力」（路二十四49）。在五旬節那天，他們確實領受了從上頭來的能力。門徒得到敬拜上帝、成為祂的朋友、與祂同吃所需的一切。這一刻界定基督徒對能力的理解；它來自上帝、它是實現上帝的心意的力量。能力本身不是一種質素，它也不是可以令人自我膨脹的質素；它可以使上帝在現時環境中掌權得以實現，以賜生命的靈（life-giving Spirit）包裹著（swath）物質性，以公義及和平的方法滲進（infuse）羣體和萬民。換句話説，這等能力，能夠使人的生活不為罪惡、死亡和邪惡所限制——以體現因為基督的死亡和復活而變得可能的生命，而這正是聖靈可給予的：將在基督裏變得可能的，滲進一切之中。

聖靈的恩賜／禮物以這轉化的能力披在上帝子民身上。定期接受聖靈的恩賜／禮物，成了藉以理解所有其他恩賜／禮物的一種踐行，而這種踐行就是聖餐禮。在聖餐禮中，聖靈應邀降臨，在重演（re-enactment）的五旬節中，令分享食物的過程，成為接受聖靈所有恩賜／禮物——基督的所有恩福——的途徑。懇求聖靈降臨的禱告，是對能力的詳細定義。它首先是一個禱告。所有代禱，都是向上帝祈求；禱告是承認上帝的主權的一種行動，以顯示所有能力都來自上帝。禱告是邀請（invitation），不是指導（instruction）。禱告體現受造物和造物主的關係，禱告絕對不是運用力量，而是相信求是會有所得——當能力在恩典的手中時。第二，禱告開始時，朝向大家共同的食物——餅和酒。控制食物的生產和分配，構成能力其中一種最重要的形式。在禮儀的這一刻，我們宣告上帝在掌控食物，並滿足祂子民最深的需要。正如在迦拿、正如在祂餵飽五千人時，開始時那少量的奉獻，卻轉化成豐富、湧流的大量，因此，在這一刻，禱告祈求上帝藉著漫遍世界之恩典洪濤來顯示祂的能力。接著，這樣透過分配食物來顯示能力，是為了建立教會。這標誌所有能力的目的；而能力是恩賜/禮物，要在世界中加力予上帝榮耀的踐行者（the agents of God's glory）。所有恩賜/禮物，都要根據它們能否建立教會來衡量；而這恩賜/禮物以一明確的方式建立教會。這是釋放而不是破壞的恩賜/禮物。正如嗎哪是恩賜/禮物，將以色列的兒女從個人生存的恐懼中釋放出來，並保證在他們中間上帝臨在；而在禮儀的這一刻，則表達了上帝今天怎樣與教會同在，並給予祂的子民他們所需的一切，使他們脫離恐懼。因此，作為上帝的恩賜/禮物，能力是美好的。不應該視運用能力為必然引致腐化，並因而避免運用。不過，任何能力，不像在禮儀中的這一刻顯示的那樣來運用——都不歸因於上帝、都被經驗為轄制而不是權威、都不是要建立那些受制於它的人、都不能夠帶來釋放而是帶來破壞、都是在製造恐懼而不是豐富——這種能力奴役人，而這種奴役不單會吞噬子民，也會吞噬有能力的人。

我們還需要注意那被聖餐禮桌子界定的能力的其中一個面向。這能力，被包裹在聖餐餅那卑微的一塊中，也就是那要擘成兩半的。如果，餅和酒、子民、世界被賦予從上頭而來的能力，那能力是由荊棘冠冕、被鞭打的救主、破碎的身體宣告的一種能力。十字架的能力，是在軟弱中顯明出來的能力。在聖餐禮中顯示出來的能力宣告說：聖靈降在門徒身上時，他們便得到他們所需的一切；但在門徒能夠為著世界的生命而全然分享這些恩賜/禮物前，他們難免會被破碎。這就是聖徒的能力和英雄的能力的分別（Wells 2004, 42～44）。

擘餅

如果這是在禮儀中說出主禱文（Lord's Prayer）的一刻，主禱文便變成好像祝文一樣，將之前的禱告的所有工作都集中起來。這是十合恰當的，因為主禱文宣告上帝給祂子民他們敬拜祂、成為祂的朋友、與祂同吃所需的一切。

禱告的第一個祈求（petition）是為了當下的需要：「賜給我們」（give us）。那是祈求嗎哪、祈求日用的飲食（daily bread）的禱告。每天供應日用的飲食，可令教會脱離一種奴役，那就是飢餓的奴役。「賜給我們」這一陳述，表示飲食基本來自上帝，而「為生命憂慮吃甚麼，喝甚麼；為身體憂慮穿甚麼」（太六25），乃關乎信心；而這種憂慮的囚牢，是個人為自己製造的。將這關乎食物的禱告置於聖餐禮的脈絡下，再次表明：透過聖餐禮，上帝給予食物；並透過給予食物，給予祂子民他們所需的一切。因此，那禱告變成「願我們每天接受你今天賜給我們的」。與上帝同吃，成為上帝的同伴，不單是教會的終末渴望，不單是聖餐禮的方向——它是每個基督徒每天生活的目標和目的。「每天在飯桌上，請賜給我們這種同伴的同在和友誼」，是在祈求「飲食」，象徵基督徒從上帝那裏需要和渴望的一切。

禱告的第二個祈求，是祈求上帝醫治過去的創傷：「赦免我們」（forgive us）。這是脱離第二種奴役，那就是罪的奴役。缺乏食物是可悲的情況。但有豐富的食物，但卻因社羣的分裂而未能得吃，則更加可悲：在聖餐禮的脈絡底下，主禱文尋求明確的拯救，而它指望脫離的，正是這一困境。如果與上帝及彼此同吃，需要飲食；那麼成為上帝和彼此的朋友，則需要赦免。聖餐禮禱文界定基督徒思考記憶的方式；但如果記憶要產生友誼所需的信任，記憶便需要和好的相伴。而正如食物基本上來自上帝，赦免基本上亦源自上帝。是上帝赦免祂的同伴，而只有在那赦免帶來的力量和釋放下，上帝的這些同伴才可以要求第二個福氣，即彼此饒恕的福氣。聖餐禮體現饒恕的目的，這是因為如果沒有和好，便不可能成為朋友；沒有成為朋友，便不可能同吃——無論是彼此同吃還是與上帝同吃。如果門徒想與上帝同吃，他們便需要能夠彼此同吃。這是聖餐禮給我們的教導。

禱告的第三個祈求，是解除「莫名」的武裝（disarming the unknown）：「救我們脫離」（deliver us）。這裏要處理的奴役，是恐懼的奴役。教會對恐懼的回應是敬拜。

> 即便如此，我們所事奉的上帝能將我們從烈火的窯中救出來。王啊，他也必救我們脫離你的手；即或不然，王啊，你當知道我們決不事奉你的神，也不敬拜你所立的金像！（但三 17～18）

教會今天有豐富的食物和相應的恩賜/禮物；教會從過去由它自身所犯的罪以及加諸它身上的罪的壓迫中，得到解救。它敢於接受同伴的關係、成為上帝的朋友、與祂同吃的邀請嗎？試探、考驗、邪惡，正指出仍然存在的力量，比起擁有豐富的恩賜/禮物並業已從罪的咒詛中得釋放的羣體的力量，可能更為強大。這些陰霾，或許會嚇怕基督教倫理學，而且內裏的鬥爭和外在的恐懼，使倫理學變成令人膽怯的任務。對這些強大力量的主要回應，是說出並宣告那更強大的力量——即敬拜耶穌基督的上帝、求告聖靈的力量。於此，在主禱文中，我們展示這本書的論證的核心：在耶穌、教會和聖餐禮中，上帝給予祂的子民敬拜祂、成為祂的朋友、與祂同吃所需的一切。他們透過祈求上帝滿足他們當下的需要而找到食物；他們透過祈求上帝赦免他們的罪、給他們力量饒恕別人而找到友誼；他們透過祈求上帝在敬拜之中和敬拜之外顯明祂的能力，而找到信心。因此，他們成了上帝的同伴。

在一羣地方會眾中，有追求個人聖潔的強烈意識，但在集體認同共同信仰這方面，卻彌漫著壓抑的空氣。有一次，聖餐禮的主禮人，描述她在法國多次參加崇拜的情況。她講述怎樣在彌撒的這一刻，留意到所有會眾都手牽手說出主禱文。她提到在盛大的賽事中，體壇英雄怎樣站在一起，將手放在別人肩頭上同唱國歌。這是顯示他們是一隊球隊的一種方法——他們一起站立或倒下——他們是一個身體。她說：「那麼，讓我們手牽手，一起說出主禱文吧。因為我們是一個身體。而主禱文是我們的國歌。」

被拿起和祝謝後，那個餅現在要擘開。在以馬忤斯的故事中，擘餅給歡慶為啟示的一刻：那兩個失落的靈魂成了上帝的同伴的一刻。走路中的兩個門徒聽到耶穌解釋彌賽亞怎樣必須受苦，然後在晚餐時他們看到他們的同伴是同一位受苦的僕人，而現在祂已經復活了；同樣地，在聖餐禮中，會眾首先再發現（rediscover）耶穌的位格和使命的真正本質，然後，在擘餅和分餅中，看到釘十字架和復活事件被生動地描述出來。

這亦是禮儀中憤怒和憐憫相遇的時刻。一方面，這是缺乏的餅（the bread of scarcity）——有限的資源、自私的貪婪、殘忍、擘開別人的身體、誤用創造的恩賜/禮物、謀殺、狂暴的憎恨和怨恨的敵意，也就是罪；另一方面，這也是豐富的餅（the bread of abundance）——無限的愛、無盡的饒恕、不止息的寬容、堅定的忍耐、持續的喜悅、愛子親切的擁抱，也就是恩典。這是憂傷的餅和喜樂的餅，在這一刻，上帝的憤怒和愛，使祂心碎，就正如在十字架上那樣。而這正是上帝的子民分享上帝的生命的方式：他們進入上帝破碎的心。他們在擘餅中成為祂的同伴。

這也是界定基督徒如何理解暴力（violence）的時刻。暴力於其自身是沒有定義的，它藉著跟基督所經受的一切作類比而得出其定義。隱含在基督受難之背境中的（background），是耶穌拒絕走上的路：與羅馬和猶太當局衝突，採用勸說、半事實和暫且擱下正直的溫和路線；這背景還有退到曠野，在個人不用與政治力量較勁的處境下追求公義。而在前景中的（foreground），是令耶穌受死的力量：受軍事力量主宰的政府那短期盤算和試探，建制宗教和偏見的利刃所發出的請求和施加的操控，民族主義的起落和種族歧視的陰險呼籲，暴徒的恐懼和瘋狂及其引致對公義的踐踏（Yoder 1994）。處於事件中心的，是基督破碎的身體。

基督破碎的身體，同時顯明上帝怎樣表達祂對其創造的主權，以及那主權的最終目的。如果上帝的主權真的是宇宙之道，是創造的整個取向；那麼，上帝的愛，特別是祂對仇敵的愛，便是最有能力的力量（the most powerful force of all）：因此，暴力和金錢的力量顯露出來的真面目，便不是主宰，而最終是軟弱。十字架上展示的愛、在擘餅中演示出來的愛，是宇宙中最有能力的力量，因為它是主權上帝使其性情為人所知的方法。而在聖餐禮的擘餅中，對這主權的愛（sovereign love）之描述，揭示主權的能力（sovereign power）、於愛中表達出來的主權的能力的終極目的：上帝與祂的子民分享食物，即呼召他們敬拜祂，成為祂的朋友，與祂同吃。禮儀中這關鍵的時刻，展示教會如何理解暴力、上帝的性情和創造的終極目的；而這一刻描述了拯救的方法、結果和結論。

在耶穌生命中的兩個決定性時刻，即祂的出生和死亡，祂是全然無能的（powerless）——祂是那麼無力，不能使用祂的雙臂。在出生時，祂的雙臂，被束縛著祂的衣服約束在旁——對此，路加福音有兩次記述，而天使告訴牧羊人這便是「記號」了。後來，耶穌受死，祂雙手被釘在橫木的兩邊；祂在痛苦中受死時，甚至不能用雙手抹抹額頭、抓癢或者趕走蒼蠅或蚊子。這些都是耶穌生命中最個人性的時刻，在這兩個時刻中，釘子和束縛著祂的衣服，實際上解除了祂的武裝。耶穌是解除了武裝的上帝（God disarmed）。上帝那解除武裝的愛，也是解除別人武裝的愛。這是在擘餅時給揭示出來的主權。這是教會對暴力的看法的核心。

分享食物

所有前述關乎禮儀的元素，都在分享食物之成全中相遇。聚集的含義，在同吃的踐行中揭示。與上帝及彼此和好的目的，在一起進餐中顯明。對天堂的預期，在頌讚的榮耀和舉心中傳遞、在國度的筵席中體現。對聖經的理解，正如對以馬忤斯路上的門徒來說，在擘餅的脈絡中給表明。而認信則在實現啟示的目的中達到高峯——上帝的子民可以敬拜祂，成為祂的朋友，與祂同吃。所獻上的需要和禮物，透過聖餐禮禱文這一棱鏡而得以轉化，以致那些獻上「不同」的人，能領受和消化「相同」的東西。而最重要的是：在教會吞下餅和酒後，「基督在祂的生命和死亡中、在祂的復活和升天中，可以活在餅和酒之中，並透過餅和酒而活」這一禱告，可以找到其真正目的；由此，會眾中的成員可以成為基督的身體，而祂可以活在教會中，並透過教會而活。

分享食物是宣告和踐行、見證和操練。我會先考量其作為啟示（revelation）的角色，然後才研究它作為恩賜／禮物的意涵。

作為啟示，分享食物讓基督徒發現上帝將他們需要的一切都給予他們。這是對豐富的一種宣告。他們發現，愈是分享食物，便愈有更多食物；就好像魔術師的學徒一樣，會眾發現將餅擘成兩半，表示餅變成兩倍而不是只剩下一半。這種發現帶來的啟迪，是餵飽五千人；而門徒的角色，則是確保每個人所得的餅，都是豐豐富富的，並且將剩餘的收集起來，不致有任何浪費。那裏有十二籃子餅，是沒有人吃到的。

因此，分享食物是教會理解經濟（economics）的方式。在教會對經濟的理解中，必不可少的，是接待（hospitality）這一踐行和慷慨（generosity）這一德性。慷慨假設一個人因為白白地得到，因此也可以白白地施予。這施予和接受的模式，再次體現於聖餐禮中。會眾中的成員，將他們勞力所結的初熟果子交出，並接受復活的初熟果子。他們還有甚麼理由不慷慨？

分享食物宣告食物的豐富。但它也宣告桌子上的空間，是如此豐富。當基督徒聚集在桌前，他們在吃的時候，學習看看自己四周，並猜測這些人是否就是上帝要他們與之一起度過永恆的人？還是祂心中還有其他人？如果是後者，為甚麼那些人不在場？正如基督徒在讀經時發現，如果他們真的聆聽聖經要告訴他們的一切，他們需要成為多元和繽紛的教會；因此，現在當他們分配食物時，他們發現需要包括很多人、需要很多不同類型的人——特別是飢餓的人——如果他們要能夠吃上帝給予他們的一切食物。

每個人都蒙召去到桌子前的一個位置，不論他們的性別、種族、階級是甚麼，無論他們有甚麼取向、有怎樣的身體健康或能力、有怎樣的精神健康或能力、有甚麼社會閱歷或犯罪紀錄。這不是因為每個人都有**權**在那裏。而是因為教會**需要**每個人在那裏。教會不需要每個人都在那裏，藉以確保基督會臨在——聖靈並不用倚仗人類的合作。教會需要每個人在那裏的原因，首先是教會因此可以更完滿地聆聽聖經、理解聖經；第二，教會可以在感恩中獻上整個創造，而不是其中的一小部分；第三，教會可以吃喝所賜給它的一切，**沒有任何浪費**。教會的危機，不是缺乏的危機（crisis of scarcity），而是豐富的危機（crisis of abundance）：即教會不是口渴，而是遇溺。事實上，並非上帝把祂的恩賜/禮物留住，不賜給教會，而是教會已經得到太多。因此，教會陷於困境之中；但這困境並非在於上帝的靈短缺了養育的資源，因而要另尋出路，而在於如何於普世中分享、分配和獻出祂極其豐富的恩賜/禮物，以致沒有任何浪費。

這是社羣的圖像，那是於禮儀中的這一刻演示出來的：上帝豐富的恩賜/禮物，應該確保每一個人、每一受造的存在物（created being），其所接受（receive）的，都應該足夠，以致每一個存有都應該被這接受所激勵，以致他們繼而能慷慨地給予（give），並給予一切。這徹底的獻出和接受的模式、這互相享受和珍惜的旋轉螺旋、這永不止息地給予供應的良性循環，正是上帝呼召祂的子民敬拜祂（獻出）、成為祂的朋友（分享）、與祂同吃（接受）的體現。這並非上帝渴望基督徒以他們的祭配合祂的祭；而是祂感動基督徒以他們自身對虛己（kenotic）的效法，回應祂那過度的傾出（fulsome poruing-out）。這就是慷慨的經濟（the economics of generosity），這就是愛的政治（the politics of love）。

有一羣地方會眾感到很難決定，於領聖餐時，應該坐著、站立還是跪下？跪下似乎適合某些人，因為它體現謙卑。但有些人說，既沒有聖壇圍欄，對行動不便或傷殘的人來說，這是過分的要求。似乎坐著這姿態，強調了平等，因為每個人看上去和感受到的，都十分相似。但人們感到，除了太舒適外，坐在座位上這個姿勢，表示領受聖餐的整個旅程都是上帝在工作，祂的子民幾乎沒有任何回應。圍圈站立於是成了既定的規範。它強調高度、年齡和身體上能力各有不同，也強調有些人實在需要倚仗別人的力量。雖然有些人說，他們感到自己不配站立，其他人則指出，基督令他們能夠，甚至命令他們站立，而站立象徵復活。藉著圍圈站立這一模式，教會明白他們不單在同吃一個身體——他們就是一個身體。

如果分享食物是啟示的話，它也是恩賜/禮物。它是恩賜/禮物，因為它是模塑羣體的踐行。正如父母學習疼愛那些賜給他們的孩子，那麼，羣體要學習渴想得到那些上帝賜給它的恩賜/禮物。如果分享食物的宣告，是關乎經濟的話，那分享食物的恩賜/禮物，便是關乎合一（unity）了。

合一的恩賜/禮物，在一個詞彙中給表達出來：聖餐（communion；編按：此字有聯結或為一體的意思）。聖餐體現出基督徒怎樣視他們為應邀成為一、並維持作為一。聖餐最重要的意義，是表示基督徒分享同一個信念：他們**在上帝的桌子前是有其位置的**。聖餐表示成為上帝的親密朋友——而這是以與祂同吃為特點的。基督徒大膽宣稱，他們應邀在上帝的桌子前佔據第四位，並伴隨著三一的三位成員。其次，聖餐包含一種共識，即感到**彼此一起**坐在桌子前是重要的。基督徒同吃時，是在履行聖子的差遣，並在聖靈相伴下，把他們的敬拜獻給聖父。對聖餐的第三種共同理解，是大家都感到一種共同的**紀律和典制**（discipline and order）；水禮，參與者的忠心，帶領禮儀的人的訓練、品格和聖職，認罪這一縱向復和以及和平這橫向復和，這等特別行動需要共同的紀律與典制。最後，還有第四種共識，即對這些特別行動之**踐行**的共同理解——請安、在頌讚中歡慶、祝謝、聆聽聖經、講道、認信信經、代禱、分享上帝的恩賜/禮物、得到祝福和接受差遣。

藉著感受到上述四種共識的層階性和序列性本質，聖餐禮給出合一的模式（a pattern of unity）。因為，大部分在羣體中出現的問題，都觸及一種或多種這些對聖餐的共同理解。但我們對其中一個元素感到有困難，並不會因而取消其他元素的有效性；相反，可能只有當我們對其他元素取得共同的理解，由此，其中一個元素引起的難題才會迎刃而解。而且，亦只有當我們未能在上述四方面的任何一方取得共識，聖餐才似乎會失落。舉例來說，於特別看重領袖的為人和品格的教會中，諸如女性的按牧和接受聖職人員有同性戀關係這類議題，會扭曲人們對上述第三種理解（紀律和典制）的某些方面的想法。可是，假如我們對其他共識掌握得更好的話，例如在上帝的桌子前是有其位置的、彼此分享這一位置，以及一起參與踐行的轉化模式，那麼，應該可以更確當地看待這些差異。同樣，當我們因著對基督的神性這個問題存在差異——可能是因著對與三一同桌的意涵的理解有別——似乎令聖餐變得不可能時，但就著另外其他三種理解，諸如彼此一起坐下、紀律和典制以及轉化的踐行，我們仍然可以在當中找到美好的團契。

要緊記第一種理解，那是十分重要的，那就是在上帝的桌子前與上帝同吃——與三一上帝團契——的邀請，是創造和救贖的重點。宇宙就是為此受造，基督也就是為此而死。可是，我們也要保持警覺：如果基督徒不能符合第二種理解的條件——一起坐在桌子前，他們便沒有多大機會能永遠享受與上帝的團契。但第三和第四種對聖餐的理解——紀律和典制以及大家認同的踐行模式，應該可以幫助基督徒實行第二種理解——一起坐下進食，而不是使其更難於實行。如果，聖餐不能夠實行第四種理解——整個共同踐行模式，聖餐便會受到損害。例如，如果教會容許一些人因為種族差異而被排斥，請安便會受到損害；如果教會容許嚴重的經濟不平等，分享上帝的恩賜/禮物便會顯得很荒謬。停止一起領聖餐是嚴重和重大的事情，只應該在業已證明了四個層面的溝通都不可能時，才應該這樣做。

在分享食物後，教會第三次進入靜默。第一次靜默是在頌讚的榮耀後，會眾思想他們在崇拜開始後究竟走了多遠——聚集、成為教會、得赦免，忘我於敬拜之中。第二次靜默是在宣告聖言後——當世界和會眾自身的生命的過去、現在和將來，均透過聖經和講道被重新敘述後——會眾中的成員如今希望辨識上帝的聲音，以致他們不再是外人和寄居的，而是同伴和朋友。現在，靜默第三次佔主導角色——會眾消化進入上帝的生命和與祂同吃的含義，並細味驚歎。他們得到他們所需的一切。現在要求他們做甚麼？這是長久以來倫理學要問的問題，也是禮儀最後一部分要處理的。

12
出去
Going

禮儀在分享食物中達到高潮。分享食物回顧最後晚餐這基礎性事件，並前瞻預期的天上筵席。分享食物是明確的踐行，是當下不聚集在一起便不能夠實行的。在上帝相伴下擘餅，藉以分享上帝的生命，體現出對敬拜上帝、成為祂的朋友，與祂同吃的理解。那是成為上帝的同伴一幅活生生的寫照。

現在，剩下來要我們處理的，是肯定聖餐禮的模式可以作為教會的習慣（habit）——那就是教會穿上信仰的踐行，以致他們令整個世界成為聖餐禮。令整個世界成為聖餐禮，表示跟隨本書第三部的五章中所描述的模式（pattern）。這表示將上帝的邀請擴展到所有人，按上帝在基督裏的啟示使很多人的生命得以重整，令所有人悔改，加入創造所發出的頌讚行列。這表示透過世界的歷史和宇宙的動力，宣告上帝的真理，並在上帝的靜默中分享辨識的能力。這表示闡述人類的需要和致力於人類的復和。這表示恢復人類及其與大自然家園兩者間的良好關係，激動人的內心，以滿懷感恩的精神開始工作，在聖靈的權柄下發現能力，在上帝的主權下懷著信心對抗邪惡，分享上帝慷慨的經濟，以致祂的豐富沒有任何浪費。令整個世界成為聖餐禮，是實現那成為上帝同伴的呼召。上帝給予祂子民令整個世界成為聖餐禮所需的一切。藉踐行、確認和目的，使禮儀進到完成階段，其實只是強化那已經賜下的罷了。

洗腳禮

教會讀到約翰如何描述最後晚餐時，看到這是能總結所有其他踐行的踐行。耶穌替門徒洗腳，替僕人式門徒（servant discipleship）立下一個確切的模式。當代禮儀的一大奧祕，是教會很少踐行洗腳。同樣，如果上帝藉著給予祂子民耶穌、教會和聖餐禮而賜下祂子民跟隨祂所需的一切，那麼，如果他們不抱擁聖餐禮所涉及的每一方面，他們便不能抱怨他們沒有得到他們所需的一切。

洗腳禮是上帝給祂的子民的重要恩賜／禮物。洗腳禮照亮上帝所有的三種基本恩賜／禮物（耶穌、教會和聖餐禮），因為洗腳禮體現了福音，模塑了羣體和界定了使命。

首先，我們說洗腳禮體現了福音時，那是強調耶穌為門徒洗腳在第四福音所扮演的角色。

> 耶穌知道父已將萬有交在他手裏，且知道自己是從上帝出來的，又要歸到上帝那裏去，就離席站起來，脫了衣服，拿一條手巾束腰，隨後把水倒在盆裏，就洗門徒的腳，並用自己所束的手巾擦乾……耶穌洗完了他們的腳，就穿上衣服，回到桌子旁〔編按：《新標點和合本》作「又坐下」〕，對他們說：「我向你們所做的，你們明白嗎？……我給你們作了榜樣，叫你們照著我向你們所做的去做。」（約十三

3～5、12、15）

毫無疑問，這個論述中的桌子代表天堂，衣服代表神性的服飾，手巾代表耶穌的人性。這明顯是對基督的道成肉身和升天之演示（enactment），是整個福音的縮影——「知道自己是從上帝出來的，又要歸到上帝那裏去」這句話確定了這一點。而處於中間的，正是福音的廣闊向度——事奉（「洗……腳」）、教導（「凡洗過澡的人，只要把腳一洗，全身就乾淨了」）、預言（「耶穌原知道要賣他的是誰，所以說：『你們不都是乾淨的』」）、提問（「我向你們所做的，你們明白嗎？」）、命令（「我是你們的主，你們的夫子，尚且洗你們的腳，你們也當彼此洗腳禮」）、爭論（「彼得說：『你永不可洗我的腳』」）和對抗（「耶穌說：『我若不洗你，你就與我無分了』」）。

因此，當門徒彼此洗腳，他們便演示了新約所提供、關於耶穌整個事業一個最簡明的總結，那就是腓立比書二章5至11節那首著名聖詩。於洗腳禮中，或許比禮儀中任何其他部分都更為特別的是，基督徒可以看到祭（sacrifice）的意義。首先，祭基本上不等同於「奉獻」（offering）：奉獻是獻上時間、財產、金錢、初熟果子等祭，為了敬拜上帝。這是對祭的和解式的解讀（propitiatory reading；編按：或作「挽回祭式的解讀」）。此外，祭基本上也不等同基督那破碎的身體（像在擘餅時所描述的那樣），就如極度強調耶穌的死的代贖觀點（atonement）所主張的。會眾有分於基督的祭，確實是見證著一界定性的祭，以及反對所有呼召（例如，無情殺戮的）獻祭。新舊約的整個模式對耶穌的祭的看法，均表明耶穌的祭必須作為**最後**的祭（the last sacrifice），才是有意思的；這個祭終於將罪除去，開展所有創造在上帝相伴下的和平興盛（peaceful flourishing）。上帝兒子的祭，是結束所有祭的祭。因此，結束所有戰爭的戰爭，不是第一次世界大戰，而是十字架。十字架的好消息，基本上是戰爭已經結束了。

但我想表明的是，洗腳禮卻代表祭的第三個向度，這或許也是最重要的向度。祭專注於耶穌「站起來脫了衣服，拿一條手巾束腰」的時刻。在那一刻，耶穌放棄祂面前可以有的無限選擇，只選擇了一條路。那是關於伯利恆多於加略山的。祭是跟隨呼召的結果；它是對沒有選的路的回答。祭仍然是基督徒生命重要的部分，但它不是在柴堆上燃燒頭生的動物，藉以平息憤怒君王的怒氣，而是清醒地計算個人和集體所要付的代價，走一條獨特的路到上帝那裏，放棄其他道路。試探——客西馬尼園的痛苦——則希望使一個人既跟隨呼召，卻仍然對所有其他選擇保持開放。而祭則指明一件事：跟隨基督的呼召，仍然要劃出一條經過十字架的路。上帝的祭，與上帝的揀選一樣，即上帝甚麼都沒有揀選，除了成為在基督裏為我們的上帝。當我們的祭是一種委身（commitment），且那是永遠不會亟亟尋求任何神祇——在基督裏啟示出來的上帝以外的神祇——的一種委身，那麼，我們的祭便反映著上帝的祭。每次門徒離開聖餐禮的桌，脫去衣服，圍上手巾時，便演示這委身。

第二，當我說洗腳禮模塑羣體，我要強調的是：這踐行怎樣將水禮的水和聖餐禮的食物放在一起。一旦確定了這踐行是福音的縮影，那麼，把它描述為上帝給祂子民的重要恩賜/禮物的原因，便自然變得十分清楚：洗腳禮這踐行，把聖經和上述兩個基礎性聖禮，結合在一起，因此它必然十分接近教會踐行的核心。

洗腳片段（footwashing episode）包含的水禮性含義，實不難分辨：耶穌不單用水，祂也視洗身體的一部為等如洗全身。祂也令這樣的一種洗，成了身為羣體的一部分所不可或缺的（「我若不洗你，你就與我無分了」）。但最為相關的，則出現在那段肯定是指到水禮的不可重複性的話中，耶穌說：「凡洗過澡的人，只要把腳一洗，全身就乾淨了。」而這一切均在「晚餐」中發生。我們幾乎可以說，上帝給予祂子民的恩賜/禮物的每一方面，都在這一刻變得清晰（crystallize），這包括耶穌、教會和聖餐禮、聖經和聖禮、敬拜、友誼和分享食物。這一切全都在這裏出現。

但這裏有一件事是十分明顯的——但它在水禮和聖餐禮中卻只是隱含著的——那就是那位彎腰洗腳的主和老師，祂的地位給逆轉了。上帝的子民在水禮和聖餐禮中的主要角色，是透過聖靈接受上帝的恩賜/禮物，即因基督而成為可能的恩賜/禮物；而洗腳禮命令基督徒在謙卑服事的具體行動中，積極體現基督的事奉。那謙卑服事的行動本身，在社會上是顛覆性的；但這不在於其刻意的對抗，而更在於其戲耍地（playful）將世界顛倒過來。伯大尼的馬利亞膏耶穌的腳，並以自己的頭髮來抹乾，因此受到稱讚；在馬可福音類似的事件中，那婦人被描述為做了「一件美事」(可十四6)。洗腳禮啟發教會，要教會在社會中甘於擔負起最卑微的角色，並將它們轉化成美事。它啟發教會中身居要職的人，要設身處地了解下屬的生活；它啟發他們，要他們挑戰每一個地位崇高的標記，檢視那地位是否真的為了服事而存在，並逗弄他們的每一件好衣服，看它是否能夠改成合用的毛巾和洗腳盆。較早時，我曾挑戰建基於主餐桌的一個平等觀念，因為我認為教會需要每個人來到桌前，主要是因為桌上有很多上帝賜下的食物，教會不能有任何浪費，以免上帝將來不賜下祂的恩賜/禮物——因此，愈多飢餓的口、愈多人類的真實需要併合到教會中，教會便愈可以忠於上帝的豐富。如果教會要具備平等的觀念，那不是在於祭壇，而是在於洗腳禮的踐行；因為在這裏門徒發現那根本沒有基本階級的分野，只有呼召所有基督徒參與的相互關心的表達——最親密、最沒有吸引力、也是最易使人感到羞恥的那些表達。這是互相倚靠的羣體的一種模式

（model），那是顛覆性、戲耍、富想像力、身體上的親密（但不是關乎性），以及忠心。

有一羣地方會眾，他們在復活節前給所有年紀的人舉辦了為期一週的活動。在整個節目快要結束時，於分享食物、表示感謝、表達遺憾、歡慶喜樂的時刻過後，每個參加者都圍成一個大圈，兒童和成人一個隔着一個地坐著。一首歌曲開始時，每個孩子都轉向左邊的成年人，開始撫摸或以其他方式珍惜他們的一隻腳或鞋子。那一節歌曲結束時，每個孩子都爬過旁邊的成年人雙腳，然後站起來；那另一個成年人則跪下來撫摸孩子的腳或鞋子。在第二節結束時，成年人繼續逆時針方向移動，兒童繼續順時針方向移動，彼此再調換角色。整圈人彼此洗腳。那裏沒有任何交談——只是重複大家都聽到、分享到的歌詞。這樣，一個羣體發現了新誡命所帶來的驚喜和戲耍。

在同一羣會眾中，有一位年長的退休牧者。大家有好幾天沒有見到他。於是主任牧師去找他，發覺這位老人家失禁，屋裏周圍散落著遺棄的衣服和便溺。那時，牧師想到，應該怪責誰？誰應該負責？可以怎樣挽回這位長者的尊嚴？但接著，他承認自己如此小心地保持專業距離，是在逃避自身的簡單召命。於是他跪下，拿起肥皂和毛巾，開始清潔地板、衣服，最後替那長者清潔身體。

第三，當我們說，洗腳禮界定使命是建基於地位的逆轉這一面向，而且強調了洗腳禮這一踐行的位置是步向禮儀的結尾部分（在分享食物之後和差遣之前），那麼，我們便在肯定一件事：如果令整個世界成為聖餐禮這差遣意義太廣泛或含糊，那麼，其開始的地方應是洗腳禮。洗腳禮表明差遣是以人與人的接觸為開始的，並且是對這一溫柔的接觸之確信，即可以引發相遇的接觸。它意味著不害怕禁忌，敢於陪伴大家都希望避開的人，並樂意幫助別人重新關注他們自身都寧願忽略的那些部分。它意味著透過過濾器看別人，就好像父母或照顧者，懷著愛看小孩子一樣；他們看到的，不是使人生厭的滿滿的尿布。它意味著永遠不把別人視作在自己之下，因為他們永遠不會比基督更卑微。羅梅羅大主教（Archbishop Oscar Romero）有一句名言：「我們的任務，是替福音加上一雙腳」。這個任務，在洗腳禮中實行出來，永遠都是最合宜的。

祝福

在很多會眾之中，祝福是用來報告和分享消息的一段時間。將這些報告事項放在禮儀的這一部分，完美地說明了聖餐禮怎樣給基督徒那麼多恩賜/禮物，以整理他們身為門徒的生命。因為這些報告事項無可避免地顯示，該羣體以甚麼特定的方式回應需要或機遇——那是他們之所以蒙召之所在。當這些消息報告緊隨著上帝臨在的明確形式（分享食物）和事奉的明確形式（洗腳禮）之後，並位於差遣這一活動之前，這些消息報告找到了一個脈絡，以顯明當中所當涉及的委身。

在一間地方教會，報告事項通常在差遣之前出現。有一次，牧者與會眾分享，她表示有一羣女孩子，連續幾天都嘗試說服她，讓她們在星期六用教會的建築物來跳舞。她徵求會眾的意見。此後，教會的建築物往往被吵鬧的孩子圍繞，有一部分會眾因而感到注意力不能夠集中。可是，又很難找到足夠的成年人去負責青少年節目，以維持教會與本地年青人的良好關係。停頓了一會後，一位八十六歲的女士舉起手說：「如果你願意的話，我可以陪伴那些女孩子。」幾個星期後，其中一個孩子的母親接手這工作，成立了一個舞蹈社，而那舞蹈社興旺了足足三年。既勇於面對「去」、「作」的呼召所發出的挑戰，這位年長女士的行動，證明是可以激動其餘會友的模範：如果一個八十六歲的人也可以成為青少年工作者，每個人都可以。

用餘下的兩個程序來結束禮儀是恰當的。因為它們可以總結這次會議的會議紀錄和下次會議的議程——借用組織管理上的術語。祝福給與上帝相遇所業已實現的一切，畫上完美的句號；而根據會眾對啟示的集體經驗而言，受差遣則表達了現在還要做的一切工作。祝福暗示創造和美好這些主題，差遣則指稱轉化和召命這些主題；而且，它們兩者一起完滿了敬拜、友誼和分享食物的模式，也就是把基督徒形塑為上帝的同伴的模式。

對基督徒來說，祝福主要不是關乎應許甚麼事情，即將來一些可望而不可即的事情，例如，生很多孩子或積累大量財產；祝福反而是對一些於過去已然給予及賜下的東西的一種肯定。因此，已經給予及賜下的，都是上帝在基督裏賜下的恩賜/禮物。就如將教會嫁接在上帝與以色列的約上；祂透過十字架和復活，征服死亡和邪惡；祂透過來到我們中間，成為我們的一員，為世人取得天父右邊的位置。這也是聖靈的恩賜/禮物，祂賦予教會在基督裏跟隨上帝所需的一切。在禮儀的模式框架中，會眾藉以經驗到眾多的福氣，例如，與上帝並彼此間的轉化性寬恕以及復和；宣告解放的故事，並以恩典的擁抱包容生命的脆弱；分享同一塊餅，以體現上帝在日用飲食中表達出來的上帝的照管和眷顧。

教會要理解祝福的觀念，主要靠賴八福。正如會眾需要問：「我們敢於誦讀信經嗎？」因為在聖經的敘事中敢於宣告信仰的人物，他們很快便會受到考驗。同理，會眾也可以問：「我們敢於尋求福氣嗎？」因為蒙福的人，是靈裏貧窮的、哀慟的、溫柔的、飢渴慕義的、憐憫人的、清心的、使人和睦的和為義受逼迫的人。這不單是關乎得到更多羊羣、房屋和後代。同樣，如果會眾在崇拜結束時向四周張望，發覺出席的都是這樣的人，他們會發現自己已經蒙賜福了。

聖經中祝福這觀念的原型（archetypal），見於亞伯拉罕的呼召——「地上的萬族都要因你得福」（創十二 3）。祝福的實現，在於體認到一個人可以成為別人的祝福。除了可以總結禮儀事件這個角色外，這也是把祝福置於差遣之前的合理原因。因為會眾準備轉身，再轉向（re-turn）世界——他們正是從那裏出來聚集而成為教會的；他們準備受差遣去祝福世界。好像雅各一樣，他們與上帝角力；但他們不會讓祂離開，除非祂給他們賜福。

因此，祝福（being blessed）這環節提醒教會要緊記其自身的目的——成為祝福（to be a blessing）。祝福的回顧性質，指向祝福將要怎樣施行——藉著令整個世界成為聖餐禮。

差遣

一間地方教會，在入口附近有一幅金毛尋回犬的照片。照片提醒會眾，就好像這隻小狗一樣，他們在出去和回來中，可以發現自己的使命。這就正如那隻狗的主人會拋一枝棍或一個球到灌林叢、矮樹叢或湖中，而主人和狗都會因安全找回那物件所必經的歷險而歡欣。在差遣這環節中，上帝將一些重要的東西由聚會中拋出去，去到社區或更大的世界中，祂與會眾一起享受於下一次聖餐禮時，聖言、食物、動作或時間等恩賜/禮物會回來，這一過程無疑伴隨著驚喜、發現和洞見。

因為聖餐禮是一個過程，而不單是一件事件。它是不斷的來去，差遣和重聚。每一次歡慶都以差遣（「所以你們要去」）結束；而每一次新的歡慶，都以一個觀念、意識作開始——上次聚集完結後，在這段時間中，他們發現了甚麼事情？他們在哪裏遇到上帝？耶穌差遣七十人出去時，祂請他們帶著故事回來——聖靈做了工作——祂因為他們所發現的事情歡喜快樂。

> 正當那時，耶穌被聖靈感動就歡樂，說：「父啊，天地的主，我感謝你！因為你將這些事向聰明通達人就藏起來，向嬰孩就顯出來。父啊！是的，因為你的美意本是如此」……耶穌轉身暗暗地對門徒說：「看見你們所看見的，那眼睛就有福了。我告訴你們，從前有許多先知和君王要看你們所看的，卻沒有看見，要聽你們所聽的，卻沒有聽見。」（路十 21、23～24）

這段經文為令世界成為聖餐禮這個使命，提供補充的視角：因為當那些出去令世界成為聖餐禮的人回來時，他們也帶回國度的智慧和理解。當我們把這些東西結合起來，可以幫助教會更好地聆聽聖經和分享聖餐。

這是使命的目的論式目的（teleological goal）。不單整個世界都會敬拜上帝，成為祂的朋友，與祂同吃；同時，在宣教和事奉中發現和叫人驚訝的，都可以豐富教會，令教會可以更完滿地享受、接受和運用上帝給予它的恩賜/禮物。差遣是關於創造的一個良性循環；那關乎使命、踐行、發現、反思、敬拜，以及更新的使命；在這個循環中，其中一個關鍵向度，是聖餐禮為使命提供怎樣的模樣。門徒在世界最黑暗的角落裏，踐行尋求上帝的方式；他們不單努力在那些地方歡慶聖餐禮，渴望悔改，說出真理，分擔需要，彼此和好，踐行洗腳和分享食物的操練；他們也努力在那些地方尋找資源，豐富他們對悔改的踐行，豐富他們對福音的恩賜/禮物和要求的聆聽，豐富他們對人類需要的覺察，豐富他們對和好的委身，豐富他們對人類和上帝苦難的深度的理解，豐富他們對憂愁和罪惡的分別的辨識，豐富他們洗腳和接受洗腳的能力，以及豐富他們對擘開和分享的餅、傾出和傳開的酒可以有的真正含義的把握。

差遣使祝謝的角色得以完滿。在祝謝的環節中，會眾發現工作的主要形式是頌讚，他們站在一起記念和感恩，並體現他們受造的目的。但在差遣的環節中，他們重新發現事奉，但那不是聖餐禮的事奉，而是水禮的事奉，也就是他們自己的召命（vocation）。召命主要由水禮界定，但屬於水禮的一部分的差遣時刻，在聖餐禮的這一刻給重新演示。門徒將不同經驗帶到聚會中，並承認不同的罪；但他們接受了同樣的赦免，聽到同樣的福音。他們帶來不同的需要，在桌前獻上不同的禮物，但又接受了同樣的禮物。他們在同樣的記念和感恩的行動中站在一起，但現在他們卻蒙差遣，在未來一星期從事不同的事奉。

他們怎樣會知道那些事奉是否忠心？只要他們跟隨教會的使命宣言。教會的使命宣言是甚麼？是令世界成為聖餐禮。在審判日，如果聖父的兒女能像祂的聖子，聖父會認得他們。同樣，在辨識忠心的服事時，教會可以認得的踐行，是像聖餐禮一樣的踐行——即聚集眾人、將他們形塑成一個身體的踐行，也就是使生命得以和好以及向悔改和赦免開放的踐行，也就是宣告真理和顯明上帝的故事的踐行，也就是擁抱需要和釋放恩賜/禮物的踐行，也就是表達感恩和向聖靈開放的踐行，也就是分享食物和洗腳禮的踐行。聖餐禮之間相隔了一段時間——一星期、或者更短、有時更長——這個事實，肯定差遣是一差遣，差遣基督徒出去，與那些不反對基督的人成為伙伴；並要發現一些方法，在其中，這些人可以成為支持祂的人。在這種伙伴關係中——社區行動、社區重建、建立機構、爭取公義、消除貧窮、支持有特別需要的人以及無數其他事情——基督徒學習作鹽和光、獨排眾義議是甚麼意思（太五 13 ～ 16）。他們建立服事的踐行，並緊記連人子也不是來接受服事、而是來服事人。他們學習與別人合作的紀律和技巧，雖然這些人秉持十分不同的原則和擁有十分不同的故事；他們學習不訴諸暴力以解決衝突，以及學習站在軟弱和受傷害的人身旁。但基督徒每隔一段時間，就會回到主桌前這個事實，表達了上述這種伙伴關係的性質和限制。伙伴關係可以顯明、澄清、體現、試驗、分享和豐富聖餐禮的踐行；但聖餐禮界定所有伙伴關係的目的和可能性，因為它揭示工作和召命的模式。

在一間地方教會，牧者要離開，接受另一個崗位的工作。最後一次聖餐禮差不多完結時，他來到每個會友面前，為他們洗腳。有些人也替他洗腳。他們圍繞那些按手在這位牧者身上的人，圍成一個大圓圈；他們彼此按手，給他祝福，祈求上帝好像過去多年賜福他們那樣，透過他賜福別人。最後，他走到教會的大門，轉身面向他服事和愛護多年的人——這時，他們打發他離開，說：「平平安安地去吧。」還有很多事情未完結；很多人仍然未和好；無數人仍然未找到信仰；還有很多公義未能實現；脆弱仍然掌權，雖然榮耀已經照耀。但這些人曾經是他的同伴；他曾經與他們一起見過上帝的豐富。他接受了祝福，接受了「他敬拜上帝、成為祂的朋友、與祂同吃所需的一切」。於是他離開了，決意將其他地方變成他在這間教會曾經看到的聖餐禮。

參考書目

Aquinas, Thomas. *Summa Theologica*, translated by the Fathers of the English Dominican Province, 5 volumes (New York: Benziger, 1948)

Archbishops' Council. *Common Worship: Services and Prayers for the Church of England* (London: Church House Publishing, 2000)

Bailey, Kenneth. *Poet and Peasant* (Grand Rapids, MI: Eerdmans, 1976)

Barnes, Michael, SJ. *Theology and the Dialogue of Religions* (Cambridge: Cambridge University Press, 2002)

Barth, Karl. *Table Talk*, edited by J.D. Godsey (Edinburgh and London: Oliver and Bovd 1963)

Bausch, William J. *Telling Stories, Compelling Stories: Tinny-Five Stories of People of Grace* (Mystic, CT: Twenty-Third Publications, 1991)

Benedict, Saint. *The Rule of St Benedict for Monasteries*, translated by Bernard Basil Bolton (Godalming: Ladywell, 1970)

Berryman, Jerome. *The Complete Guide to Godly Play*, 5 volumes (Denver, CO: Living the Good News, 2004)

Bowker, John. *Problems of Suffering in the Religions of the World* (Cambridge: Cambridge University Press, 1975)

Bretherton, Luke. "Tolerance, Education and Hospitality: A Theological Proposal," *Studies in Christian Ethics* 17/1（2004）: 80～103

Brueggemann, Walter. *Genesis*（Atlanta, GA: John Knox Press, 1982）

Bruner, Frederick Dale. *Matthew: Volume 1: The Christbook: A Historical/Theological Commentary*（Dallas, TX: Word, 1987）

Byatt, A.S. *Still Life*（London: Penguin, 1986）

Cardenal, Ernesto. *Love in Practice: The Gospel in Solentiname*, translated by Donald D. Walsh（London: Search Press, 1977）

Cavanaugh, William T. *Torture and Eucharist: Theology, Politics, and the Body of Christ*（Oxford: Blackwell, 1998）

______. *Theopolitical Imagination: Discovering the Liturgy as a Political Act in an Age of Global Consumerism*（Edinburgh: T. & T. Clark, 2002）

Chacour, Elias（with Mary E. Jensen）. *We Belong to the Land: The Story of a Palestinian Israeli Who Lives for Peace and Reconciliation*（San Francisco: HarperSanFrancisco, 1992）

Dix, Gregory. *The Shape of the Liturgy*（London: Dacre, 1945）

Donovan, Vincent J. *Christianity Rediscovered: An Epistle from the Masai*（London: SCM Press 1982）

Ford, David F. *The Shape of Living*（Grand Rapids, MI: Zondervan, 2002）

Forrester, Duncan B. "Violence and Non-Violence in Conflict Resolution: Some Theological Reflections," *Studies in Christian Ethics* 16/2（2003）: 64～79

Fox, Michael V. *Character and Ideology in the Book of Esther*（Columbia, SC: University of South Carolina Press, 1991）

Giles, Gordon. *The Harmony of Heaven*（Oxford: Bible Reading Fellowship, 2003）

Hardy, Darnel and Ford, David F. *Praising and Knowing God*（Philadelphia, PA: Westminster, 1985）

Hauerwas, Stanley. "Some Theological Reflections on Gutierrez's Use of 'Liberation' as a Theological Concept," *Modem Theology* 3/1（1986）: 67～76

______. *With the Grain of the Universe: The Church's Witness and Natural Theology: Being the Gifford Lectures Delivered at the University of St Andrews in 2001*（Grand Rapids, MI: Brazos Press, 2001）

______ and Wells, Samuel（eds）. *The Blackwell Companion to Christian Ethics*

(Oxford and Cambridge, MA: Blackwell, 2004)

______ and Willimon, William H. *Resident Aliens: Life in the Christian Colony* (Nashville, TN: Abingdon, 1989)

Hebert, A.G. *Liturgy and Society: The Function of the Church in the Modem World* (London: Faber, 1935)

Howard-Brook, Wes. *Becoming Children of God: John's Gospel and Radical Discipleship* (Maryknoll, NY: Orbis, 1994)

Hutter, Reinhard. *Suffering Divine Things: Theology as Church Practice* (Grand Rapids, MI: Eerdmans, 2000)

Ignatieff, Michael. "Articles of Faith," *Index on Censorship* 25/5 (1996) : 110 ~ 122

Jasper, R.C.D. and Bradshaw, Paul F. *A Companion to the Alternative Service Book* (London: SPCK, 1986)

Jenson, Robert. *Systematic Theology, Volume 2: The Works of God* (Oxford: Oxford University Press, 1999)

Jones, James. *Jesus and the Earth* (London: SPCK, 2003)

Kant, Immanuel. *Religion within the Limits of Reason Alone*, translated by T.M. Greene and H.H. Hudson (New York: Harper and Row, 1960)

Lohfink, Gerhard. *Jesus and Community: The Social Dimension of the Christian Faith* (Philadelphia, PA: Fortress, 1984)

Loughlin, Gerard. *Telling God's Story: Bible, Church and Narrative Theology* (Cambridge: Cambridge University Press, 1996)

McCullum, Hugh. *The Angels Have Left Us: The Rwanda Tragedy and the Churches* (Geneva: World Council of Churches, 1995)

Milbank, John. *The Word Made Strange: Theology, Language, Culture* (Oxford: Blackwell, 1997)

______. *Being Reconciled: Ontology and Pardon.* (London: Routledge, 2003)

Muir, Edwin. *The Complete Poems of Edwin Muir: An Annotated Edition*, ed. Peter Butter (Aberdeen: Association for Scottish Literary Studies, 1991)

Myers, Ched. *Binding the Strong Man: A Political Reading of Mark's Story of Jesus* (Maryknoll, NY: Orbis, 1988)

Preston, Geoffrey. *Faces of the Church*, ed. Aidan Nichols (Grand Rapids, MI: Eerdmans. 1997)

Stibbe, Mark. *John* (Sheffield: Journal of the Society of the Old Testament Press, 1993)

Tutu, Desmond. *No Future without Forgiveness* (London: Rider, 1999)

Tyler, Anne. *Saint Maybe* (London: Vintage, 1992)

Volf, Miroslav and Bass, Dorothy, eds. *Practicing Theology: Beliefs and Practices in Christian Life* (Grand Rapids, MI: Eerdmans, 2002)

Wannenwetsch, Bernd. *Political Worship: Ethics for Christian Citizens* (Oxford: Oxford University Press, 2004)

Wells, Samuel. *Transforming Fate info Destiny: The Theological Ethics of Stanley Hauewas* (Carlisle: Paternoster, 1998; reissued Eugene, OR: Cascade, 2004)

______. "How Common Worship Forms Local Character," *Studies in Christian Ethics* 15/1 (2002) : 66 ~ 74

______. *Community-Led Estate Regeneration and the Local Church* (Cambridge: Grove Booklets, 2003)

______. *Improvisation: The Drama of Christian Ethics* (Grand Rapids, MI: Brazos and London: SPCK 2004)

Witherington III, Ben. *Grace in Galatia; A Commentary on St Paul's Letter to the Galatians* (Edinburgh: T. & T. dark, 1998)

Yoder, John Howard. *The Original Revolution* (Scottdale, PA: Herald, 1971)

______. *The Priestly Kingdom: Social Ethics as Gospel* (Notre Dame, IN: University of Notre Dame Press, 1984)

______. *The Politics of Jesus: Behold the Man! Our Victorious Lamb*, second edition (Grand Rapids, MI: Eerdmans, 1994)

______. *Body Politics: Five Practices of the Christian Community before the Watching World* (Scottdale, PA: Herald, 2001)

______. *The Jewish/Christian Schism Revisited*, edited by Michael G. Cartwright and Peter Ochs (London: SCM Press, 2003)

Young, Frances. *Face to Face: A Narrative Essay in the Theology of Suffering* (Edinburgh: T.&T. Clark, 1990)

教會事工系列 伴您作多方面裝備，服事教會！

屬靈生命的素質——聖靈果子研讀本（組長本）
The Quality of A Spiritual Life: Fruit of the Spirit Bible Studies (Leader's Guide)
施家倫（Peter Scazzero）著／郭詠儀 譯／HK$98

屬靈生命的素質——聖靈果子研讀本（組員本）
The Quality of A Spiritual Life: Fruit of the Spirit Bible Studies (Study Guide)
施家倫（Peter Scazzero）著／郭詠儀 譯／HK$83

心靈關顧——修正基督徒的培育和輔導觀念
Care of Souls: Revisioning Christian Nurture and Counsel
貝內爾（David G. Benner）著／尹妙珍 譯／HK$83

教會活用軟件小幫手
張漢強 著／HK$43

此時此道
孫寶玲 著／HK$58

宣講中的聖經——生命更新的信仰記號
The Sign Language of Faith: Opportunities for Preaching Today
戴歌德（Gerd Theissen）著／許子韻 譯／HK$83

不可或缺的教會——重獲流失的一代
Essential Church? Reclaiming a Generation of Dropouts
湯姆・雷納（Thom S. Rainer）、薩姆・雷納（Sam S. Rainer III）著／陳永財 譯／HK$88

信主之後（附研讀指引）
梁家麟 著／HK$83

事奉生命的建立——認識事奉的態度、原則與恩賜
郭鴻標 著／HK$63

屬靈品格的建立——認識屬靈的操練、品格與價值觀
郭鴻標 著／HK$68

創意無界限——百變聖經教室
霍張佩斯 著／HK$98

跳！跳！跳！動物嘉年華！
陳芝瑛 著／HK$68

彩虹錦囊——培育積極喜樂的孩子
邱陳潔雯 著／HK$83

聖經人物嘉年華——幼兒導師手記
陳芝瑛 編著／HK$88

101間香港教會經驗分析
葉松茂 著／HK$128

崇拜與聖樂——理論與實踐全方位透視
陳康 著／HK$98

崇拜：歷久常新
Ancient-Future Worship: Proclaiming and Enacting God's Narrative
韋柏(Robert E. Webber)著／陳永財 譯／HK$73

人際衝突與靈命塑造
陳校慈 著／HK$48

緊扣時代 服事教會

以文字傳揚基督真道

讀者意見表

衷心多謝你購買本社書籍。本社一直致力以出版事工服事教會，幫助信徒扎根於神的話語，促進靈命增長。為使我們的出版更能滿足你的需要，請填寫下列各項資料，並寄回或傳真予本社。

所購書籍：______________________

本書最吸引你的地方：

□作者 □適切性 □文筆 □設計 □實用性

□其他：______________________

購買本書地點：

□基道書樓 □基督教書店 □非基督教書店

性別：□男 □女 職業：______________

信仰：□基督徒 □非基督徒

年齡：□16歲或以下 □17～25歲 □26～35歲

□36～55歲 □56歲或以上

學歷：□中三或以下 □中五 □預科

□大學 □研究院

□我欲更多了解基道出版社的事工及考慮支持，請寄給我下列資料：

□機構簡介 □新書資料 □基道會員通訊

□《基道文字事工通訊》

姓名：______________ 電話：______________

地址：______________________

____

傳真：______________ 電子郵件：______________

其他意見：______________________

____

多謝賜教！

意見表可以傳真（2687-0281）或直接郵寄以下地址：
香港沙田火炭坳背灣街26號富騰工業中心1011室
基道出版社編輯部收